Jutta Rebmann · Julie Gundert

Jutta Rebmann

Julie Gundert

Missionarin in Indien und Großmutter Hermann Hesses

Stieglitz Verlag
D-7130 Mühlacker
A-8952 Irdning/Steiermark

Schutzumschlagentwurf: Ulrich Kolb, Leutenbach
Titelbild: Julie Gundert 1846
Kokospalmenhain mit Gehöft
an der Malabarküste bei Kammur (Cannanore)

ISBN 3-7987-0314-0

© Stieglitz Verlag
D-7130 Mühlacker
A-8952 Irdning/Steiermark

1993

Gesamtherstellung: Wiener Verlag, Himberg bei Wien

War die Großmutter Dubois eher asketisch streng,
von leidenschaftlicher Nüchternheit,
aufrecht und gerade manchmal bis zur Starrheit,
so war bei Großvater Gundert neben aller Frömmigkeit
und allem Sinn für Gehorsam und Autorität
doch eine große Weite der Seele und des Geistes vorhanden,
eine reiche Phantasie, ein kindlich-geniales Jungbleiben
und Spielenkönnen, eine tiefe Liebe zur Musik
und ein schöpferischer Humor.

Hermann Hesse

Inhaltsverzeichnis

Kapitel 1   Corcelles 1819. Kindheit und frühe Jugend   9

Kapitel 2   Ein unmöglicher Wunsch:
Lehrerin in der Mission   25

Kapitel 3   Die Reise in ein neues Leben   39

Kapitel 4   „Der bigotten Calvinistin komm' ich
nicht ins Geheg'"   51

Kapitel 5   Mit der „Perfect" nach Madras.
Drei Monate auf hoher See   67

Kapitel 6   Von Erfolgen und Mißerfolgen   85

Kapitel 7   Neuer Anfang in Chittoor   113

Kapitel 8   Entscheidung für Mangalore   125

Kapitel 9   Das Haus auf dem Hügel Illukunnu   141

Kapitel 10   Familienzuwachs und Glück und Leid
in Thalassery   162

Kapitel 11   Die Reise in die Heimat   184

Kapitel 12   Erholung in den „Blauen Bergen"   206

Kapitel 13   „Der stumme Herr". Jahre in Chirakkal   221

Kapitel 14   Abschied von Indien   242

Kapitel 15   „Hoch lebe die gemischte Ehe"   256

Kapitel 16   Das Leben rundet sich. Ausklang in Calw   282

Literaturverzeichnis   289

Zeittafel   292

Worterklärungen   302

Verzeichnis der Abbildungen   304

Kapitel 1
Corcelles 1819.
Kindheit und frühe Jugend

Das Gewitter brach unerwartet und mit ungewöhnlicher Heftigkeit herein. Eben noch war der Himmel strahlend blau, hatte die Luft vor Sommerhitze geflimmert. Jetzt schob sich eine dunkle Wolkenwand vor die Sonne, jagten Sturmböen über das Land und vertrieben die Hitze. Fröstelnd zog die zehnjährige Julie ihr Schultertuch fester zusammen. Staunend beobachtete sie, wie das Unwetter auch den letzten Rest Sonnenhelligkeit einfach auslöschte. Wie gebannt lehnte das Kind am Zaun. Julie wußte, eigentlich hätte sie so schnell wie möglich nach Hause laufen sollen, aber sie konnte einfach nicht. Drohten doch dort die Köpfe der Wasserspeier an den Häusern, die im Zusammenspiel von Licht und Dunkelheit so unheimlich wirkten, daß Julie einfach nicht wagte, an ihnen vorbeizugehen. Eine Nachbarin, die eilig ihre Wäsche von der Leine raffte, schaute kopfschüttelnd zu ihr herüber: „Los, Julie, beeil dich, das Wetter kann jeden Moment losgehen!" Julie entgegnete jedoch trotzig: „Ich weiß, aber ich will es erleben. In der Hölle muß es noch schlimmer sein, wenn den Sündern eingeheizt wird!"

Die Nachbarin, die gerade ein Leintuch in den Korb legte, wollte etwas antworten, aber da war das Kind schon weitergelaufen. Immer wieder blieb Julie stehen, um einen Blick zwischen den Häusern auf den Neuenburger See zu werfen. Noch nie war er ihr so dunkel und unheimlich erschienen. Wie ein lauerndes Loch, das geradewegs hinunter in die Hölle führte. Das Tor, hinter dem das Fegefeuer brannte. Sie schrak zusammen. Jetzt kam Leben in die graue, schimmernde Fläche, erst kräuselte sie sich leicht, dann entwickelte sich unter den Peitschenhieben des Sturms ein brodelnder Strudel. Wie klein und unendlich fern das von hier oben aussah. Julie wußte, was es bedeutete, bei solchem Wetter in einem winzigen Boot auf dem See zu treiben. Es schauderte sie. Da setzte der Regen ein. Schwere, eiskalte Tropfen bildeten eine Wand, hinter der die Wasserfläche verschwand.

Der Regen hatte das Kind aus seinem Tagtraum gerissen, es rannte die Hauptstraße entlang dem Elternhaus am Marktplatz von Corcelles zu. Blitz und Donner lösten einander ab. Noch immer glichen die Figuren und Faunsköpfe an den Hausfassaden in der fahlen Dunkelheit grinsenden Ungeheuern. Außer Atem und in wilder Panik langte Julie zu Hause an. Sie stieß die Tür auf und lehnte sich aufatmend gegen die Wand im Hausflur, das Wasser rann nur so an ihr herunter, sie schluchzte auf. Da öffnete sich die Küchentür, und die Großmutter kam auf sie zu: „Wo kommst du jetzt her? Eine Stunde schon warte ich auf dich! Kannst du nicht arbeiten wie die anderen? Warum hast du nur immer Unsinn im Kopf!" Sie stieß ihren Stock auf den Boden: „Aber man weiß ja, woher das kommt. Das ist die Verzärtelung durch die Mutter. Und so etwas, Julie, glaub mir das, führt direkt ins Höllenfeuer."

Julie biß die Zähne zusammen, nahm ein Tuch vom Haken und trocknete sich die nassen Haare und das Gesicht ab. „Setz dich ans Feuer und trink eine heiße Milch, sonst wirst du noch krank. Und die Mühe und die Last damit haben dann auch wieder die anderen!" Julie schluckte, hing Kleid und Schultertuch über die Trockenstange und wickelte sich in die große Schürze ihrer Mutter. Sie wärmte sich die Hände an dem heißen Milchbecher. Wie einer einschläfernden Melodie lauschte sie der wortreichen Predigt der Großmutter, die wie immer darin gipfelte, daß die Enkelin eines Tages im Fegefeuer schmachten werde. Das schien ihr der gerechte Lohn für die Lebhaftigkeit und all die kleinen Unbotmäßigkeiten der Zehnjährigen.

Julie nippte an ihrer Milch und starrte in die Kerze, deren gelbliche Flamme in tröstlichem Gegensatz zu den heftig aufzuckenden bläulichen Blitzen stand. Die dunklen Augen des Kindes wurden schmal. Wie wohl die Flammen der Hölle aussehen mochten? Ob sie heißer waren als die Glut im Herd oder die Kerzenflamme? Mit wilder Entschlossenheit streckte das Kind den Zeigefinger seiner rechten Hand in die Kerze. Mit aller Willenskraft unterdrückte sie einen Schmerzensschrei und zog die Hand auch nicht zurück, als der Schmerz unerträglich wurde. Sie schloß die Augen, der magere Kinderkörper krümmte sich zusammen. Hastig riß die Großmutter das Kind zurück und untersuchte den schlimm verbrannten Finger. Obwohl der Schmerz in der Hand wühlte und pochte, stieß Julie mit fester Stimme hervor: „Wenn Gott es will und das Fegefeuer nicht schlimmer ist, dann will ich es wohl aushalten!"

Die Großmutter versorgte die Wunde und brachte Julie ins Bett. Als nach dem Gewitter die Eltern mit den Geschwistern vom Weinberg heimkamen, erzählte sie ihnen als erstes von Julies Tat. Erschrocken ging die Mutter in die Kammer und fand die Tochter leise vor sich hin weinend, das Gesicht zur Wand gedreht: „Wenn Gott aber wirklich so ist, dann könnten doch alle Menschen sich gegen ihn verbünden und ihn stürzen!" Erschrocken legte die Mutter Julie die Hand auf den Mund und sagte zu ihrer Schwiegermutter gewandt: „Sie ist außer sich vor Schmerz, sie meint es nicht so!" Die betrachtete ihre jüngste Enkelin, in der sie wie in keinem anderen der Kinder ihre nicht sehr geliebte

Schwiegertochter wiedererkannte: „O doch, sie meint es wirklich so!"

Nach dem Abendessen legte die Mutter das vor Schmerz fast willenlose Kind auf das Sofa im guten Zimmer, das sonst nur an Sonn- und Feiertagen geöffnet wurde. Im Einschlafen hörte Julie das beruhigende Ticken der großen Kastenuhr, die ihre Eltern zur Hochzeit im Jahre 1794 von der ganzen Verwandtschaft erhalten hatten. Jeder Uhrmacher in der großen, weitverzweigten Familie hatte einen Teil davon geschaffen, zuletzt war das Gehäuse mit den Initialen des Brautpaares versehen worden. Julie hatte die Uhr immer besonders geliebt. François Dubois, ihr Vater, stammte wie seine Frau Judith aus einer französischen Hugenottenfamilie. In dem kleinen Weinort Corcelles hoch über dem Neuenburger See hatte er von seinen Eltern ein stattliches Steinhaus direkt am Marktplatz und einige Weinberge übernommen. Seine Frau kam aus dem Nachbarort Cormondrêche, wo ihre Mutter immer noch lebte. Judith Dubois galt als lebenslustig und energisch. Die Leute erzählten, sie habe immer schon kräftig zubeißen können, schließlich sei sie ja bereits mit zwei Zähnen auf die Welt gekommen. Ihr sanfter, eher stiller Ehemann stand völlig unter ihrem Einfluß. Ihm machte es nichts aus, wenn die Nachbarn tuschelten, seine Frau habe in dieser Ehe die Hosen an. Seiner Mutter aber, einer strengen, ganz in der Furcht Gottes lebenden Frau, waren diese Reden unangenehm, und sie verzieh ihrer Schwiegertochter ihre zupackende Direktheit nur schwer.

Das fünfte Kind dieser Ehe, die am 1. Oktober 1809 geborene Julie, war der Liebling der Mutter und ihr Ebenbild. Wild und ungestüm war sie von einer ursprünglichen Lebendigkeit und Vitalität, die ihrer Großmutter starke Sorgen bereiteten, besonders im Sommer, wenn die Eltern mit den älteren Geschwistern im Weinberg und auf den

Feldern arbeiteten und sie die „Kleine" und ihren fünf Jahre jüngeren Bruder Frédéric zu hüten hatte.

Es war ein schönes Land, in dem Julie und ihre Geschwister aufwuchsen, eine lachende Landschaft, gesegnet mit einer Fruchtbarkeit, die ihren Bewohnern das Leben hätte leichtmachen können. Die Menschen des Jura gelten als phantasiebegabt und starrköpfig bis zur Selbstaufgabe. Jahrhundertelang hatte das kleine Fürstentum Neuenburg unter der Herrschaft der Familie Orléans-Longueville gestanden. Beim Erlöschen der Linie im Jahre 1707 schauten sich die selbstbewußten Neuenburger nach einem neuen Herrscher um: Er sollte „regieren, aber nicht herrschen", seine zukünftigen Untertanen erwarteten von ihm, daß er protestantisch war und die Rechte der Bürger wahrte, er sollte liberal und nach Möglichkeit weit entfernt sein, trotzdem sollte er Macht genug aufweisen können, die freiwilligen Untertanen vor machtgierigen Fürsten zu schützen. Unter siebzehn möglichen Kandidaten entschieden sich die Neuenburger für Friedrich I., König in Preußen, Friedrichs des Großen prachtliebenden Großvater.

Neuenburg wurde ein preußisches Fürstentum, was seine Bürger freilich nicht hinderte, als Söldner auf französischer Seite zu kämpfen. Sie brauchten keine Sorge zu haben, vor einem preußischen Kriegsgericht zu landen: Der König selber hatte sich verpflichtet, die Freiheiten und Privilegien der Neuenburger zu wahren. Die Patrizier in der schönen Hauptstadt Neuchâtel ließen sich gerne mit preußischen Orden und Auszeichnungen schmücken und redeten George Keith, den von Friedrich dem Großen entsandten aus Schottland stammenden Gouverneur, mit „Mylord Maréchal" an. Was sie jedoch nicht davon abbrachte, ihrem von mancherlei Kriegsnöten gebeutelten Souverän keine Mark mehr an Steuern und Abgaben in den Rachen zu werfen, als einstmals per Vertrag festgelegt. Der gutmütige Keith ließ es dabei bewenden und schrieb: *„So viele Wohltaten und fast keine Steuern – wenn ihr nicht glücklich werdet, seid ihr selber schuld!"*

Mit dem Glücklichsein aber hatten die Neuenburger ihre liebe Not. Guillaume Farel, ein Schüler Calvins, hatte die Reformation in die Gestade zwischen Neuenburger See und der Gebirgskette des Jura gebracht. Mit harter Hand verbannte der Südfranzose die spritzige Leichtigkeit aus den Gemütern der Neuenburger, er belegte Spiel, Tanz und Mummenschanz mit Verboten. Er brachte die Neuenburger dazu, die Lehre Calvins anzunehmen und sich ihr zu unterwerfen. Die heitere Landschaft, der gute Wein – sie konnten nichts daran ändern, daß die Lebenslust aus dem öffentlichen Leben verbannt wurde. So ausschließlich folgten die Neuenburger dem Puritanismus, daß sie Andersdenkende, die an der Ewigkeit der Höllenstrafen zweifelten, mit unbarmherziger Härte verfolgten und mit drastischen Strafen belegten.

Selbst der große Friedrich wurde als Souverän gebeten, das Verdikt gegen die Häretiker zu unterzeichnen, die mehr an die Liebe Gottes zu seinen Geschöpfen glaubten als an seinem immerwährenden Zorn. Friedrich der Große tat seinen Schweizer Untertanen den Gefallen. Allerdings versäumte der große Spötter nicht hinzuzufügen, daß er, wenn den Neuenburgern ihre ewige Verdammnis so sehr am Herzen läge, ihnen auf dem Wege dorthin nicht im Wege stehen wolle. Das Fürstentum Neuenburg war und blieb ein Kuriosum unter den Staatsgebilden Europas. 1806 wurde es Preußen von Napoleon weggenommen und Marschall Berthier als Lohn für seine Siege zugesprochen. 1814 an Preußen zurückgegeben, wurde es auf Betreiben König Friedrich Wilhelms III. von Preußen als 21. Kanton in die Schweizer Eidgenossenschaft aufgenommen. Von nun an regierte der Fürst ein Land, das der republikanischsten aller

Republiken angehörte. Jede der beiden Staatsformen hatte ihre Vorteile, und die praktischen Einwohner Neuenburgs wollten keineswegs auch nur auf einen verzichten. In einem volkstümlichen Traktat hieß es damals voller Empörung:

„Wie der ermordete Banquos in Macbeths Gastmahl dasitzt, ein Fremdling unter den lebensfrohen Gästen: so sitzt an eidgenössischen Tagen Neuenburg da unter den übrigen einundzwanzig Schweizer Kantonen. Neuenburg ist nicht Fleisch und Bein wie sie; Neuenburg ist eine unheimliche Gestalt aus einer fremdartigen Welt. Wenn die übrigen Schweizer nichts sind als Schweizer, so sind die Neuenburger dagegen Schweizer und Preußen zugleich . . ."

Diese Spaltung in der politischen Haltung ging quer durch die Familien. Julies ältere Schwester Uranie war eine glühende Anhängerin des Königs von Preußen, während die Brüder durch und durch republikanisch waren und von Königen und Prinzessinnen, von denen die Schwester schwärmte, nichts wissen mochten. Die Strenge des Reformators Guillaume Farel konnte allerdings der Weltoffenheit der Neuenburger nichts anhaben: Sie gaben den verfolgten französischen Hugenotten eine neue Heimat im Jura. Hier druckte Pierre de Wingle die erste Bibel in französischer Sprache. Immer behielten die Bewohner des Jura neben ihrer Religiosität auch die Vernunft bei. Als die Gemeinde Les Brenets protestantisch wurde, tauschte sie ihre Heiligenbilder, die sie ja nun nicht mehr brauchte, jenseits der französischen Grenze gegen ein Paar Zugochsen um.

Julies Finger heilte nur langsam, längere Zeit war nicht an Näh- oder Klöppelarbeiten zu denken. Die Großmutter beobachtete sie oft kritisch. Die heftigen Ausbrüche des Kindes waren ihr fremd; die Lebhaftigkeit, mit der die von der Mutter so innig geliebte „Kleine" Gehörtes in die Tat umsetzte, schreckte die alte Frau. So, als Julie ihre funkelnagelneuen Stiefel an drei barfüßige Bettelkinder verschenkte. Hier war allerdings auch die Mutter der Meinung, die alten hätten es auch getan. Immer häufiger kam es zu unschönen Szenen zwischen Julie und ihren Geschwistern, sie war gewöhnt, sich durchzusetzen, wollte der geliebte Mittelpunkt der ganzen Familie sein. Unter den Streitigkeiten litt niemand mehr als Julie selber, die sich hinterher schämte und um Verzeihung bat. So war denn die Erleichterung bei allen Familienmitgliedern groß, als die Großmutter in Cormondrêche bat, man möge ihr doch die nun elfjährige Julie überlassen, als Hilfe im Haushalt und auch als Gesellschafterin, denn so ganz allein im Haus sei es ihr auf die Dauer zu einsam. Julie war außer sich vor Freude. Bei der Großmutter in Cormondrêche ging es sehr viel großzügiger zu als im Elternhaus, hier war sie nicht nur die von der Mutter bevorzugte „Kleine", sondern unangefochten die Einzige. Vorbei die Zeiten, in denen sie nur im Winter in die Schule gehen durfte. Die Großmutter bestand auf einem regelmäßigen Schulbesuch. Mit liebevoller Strenge versuchte sie die Wissenslücken, die die arbeitsreichen Jahre im Elternhaus hinterlassen hatte, zu schließen. Julie atmete auf, sie vergaß den strengen Puritanismus und lebte sich schnell in dem ihr viel heller und freundlicher erscheinenden Cormondrêche ein. Das intelligente Mädchen begriff rasch die Privilegien ihres neuen Lebens und genoß sie in vollen Zügen: *Meine Lehrerin hatte mich lieb, weil meine Großmutter ihr öfters Geschenke machte. Auch die Töchter der ersten Familien des Dorfes waren mir zugetan, und um einige Äpfel oder anderes Obst, das ich ihnen gab, machten sie mir meine Rechnungsaufgaben, denen ich von Herzen gram war. Die Lehrerin merkte das nie, und die wenigen Jahre, die ich bei dieser Großmutter zubrachte, ließen mich meine Ängste und ernsten Vorsätze vergessen. Ich tanzte für mein Leben gerne mit meinen Freundinnen, sonntags besonders versammelte sich die ganze Jugend bei einem jungen Mädchen, wo es viel Platz zum Hüpfen und Springen gab.*"

Genau so heftig, wie sie daheim oft dutzendmal hintereinander das Vaterunser gebetet hatte, voller Zorn und wildem Weh über die Unentrinnbarkeit vor dem Zorn Gottes, so gerne überließ sie sich jetzt dem vernünftigen Alltag, beschützt von der liebevollen Strenge und der gutbürgerlichen Reputation der Großmutter. So ausgelassen Julie mit ihren Freundinnen tanzte, so fürsorglich nahm sie sich der älter und gebrechlicher werdenden Großmutter an. Schon die Dreijährige hatte daheim ihre Umsicht bewiesen, als sie nach einem Waschtag, bei dem sie die Mutter sagen hörte: „Nun haben die Wäscherinnen alle Milch weggetrunken, was wird nur der Vater sagen, wenn er nach Hause kommt und keine mehr für sich übrig findet?", schnell und entschlossen zur Bäuerin auf dem Nachbarhof gelaufen war und aufgeregt erklärt hatte, daß keine Milch mehr zum Abendkaffee für den „lieben Papa" im Hause sei. Stolz und zufrieden war sie wenig später mit einer Extra-Kanne Milch in der Küche aufgetaucht. Genauso entschieden und überlegt übernahm die kaum Dreizehnjährige die Pflege der Großmutter. Daß sie dabei auch die Ansichten und Denkweisen der Besucher am Krankenbett zu erfassen suchte, entspricht ganz der Gewissenhaftigkeit und dem Lerneifer dieses seltsamen Mädchens. Anders als ihre Brüder und Schwestern nahm sie die überkommenen Lebensweisen nicht als gegeben hin. Sie suchte nach etwas Neuem, noch nie Dagewesenen, das sie von den Ängsten und Nöten der Kindheit befreien, ihrem Leben aber auch Sinn und Richtung geben sollte.

Neugierig betrachtete sie auch eine Besucherin aus der Stadt Neuenburg, die einmal in der Woche die Großmutter besuchte, ihr Mut zusprach und sie in ihrer Krankheit tröstete. Julie entging nicht, daß diese freundliche Frau der

Kranken immer wieder mit dem Vertrauen in die Liebe Gottes Mut zusprach. Wie anders klangen diese Worte als das, was sie in ihrer frühen Kindheit selber von Gott erfahren hatte. Aber konnte das Gehörte auch wahr sein? Alle Bekannten der Großmutter, ja fast ganz Cormondrêche war überzeugt, daß diese Frau nicht ganz bei Trost sein könne, eine Pietistin sei das, eine, der man nicht trauen könne.

Nach dem Tod der Großmutter im Jahre 1823 kehrte die vierzehnjährige Julie ins Elternhaus zurück. Sie war jetzt nicht mehr nur eine Tochter, die zu arbeiten hatte, sondern die letzten Jahre, bei der Großmutter in relativer Selbständigkeit verbracht, hatten aus dem kleinen Mädchen eine ernsthaft überlegende und fragende Heranwachsende gemacht. Ein Kind, das sich sicherlich nicht einfach in die auf reibungslosen Arbeitsablauf angewiesene Großfamilie eines Weingärtners einfügte. Sie setzte durch, die Sonntagsschule zu besuchen und fühlte sich wohl dort. Wieder war es der so ganz andere Geist und das Wissen um die Liebe Gottes zu seinen Geschöpfen, von der der Pfarrer immer wieder sprach, der Julie nicht ruhen ließ. Selbst das Getuschel und Geraune der Dorfbewohner, die Hetzreden gegen die neuen, überspannten Ideen, die von dem Pfarrer in der Sonntagsschule verbreitet wurden, konnten Julie nicht an dem Besuch hindern.

Sie selbst erzählt über diese ihr Leben prägende Zeit: *»Sooft ich in die Schule ging, spürte ich trotz aller Zerstreutheit etwas Wunderbares, ein brennendes Verlangen bekehrt zu werden. Längere Zeit war ich so voll davon, daß ich die ganze Woche eifrig nähte und in der Haushaltung half, so ungern ich's tat, am Sonntag tausend gute Entschlüsse, und die Woche hindurch Seufzer nach einem anderen Leben im Herzen.«*

»Eines Tages endlich, in meinem fünfzehnten Jahr, kam ein Besuch aus einem benachbarten Dorf zu meiner Schwe-

ster Henriette, die, wie man sagte, dabei war, eine Pietistin zu werden. Dieser uns unbekannte Mann fing an, von der Liebe Christi zu armen Sündern und von der Vergebung zu sprechen, die wir durch Ihn finden. Damals begriff ich zum ersten Mal, daß Gott nicht will, daß wir verlorengehen, sondern daß Er etwas getan hat, um uns zu retten, und daß wir das angebotene Heil annehmen dürfen, um glücklich, selig zu werden. Jesus, wie Er am Kreuz für die Sünder starb, stand mir so lebhaft vor der Seele, daß ich voll Jubel war. Dieses mir so neue Bild erweckte in mir das Gefühl, daß es auf Erden kein glückseligeres Wesen gäbe als mich. Dieses Glück, diese Wonne wollte ich allen verkünden, die mir begegneten."

Dieser Glaubenseifer forderte den Spott des ganzen Dorfes heraus. Julie berührte das nicht. Aber für die Eltern war jedes der Tochter nachgeschrieene „Pietistin" wie ein Faustschlag, auch die drei Brüder distanzierten sich von der „gefühlsseligen" Schwester, die ihren Glauben wie eine Fahne vor sich hertrug, während Uranie und Henriette, die ruhiger und stiller als die „Kleine" dem gleichen Glauben anhingen, den Bekennermut der Bekehrten insgeheim bewunderten. Julie selber sonnte sich in dem Aufsehen, das sie erregte, es freute sie, wenn die Nachbarn sie spöttisch „die närrische Enthusiastin" oder auch „den kleinen Pfarrer" nannten. Sie gewöhnte sich an, in jeder freien Minute in der Bibel zu lesen, ohne Bibel ging sie nicht mehr aus dem Haus. Einer ihrer größten Triumphe war, dem Pfarrer einen Bibelspruch entgegenzuschleudern, als er sie auf der Straße ihrer „närrischen, überspannten Ideen" wegen zur Rede stellte.

Allerdings wandelte sich ihr Hochgefühl bald in Bitterkeit. Der Pfarrer versäumte nicht, in seiner nächsten Sonntagspredigt vor der versammelten Gemeinde die Schwärmerei zu verdammen, die „die Kinder frech mache und sie vom rechten Glauben abbrächte". Es tat Julie sehr weh, die Mutter in der Kirchenbank regelrecht zusammensinken zu sehen, selbst der gutmütige, ruhige Vater wurde weiß wie eine Wand und murmelte, wie glücklich er sei, daß dies anzuhören wenigstens seiner Mutter durch ihren Tod erspart geblieben war. Ins Haus zurückgekehrt, verlangten die Eltern von der ungebärdigen Tochter, entweder zu schweigen oder Corcelles zu verlassen, um die Familie nicht noch mehr in Mißkredit zu bringen. Auch Julie wollte nichts als fort:

„Ich bildete mir auch ein, an einem anderen Ort als Corcelles wäre ich glücklicher. Mein Heiland und sein Wort, die mir bis dahin so köstlich gewesen waren, waren's mir jetzt nicht mehr im selben Grade. Mein Herz, das bisher voll Lob und Gebet, vor jeder Versuchung bewahrt und wie mit einer für den Argen und seinen Anläufen undurchdringlichen Mauer umgeben gewesen war, wurde der Schlupfwinkel böser Geister. Am liebsten hätte ich nun im Walde gelebt, wo niemand mich gesehen hätte. Da, dachte ich, könnte ich meinen jetzigen Zustand beweinen und mich nach den vergangenen Gnadentagen zurücksehnen. Ich mochte nicht mehr in die Kirche und in die Versammlung gehen. Ich fühlte mich verdammt und unwürdig, mich von irgendeinem Christen sehen zu lassen."

Julie zog sich in diesem harten Kampf ganz in sich selbst zurück. Wichtig für ihre weitere Entwicklung wurde eine Stellung, die sie in der Rettungsanstalt von Fräulein Calâme in der nahen Stadt Le Locle annahm. Zuerst hatte sie die jungen Mädchen zu beaufsichtigen, sehr stolz war sie, als sie bei den Jüngeren auch als Lehrerin eingesetzt wurde. Endlich konnte sie ihre eigenen Erfahrungen an andere weitergeben, konnte helfen und trösten, von ihrem Glauben erzählen, ohne dafür verspottet und gescholten zu werden.

So wie sie selber in der Bedrängnis in Bunyans „Pilgerreise" gelesen und Trost darin gefunden hatte zu erfahren, wie andere mit ihren Gewissenskämpfen fertig geworden waren, so gab es ihr jetzt Halt und Festigkeit, Schwächeren, als sie selber es war, ein Halt zu sein. Nach einiger Zeit schlossen sich auch Julies Eltern der immer größer werdenden Glaubensgemeinschaft an. Jetzt stand der Rückkehr der Tochter nichts mehr im Wege. So sehr sich Julie über das Wiedersehen freute, so sehr vermißte sie ihre Arbeit, die nun wieder durch die ungeliebte Feldarbeit und das noch weniger geliebte Nähen und Klöppeln ersetzt wurde. Immer malte sie sich aus, Lehrerin zu sein, Kinder zu unterrichten und selber einen Platz im Leben zu finden. Aber die Eltern winkten ab. Es schien ihnen sinnlos, Geld in die Ausbildung einer Tochter zu investieren. Julies Ungeduld und ihr heftiges Temperament ließ sie solch einer Ausbildung nicht gewachsen erscheinen. Auch wurden die Eltern durch ihre gelegentliche Schwermut und ihre geistige Abwesenheit beunruhigt. Die Tochter fügte sich fürs erste ins Unvermeidliche. Ruhig und gleichmäßig floß das Leben im Jahreslauf dahin, der Wechsel der Jahreszeiten, der schneereiche, karge Winter mit seinen Beschwerlichkeiten, das hoffende Frühjahr, der lachende Sommer und der prall mit Leben gefüllte Herbst. Julie begann sich in diesem Leben einzurichten.

Der Morgen, der alles verändern sollte, begann wie jeder Tag im Sommer des Jahres 1827 für Julie mit dem Einsammeln der Hühnereier. Neuerdings legten ein paar versprengte Hühner die Eier in der nahen Scheune ab. Schwungvoll stieß die Achtzehnjährige das Tor auf. Als ihre Augen sich an die Dunkelheit gewöhnt hatten, entdeckte sie den auf dem Boden ausgestreckten Körper eines Mannes. Neugierig und ein wenig ängstlich trat sie näher. Was sie sah, ließ ihr das Blut in den Adern gerinnen. Es war ihr Bruder Henri, der erschossen in seinem Blut auf dem Boden der Scheune lag. Julie schrie, als ginge es um ihr Leben, sie schrie noch, als der herbeigeholte Vater sie längst ins Haus zurückgebracht hatte. Jeder in der Familie machte sich bittere Vorwürfe, alle hatten von der Schwermut und den Depressionen des Ältesten gewußt, ernstgenommen hatte sie niemand. Jeder hatte geglaubt, es würde sich schon wieder geben, das Leben werde weitergehen, wie der Jahreslauf von Corcelles und anderswo. Und jetzt hatte sich einer von ihnen gegen das Leben entschieden.

Während die Eltern still trauerten und die Geschwister bald das gewohnte Leben wiederaufnahmen, konnte Julie diesen Freitod des Bruders nie verwinden. Ihr Entsetzen beim Anblick des toten Bruders, ihre Ohnmacht und ihre Schuldgefühle blieben in ihr immer gegenwärtig. Niemals konnte sie über dieses Ereignis sprechen – auch mit den vertrautesten Menschen nicht.

Ein dunkler Schatten hatte sich für Julie auf die heitere Landschaft gelegt. Sie lebte erst ein wenig auf, als eines Tages Pfarrer Jaquet aus Glai um ihre Hilfe bat. Er betrieb eine Anstalt, in der junge Katechisten für den Dienst in Frankreich ausgebildet wurden. Die jüngeren von ihnen verbrachten einen Teil des Tages mit dem Flechten von Strohhüten, um so zu ihrem Lebensunterhalt beizutragen. Diese Gruppe von zwölf bis fünfzehn Jugendlichen sollte Julie übernehmen. Bisher hatte die Frau des Pfarrers die Ausbildung der Knaben geleitet, aber nach der Geburt von zwei Töchtern fehlte ihr einfach die Zeit dazu. Julie übernahm die Aufgabe, die ihr viel Freude machte. Frau Jaquet brachte ihr immer wieder Bücher und Traktate, die die lernwillige Julie wieder und wieder las. Lehrerin zu werden blieb ihr großer Traum, und je weiter er in die Ferne rückte, desto mehr suchte sie nach einer Möglichkeit, ihr Ziel ohne die teure Ausbildung zu erreichen. Sie schreibt: *„Nicht lange, so fühlte ich, daß meine Stellung inmitten so vieler junger Männer nicht ohne Gefahr sei, daher kehrte ich wieder nach*

Corcelles zurück, wo ich mich wieder mit Näharbeit be-
schäftigte, die ich so wenig liebte wie die Feldarbeit."

Julie hatte einen der jungen Katechisten, der kurz vor
dem Ende seiner Ausbildung stand, näher kennengelernt,
nach einiger Zeit kam es zur Verlobung. An seiner Seite
Gott dienen zu können, das war ein Lebensziel, dem sie
entgegenleben wollte und konnte, für das sie die ungeliebte
Arbeit im Elternhaus noch einmal auf sich nahm. Aber der
junge Mann starb, kurz nachdem er sein Katechistenamt in
Frankreich angetreten hatte. Wieder mußte Julie eine Hoffnung begraben, kaum daß sie begonnen hatte.

Immer klarer erkannte Julie ihre Aufgabe: zu den Heiden
zu gehen, in die Mission und dort Gottes Wort zu verkündigen, die Kinder zu unterrichten. Nur so konnte sie ihren
Wunsch, Lehrerin zu sein, mit ihrem Anliegen, Gott zu
dienen und sein Reich zu predigen, miteinander verbinden.
Mit nüchterner Selbsteinschätzung hatte sie erkannt, ihre
mangelhafte Schulbildung und die fehlende Ausbildung
würden sie nie eine entsprechende Stellung in der Heimat
finden lassen. Sie vertraute fest darauf, daß Gott alles so
fügen werde, wie es für sie am besten war. Trotz dieser zur
Schau getragenen Geduld wurde ihr das Warten im Elternhaus zur Qual.

Große Aufregung herrschte im Frühjahr des Jahres 1831
in dem kleinen Dorf Perroy am Genfer See. Die junge und
schöne Gräfin Pourtalés war in das Haus ihrer Mutter, Madame May de Blonay, zurückgekehrt. Sie leide an einer
geheimnisvollen, schleichenden Krankheit, wußten diejenigen im Dorf, die immer alles wußten, hinter vorgehaltener
Hand zu berichten. Und so war es auch. Es war erst wenige
Jahre her, daß die Gräfin an der Seite ihres Mannes, des
Grafen Pourtalés, aus Neuenburg als Vertreter des Fürsten-
tums an den preußischen Hof nach Berlin berufen worden
war. Das rauhe Klima dort war der jungen Frau aber über-

haupt nicht bekommen. Jetzt hatte man sie nach Hause zurückgebracht. Bleich und unendlich matt, vergingen ihr die Tage wie Blei. Sie wünschte sich eine junge und christliche Pflegerin. Madame de Blonay horchte sich um, und Pfarrer Jaquet, an den sie sich wandte, empfahl ihr die nun zweiundzwanzigjährige Julie Dubois.

Wie immer, wenn sie gebraucht wurde, sagte Julie schnell und ohne viel Aufhebens zu. Die junge Gräfin und die Weingärtnerstochter wurden fast vom ersten Tag an Freundinnen. Aber die vom milden Klima erhoffte Heilung stellte sich nicht ein. Trotz der aufopferungsvollen Pflege starb die Kranke bereits nach wenigen Monaten. Eigentlich hätte Julie jetzt wieder ins Elternhaus zurückkehren sollen, aber Madame de Blonay hatte sich so sehr an die ernsthafte Pflegerin ihrer Tochter gewöhnt, daß sie Julie bat, weiter bei ihr zu bleiben. Julie willigte ein, berichtete aber Madame de Blonay von ihrem Herzenswunsch, in der Mission Dienst zu tun, sobald sich dafür die Gelegenheit ergeben würde.

Kapitel 2
Ein unmöglicher Wunsch:
Lehrerin in der Mission

Nach dem Tod ihrer Tochter war May de Blonay in das kleine Städtchen Rolle am Genfer See übergesiedelt, hier gehörte sie einer kleinen, aber sehr aktiven Dissidentengemeinde an. Pfarrer August Rochat verstand es, seine Gemeinde mit den Problemen der Zeit und neuen Strömungen in der christlichen Lehre bekannt zu machen. Um ihn hatte sich eine Gemeinde gebildet, die gewohnt war, Neues aufzunehmen und zu diskutieren. Inmitten dieser aktiven Christen lernte Julie Dubois zum ersten Mal die wirklichen und praktischen Probleme der Mission kennen, sie las Schriften und Traktate, Berichte von erfolgreichen Missionaren und über den ewigen Geldmangel, der manche Hoffnung zunichte machte. Eng schloß sie sich an die belesene und gebildete Arzttochter Marie Monnard an. Marie war ihrer neuen Freundin in manchen Dingen überlegen, konnte es jedoch an Tatkraft und Energie nicht mit ihr aufnehmen. Julie lebte auf. Zum ersten Mal wirkte sie in einer Gemeinschaft von Gleichgesinnten als gleichberechtigte Partnerin, sie diskutierte und überlegte mit.

Zusammen mit Marie verschlang sie Informationen über die Missionsarbeit. Ganze Nachmittage konnten die beiden zusammensitzen und sich in die Arbeit in Indien oder Afrika hineinversetzen. Es dauerte eine Weile, bis sie es wagten, sich Pfarrer August Rochat anzuvertrauen. Als sich der Geistliche von seiner Überraschung erholt hatte, befragte er die beiden zukünftigen Missionsschwestern erst einmal eindringlich: „*Ist es auch ganz gewiß der Herr, um dessentwillen ihr alles wollt? Fürchtet ihr nicht, dort tausenderlei unbekannten Schwierigkeiten zu begegnen? Habt ihr auch mit euren Angehörigen darüber gesprochen? Die müßten jedenfalls damit einverstanden sein, euch gehen zu lassen.*" August Rochat stellte die Mädchen mit seinen bohrenden Fragen auf eine harte Probe. Erst als er ihre Standfestigkeit klar zu erkennen glaubte, war er bereit, ihnen bei der Erfüllung ihres Wunsches behilflich zu sein.

Noch am gleichen Tage schrieb Julie Dubois an ihre Eltern, bereits nach wenigen Tagen hielt sie deren Zustimmung in den Händen. François und Judith Dubois hatten sich längst damit abgefunden, ihre Tochter nicht beeinflussen zu können, sie baten ihre Tochter nur, in allem den Anweisungen August Rochats zu folgen. Glückstrahlend zeigte Julie diesen Brief Marie. Die schluckte, denn während ihre Mutter sich still ins Unvermeidliche fügte, war ihre Schwester Henriette ganz gegen den Missionsdienst. Überhaupt hatte sich der sonderbare Wunsch der beiden Mädchen wie ein Lauffeuer in der kleinen Stadt herumgesprochen. Selten hatte etwas die Menschen so bewegt, es entstand ein leidenschaftliches Für und Wider über diesen Wunsch zweier „jugendlicher Schwärmerinnen".

Bis jetzt hatten Julie und Marie ja überhaupt nur ihren Wunsch geäußert und ihren Willen bekundet, zur Erfüllung fehlte ihnen ein konkreter Ansatzpunkt. Marie Monnard, einige Jahre jünger als Julie, war sehr zart und gebildet. In einem wohlhabenden Haushalt aufgewachsen, war ihr fast jeder ihrer Wünsche erfüllt worden. Sie vertraute ihrer robusteren Freundin. Voller Spannung lasen sie jede Zeitschrift, jeden Bericht, der sich mit der Mission beschäftigte. Es erschien ihnen wie ein Fingerzeig des Himmels, als sie im Jahre 1835 in einem eben erschienenen Missionsblatt ein

Das Missionshaus in Basel

Bericht förmlich elektrisierte. Ein Komitee wohlhabender Genfer Damen suchte christliche junge Mädchen, die bereit waren, sich dem englischen Freimissionar Anton Norris Groves anzuschließen, um Schulen für die Kinder der Eingeborenen in Bengalen aufzubauen und dort auch zu unterrichten.

Aufgeregt zeigten sie August Rochat ihre Entdeckung. Rochat versuchte mit der ihm eigenen Gründlichkeit, die näheren Umstände zu prüfen. Das Genfer Komitee teilte ihm zwar die Adresse des Missionars mit, beharrte aber auf seinem Wunsch, die „Missionswilligen" selber in Augenschein zu nehmen. Aufgeregt und ein wenig verlegen standen Julie Dubois und Marie Monnard einer Gruppe älterer, schwarzgewandeter Damen Rede und Antwort. Sie bestanden die Prüfung und wurden als geeignet eingestuft.

Schon gab es eine neue Schwierigkeit: Nur zu gerne hätten die vermögenden Damen den Mädchen die Reisekosten und die Missionsaussteuer bezahlt. Aber Pfarrer Rochat bestand darauf, daß diese Ausgaben von der Gemeinde in Rolle finanziert werden sollten. Für Julie und Marie, die im Mittelpunkt dieser Streitigkeiten standen, war das eine schwierige Zeit. August Rochat setzte sich schließlich durch. Diese beiden jungen Schwestern waren aus seiner Gemeinde hervorgegangen. Daher seien sie mit Spenden aus Rolle auszusteuern, nur so konnte die Verbundenheit mit der Heimatgemeinde verstärkt und vertieft werden. Inzwischen hatte er auch zustimmenden Bescheid von Anton Norris Groves aus London erhalten.

Der jetzt vierzigjährige Groves hatte nach Studien der Chirurgie und der Chemie den Beruf des Dentisten ergriffen. Er galt als genialer Fachmann, sein Betrieb war rasch gewachsen. Sowohl in Plymouth als auch später in Exeter hatte er als Fabrikant für künstliche Zähne große geschäftliche Erfolge. Mit seinem ständig steigenden Einkommen unterstützte er die englisch-kirchliche Missionsgesellschaft mit bedeutenden Zuschüssen. Bald hatte er keinen Spaß mehr daran, nur passiv bei der Missionierung fremder Erdteile mitzuwirken, er wollte selber Missionar werden. Er begann neben seiner Arbeit ein Studium der Theologie. Als er es abgeschlossen hatte, wirkte er zuerst als Missionar in Bagdad, hier starben seine Frau und eines seiner Kinder. Darauf wandte er sich im Mai 1833 nach Indien. Kaum war er in Bombay angekommen, reiste er nach Tirunelveli, der Station des bedeutenden und erfolgreichen Missionars Carl Rhenius.

Er war begeistert von den dortigen Arbeitsmöglichkeiten und gleichzeitig deprimiert über die Arbeitsbedingungen der völlig überlasteten Missionare. Bei Rhenius arbeiteten auch drei frühere Zöglinge der Basler Mission. Von ihnen erfuhr Groves, daß in der Schweiz und vor allem in Süddeutschland viele junge Menschen darauf brannten, in den Missionsdienst zu gehen. Allerdings scheitere ihr Vorhaben in den meisten Fällen daran, daß sie das Geld für die Reise und die „Aussteuer" nicht aufbringen konnten. So blieb denn der Wunsch, Gott in der Mission zu dienen, ein für sie an den materiellen Anforderungen scheiternder Traum. Für den impulsiven Groves war dies eine Schande: *„Es schien fast unbegreiflich: soviel christliches Leben, soviel Missionssinn und doch so wenig Glauben in Geldsachen! Wie wäre es nach Basel zu gehen und einmal zu sehen, was sich dort machen ließe . . ."*

Groves war stets bereit, jedem Impuls auf der Stelle nachzugeben, gleichgültig welche Folgen dies haben konnte. Ende 1834 traf er in London ein und machte sich auf die Reise durch die Schweiz und Süddeutschland. Eine Zeit, die seine Freunde untätig an der Westküste Indiens verbringen mußten. Aber was erreichte er nicht alles: *„Von seinem Schwager Georg Müller begleitet, besuchte er Basel, Bern und Genf, brachte Geld für Rhenius zusammen, schickte zwei junge Männer als Missionare nach Bardwan, gewann den Herrnhuter Uhrmacher Rolle und den Schaffhauser Kaufmann Bäschlin für Bagdad, wo sie in minder aufsehenerregender Weise das Evangelium als Handwerker treiben sollten, warb auch noch für zwei indische Freunde je zwei junge Leute an zu neuen Missionsunternehmungen. Inzwischen war er nach England zurückgekehrt, um seine eigene ‚Missionskarawane' zusammenzustellen, zu der auch die beiden jungen Schweizerinnen als Lehrkräfte für die Schulen gehören sollten."*

August Rochat war beeindruckt von dem riesigen Arbeitspensum, das sich Anton Norris Groves auferlegt hatte. Er konnte ermessen, wieviel Organisationstalent und Energie nötig waren, um alle Fäden in der Hand zu halten. Rochat war sicher, daß er seine Schützlinge diesem Mann anvertrauen konnte. Er wollte das Seine zum Gelingen des Missionswerkes beisteuern. Groves und Rochat waren sich

schnell einig. Für die kleine Gemeinde Rolle, die dazu bei-
tragen sollte, „das grüne Reis im Heidenland zu pflanzen
und zu erhalten", war das Einsammeln der Spenden und das
Aussteuern der beiden Schwestern in der Kürze der Zeit
eine aufregende und fast nicht zu bewältigende Aufgabe.
Schon Ende Januar 1836 sollten Julie Dubois und Marie
Monnard in London eintreffen.

Marie Monnard schreibt über diese Zeit: „*Und alles war
so schnell arrangiert zwischen den beiden Herren, daß es
ernst wurde für Julie und für mich, mit den Vorbereitungen
zu beginnen. Es wurde eine in vieler Hinsicht schwierige
Zeit für uns. Ich muß mich beeilen, um beim Erzählen im
Jahr 1836 anzukommen. Mr. Groves wünschte, daß wir im
Laufe des Monats Januar nach London abreisten. Es war
daher außerordentlich wichtig für uns, uns noch besser ken-
nenzulernen, bevor wir uns auf so eine Reise nach Übersee
machten. Julie hatte Madame May de Blonay gebeten, ihr
jetzt viel Freizeit zu lassen, diese hatte auch sofort zugestimmt. Die Abreise aus Rolle wurde auf den 18. Januar
1836 festgelegt. Monsieur Rochat lud die ganze Gemeinde
zu einer Abschiedsversammlung am Abend des 17. ein. Es
wurde ein feierlicher Abend mit leidenschaftlichen Gebeten,
mit Liedern und den Tränen derjenigen, die zuhörten. Unser Pfarrer hielt uns eine kurze Ansprache und übergab uns
im Namen der Gemeinde eine englischsprachige Bibel. Es
folgten noch mehrere gut gewählte Programmpunkte und
ein Schlußwort von Monsieur Rochat. Dann kamen einige
ältere Schwestern und umarmten uns ganz herzlich, Madame May war furchtbar bewegt. Es war eine sehr gemütvolle
Verabschiedung. Auch einige Brüder drückten uns die Hände. Dann segnete uns unser Pfarrer im Namen desjenigen,
der seinen Jüngern befohlen hat, das Evangelium aller Krea-
tur zu verkünden!*"

Als Julie und Marie am nächsten Morgen den Postwagen

nach Auvernier bestiegen, hatte sich noch einmal ein großer Teil der Gemeinde versammelt, um ihnen ein letztes Lebewohl zu sagen. August Rochat ließ es sich nicht nehmen, die schweren Überseekoffer der Mädchen auf das Dach der Kutsche zu heben und sie dort festzuzurren. Marie hatte rotgeweinte Augen, ihre Schwester Henriette schluchzte laut. Julie war sehr blaß, aber auch voller Vorfreude auf den neuen Lebensabschnitt. Der Kutscher mahnte peitschenknallend zur Abfahrt. Sanft löste sich Marie Monnard aus den Armen der Mutter und küßte noch einmal ihre Schwester. Madame May de Blonay, in deren Haus Julie Dubois die letzten Jahre verlebt hatte, schob ihre Schutzbefohlene energisch in die Kutsche: „Sonst weinen wir morgen früh noch hier!" Der Kutscher drehte die Augen zum Himmel: „Wenn es jetzt nicht losgeht, dann geht's los!" Die Drohung half. Julie packte Marie bei der Hand und zog sie hinter sich her in den Innenraum der Kutsche, wo sie sich aufatmend in die Polster fallen ließen. Sorgfältig wurden sie in Decken gepackt, dann schloß August Rochat die Tür. Schon ertönte das Horn des Postillions, und die Pferde zogen an. Eine Weile noch sahen die beiden Abfahrenden die Taschentücher der Daheimbleibenden zum Abschied flattern, nach der nächsten Kurve entschwand die Poststation ihren Blicken.

Marie Monnard ordnete das Handgepäck und trocknete ihre immer noch feuchten Augen: „Jetzt sind wir beide ganz allein auf uns gestellt!" Und wieder kamen ihr die Tränen. Beruhigend streichelte Julie ihre Hand: „Wir werden das schon schaffen, wir haben ja eine große Hilfe!" Die Kutsche fuhr durch das winterliche Land. Schweigend sahen die beiden Mädchen zu den Fenstern hinaus. Sie aßen die mitgenommenen Brote und tranken von dem Tee. In Yverdon wurden die Pferde gewechselt. Julie konnte kaum einen Freudenschrei unterdrücken, endlich sah sie ihn wieder, den

Neuenburger See! Wie schön er dalag unter der dicken Eisdecke! Seit sie durch Neuenburger Gebiet fuhren, war Julie wieder munterer. Zu viele Erinnerungen verbanden sich für sie mit der Landschaft. Am Nachmittag war Auvernier erreicht. Marie Monnard war immer noch wie betäubt vom Abschied; besorgt betrachtete Julie die Freundin. Sie wollte ihr etwas Tröstendes sagen, doch dann besann sie sich. Ihre Haltung straffte sich, sie strich ihren Mantel glatt und gab die großen Koffer in die Obhut der Poststation. Von hier sollten sie nach Neuenburg gebracht werden, von wo aus sie in wenigen Tagen die Weiterreise nach Paris antreten würden.

Julie prüfte das Gewicht des Handgepäcks, dann trat sie zu Marie, die immer noch teilnahmslos neben der Kutsche stand. „Jetzt kann ich dir doch einmal meine Heimat zeigen. Komm, wir werden jetzt zu Fuß hinauf nach Corcelles gehen. Der Weg ist nicht weit, aber ich möchte noch vor Einbruch der Dunkelheit zu Hause sein!" Marie lächelte zum ersten Mal an diesem Tag: „Ja, endlich kannst du mir dein Zuhause zeigen. Aber schöner als meiner ist dein See nun wirklich nicht!" Julie lachte: „Also, wenn es dich froh macht – mir ist's eigentlich egal, jetzt, wo ich meinen wieder habe!" So übermütig hatte sie sich schon lange nicht mehr gefühlt. Julie trug nicht schwer an dem wenigen Handgepäck: „Alles, was wir brauchen, haben wir auch bei uns daheim, wozu also das ganze Zeug mitschleppen!" hatte sie entschieden. Jetzt hüpfte sie auf den verschneiten Wegen vorwärts: „Wir haben Glück, in manchen Jahren liegt hier der Schnee mannshoch, manchmal haben wir als Kinder richtige Tunnel gegraben und Höhlen, das bißchen in diesem Jahr ist eine richtige Erholung." Marie rief ihr hinterher: „So warte doch, so sicher ist der Weg auch nicht, und wenn du dir etwas brichst, ist die ganze Reise gefährdet!" Gehorsam blieb Julie stehen: „Ich weiß gar nicht, was das für ein Gefühl ist, ich habe doch eigentlich niemals Heimweh gehabt, wo immer ich auch war, aber jetzt, jetzt ist mir so unwahrscheinlich leicht, wie fast noch nie in meinem Leben!"

Allmählich wurde Marie angesteckt von der Fröhlichkeit der Freundin. Es dunkelte schon, als sie endlich Corcelles erreichten: „Stell dir vor, wenn ich als Kind hier entlang gelaufen bin, dann habe ich mich vor den Faunsköpfen an den Hauswänden gefürchtet, ich habe mir vorgestellt, es seien Höllengestalten, die das Fegefeuer schüren!" Marie sah sie mitleidig an: „Was mußt du für eine Angst ausgestanden haben!" Julie dachte eine Weile nach, dann nickte sie nachdrücklich: „Eigentlich habe ich mich vor nichts so sehr als vor der ewigen Verdammnis gefürchtet. Jedesmal, wenn ich Marmelade genascht habe, dann stand es mir bevor, das schreckliche Los des Sünders. Deswegen ist es für mich auch so wichtig, anderen, denen es vielleicht genau so elend geht, von der Hoffnung des Evangeliums zu erzählen." Forschend sah sie der Freundin ins Gesicht: „Du hältst mich doch nicht für eine lächerliche Schwärmerin, oder?" Statt einer Antwort umarmte Marie die Freundin heftig voller Mitgefühl. „Stell dir vor, wenn das jemand sieht. Mitten in der Nacht stehen zwei alberne Gänse bei klirrender Kälte in der Hauptstraße und umarmen sich, weil . . ." Julie brach ab – „ja, warum umarmen wir uns eigentlich?" Lachend setzten sie ihren Weg fort. Mit klopfendem Herzen ging Julie durch die vertraute Straße. Für lange Zeit würde es das letzte Mal sein. Am Elternhaus angekommen, wollte sie zuerst den schweren Klopfer betätigen. Doch dann besann sie sich und riß die Tür auf, wie früher als Kind. Schon öffnete sich die Küchentür, die Mutter trocknete sich die Hände in der Schürze und sagte: „Seid willkommen im Namen des Herrn, liebe Kinder!"

Neugierig sah sich Marie um. Zur Feier des Tages hatte

Uranie den Tisch in der guten Stube gedeckt. Julie umarmte die Eltern, die auch Marie wie eine heimgekehrte Tochter willkommen hießen. Uranie wurde begrüßt, jetzt gab es für Julie kein Halten mehr. Sie wußte gar nicht, was sie der Freundin zuerst zeigen sollte. In wildem Durcheinander erzählte sie die Geschichte der großen Kastenuhr, die so beruhigend wie eh und je mit ihrem Ticken das Vergehen der Zeit anzeigte: „Weißt du, einer meiner Onkel, der Uhrmacher in Le Locle ist, hat immer gesagt: ‚Wir flicken die Zeit, damit sie weiterläuft. Wir kürzen die Unruhe, die Uhr läuft schneller. Wir verlängern die Unruhe, die Zeit vergeht langsamer. Es ist nicht unser Beruf, sie stillstehen zu lassen.'"

So lebhaft hatte Marie die Freundin noch nie erlebt. Ruhe kehrte erst ein, als Uranie zu Tisch rief. Es gab eine Neuenburger Fondue, Julie hatte sich ihr Leibgericht gewünscht, um Marie zu zeigen, um wieviel würziger man hier im Jura kochen konnte als am Genfer See. Der Käse stammte von der Hochebene des Jura und wurde – jedes Dorf hatte da seine bestimmte Mischung – mit Käse aus dem Gruyère abgerundet. Der spritzige Neuenburger Weiße stammte aus eigenem Anbau, und das ebenfalls verwendete Kirschwasser aus der Béroche hatte der Vater wie üblich im Herbst gegen eigenen neuen Wein eingetauscht. Marie war beeindruckt: das köstliche Essen, der gute Wein und das frische Brot, dazu der herzliche Empfang. „Wir haben Leberwürste und auch Räucherwürste für euch, als Vesper für die Reise, denn bis Paris ist es weit . . ." Uranie sah die Schwester voller Bewunderung an: „Damit ihr wenigstens nicht hungern müßt. Ich würde es niemals über mich bringen, so weit fort in die Fremde zu gehen!" Die Eltern nickten der einzigen noch im Haus verbliebenen Tochter zu.

Julie betrachtete ihre Eltern, der Vater war stark gealtert, ein leichter Anflug von Bitterkeit lag um seinen Mund, seine gutmütigen, eigentlich immer lachenden Augen blickten müde, das Brot lag in seinen abgearbeiteten Händen wie ein viel zu klein geratenes Spielzeug. Auch die Mutter hatte sich verändert. Wenn sie es auch gut hinter einer allgegenwärtigen Schaffenslust verbergen konnte. Sie schien niemals auszuruhen, selbst jetzt bei Tisch glitten ihre Augen unruhig suchend durch das Zimmer. So, als gelte es, eine noch gar nicht entdeckte Arbeit sofort in Angriff zu nehmen und zu bewältigen.

Die Schwester Uranie dagegen wirkte wie ein Fels in der Brandung. Still wie immer tat sie mit ruhiger Gelassenheit stets das Notwendige. Seit ihre Schwester Henriette im Februar des vergangenen Jahres Jean Villinger, den größten Bäcker in Corcelles, geheiratet hatte – eine der besten Partien, die das Dorf zu bieten hatte –, war es still geworden im Elternhaus. Bereits im Frühjahr 1831 hatte François den Ort verlassen. Als Uhrenhändler hatte er im fernen Amerika sein Glück gesucht und auch gefunden. Inzwischen liefen seine Geschäfte so gut, daß er schon eine Familie gegründet hatte. Seine begeisterten Briefe hatten Frédéric, den Jüngsten, nicht ruhen lassen. Allen Bitten und Wünschen der Eltern zum Trotz war er seinem älteren Bruder im vergangenen Oktober gefolgt. Bisher war erst ein Brief von ihm zu Hause eingetroffen. So schwer den Eltern der Abschied auch gefallen war, sie hofften, daß die Brüder sich in der Fremde beistehen und helfen würden. Und jetzt sollten sie auch noch die „Kleine" hergeben. Doch für lange Gespräche waren die Mädchen viel zu müde, sie schliefen beinahe schon am Tisch ein. Aber soviel mußte noch besprochen und beredet werden! Endlich wurden die Kerzen gelöscht. Julie und Marie schliefen gemeinsam in dem Bett in Julies ehemaliger Kammer.

Während die Freundin längst schlief, wälzte sich Julie immer noch unruhig hin und her. Sie mußte an jenen Tag denken, als sie den Finger in die Kerze gehalten hatte. Wieviel Angst hatte sie gehabt, und sie hatte es dennoch getan! Wie fürchtete sie sich jetzt vor dem Weggehen in fremde Länder, deren Sprache sie nicht sprach, und wie sehnte sie sich trotzdem nach dieser Aufgabe! Sie mußte es tun, es war der Wille des Herrn, seinen Namen und sein Evangelium allen Völkern zu verkündigen. Endlich schlief sie doch ein. In wirren Träumen riefen ihr Kinder aller Hautfarben, die verblüffend den Einwohnern von Corcelles und Rolle ähnelten, „Schwärmerin" und „Pietistin" nach. Es half ihnen aber gar nichts, am Ende gingen sie alle ganz manierlich in eine schöne Schule unter Palmen, die genauso aussah wie die, die Julie in einem Missionsbuch bewundert hatte.

Als Julie am anderen Morgen erwachte, war das Bett neben ihr leer, Marie stand schon angezogen am Fenster und blickte in die Winterlandschaft hinaus: „Wie schön der See in der Ferne glitzert!" Sie konnte sich nicht satt sehen an dem herrlichen Panorama. Julie war neben sie getreten: „Da drüben, die Stadt im Morgendunst, das ist Neuenburg." Nur wenige Tage blieben Julie, Abschied zu nehmen von Corcelles. An einem Nachmittag ging sie hinüber nach Cormondrêche, im Haus der Großmutter wohnten längst andere Leute, aber ihr Grab auf dem kleinen Friedhof – daran hing ihr Herz. Bei der Großmutter hatte Julie zuerst von der Liebe Gottes erfahren, sie atmete tief. Wie lange war das jetzt schon her, bald zwanzig Jahre. Die Freundinnen von einst waren fast alle schon verheiratet und hatten Kinder. Hübsche vergnügte Kleinkinder, die Julie zulachten und zu ihr auf den Arm wollten. Keine ihrer Mütter konnte sich vorstellen, das gewohnte Leben aufzugeben und statt dessen fremde Kinder zu unterrichten. Der Abschied fiel Julie nicht allzu schwer, zu wenig hatte sie mit den fröhlichen jungen Frauen gemeinsam, zu ernst nahm sie die Aufgabe, die auf sie wartete.

„Am Sonntag werden wir Graf Pourtalés in Neuenburg besuchen!" Julie freute sich auf den Spaziergang hinunter in die Stadt, danach wollte sie noch der Gemeinde von Neuenburg einen Besuch abstatten und von den Aufgaben in der Mission, und wie diese von den einzelnen Gemeinden unterstützt werden können, berichten. Marie starrte sie an: „Meine Güte, wir werden in den nächsten Tagen und Wochen noch genug herumrennen müssen. Wir sollten uns jetzt noch ein wenig ausruhen!" Julie war wie vor den Kopf geschlagen: „Die Gemeinde in Rolle hat viel Geld für uns gesammelt und viele Mühen auf sich genommen, damit wir ausziehen können. Jetzt dürfen wir nicht müde werden, das Werk fortzusetzen!" Seufzend fügte sich Marie.

Es wurde ein schöner Tag, einer der schönsten bei diesem Aufenthalt überhaupt. Graf Pourtalés freute sich, die Pflegerin seiner Frau wiederzusehen, er lud die beiden zum Essen ein. Marie und Julie genossen die Gastlichkeit in dem schönen Haus sichtlich, und Graf Pourtalés freute sich, ein wenig von der Sorge und Liebe, die Julie seiner Frau entgegengebracht hatte, nun zurückgeben zu können.

In der nachmittäglichen Gemeinschaftsstunde der Gemeinde Neuenburg lebte Julie sichtlich auf. Mit leuchtenden Augen und voller Freude erzählte sie von den bisherigen Erfolgen der Mission in Südindien und in Bengalen, so wie sie es aus den Briefen von Anton Norris Groves kannte.

Die Gemeinde war begeistert, alle beteten mit den Ausgesandten und wollten auch künftig besonders für die in der Mission Arbeitenden bitten. Julie hatte ihren ganzen Mut zusammennehmen müssen, um so frei und offen zu sprechen. Auf dem Heimweg nach Corcelles mußte sie sich auf Marie stützen, sie war aufgewühlt bis ins Innerste. Die Freundin bewunderte sie: „Niemals könnte ich das tun, was du machst. Hundertmal überlege ich mir alle Sätze. Und wenn ich sie denke, dann klingen sie so schön in mir. Aber ich traue mich nicht, sie auszusprechen!" Sprachlos starrte Julie die Freundin an: „Das mußt du aber können, du sollst doch Zeugnis ablegen von deiner Überzeugung. Das ist doch die einfachste Sache von der Welt, du tust doch nur den Willen Gottes kund!" Marie schüttelte den Kopf: „Glaub mir, das ist nicht so einfach für mich!"

Kapitel 3
Die Reise in ein neues Leben

Am 24. Januar war es soweit. Frühmorgens um acht fuhr die Postkutsche nach Pontarlier in Neuenburg ab. Die Eltern und Uranie hatten es sich nicht nehmen lassen, die beiden „Töchter", wie der Vater immer wieder betonte, bis zur Poststation zu begleiten. Kaum einer hatte ein Wort gesprochen während des ganzen Weges von Corcelles hinunter nach Neuenburg. Jeder hing seinen Gedanken nach. Nachdem sie Vater, Mutter und Schwester noch einmal heftig umarmt hatte, kletterte Julie in die Kutsche, auch Marie nahm Abschied von Julies Familie. Judith Dubois hüllte die beiden Mädchen in die Reiseplaids, und Uranie stellte den Korb mit all den guten Vespersachen zwischen die beiden. Julies Unterkiefer zitterte, und ihre Mundwinkel zuckten. Sie hielt ihr Taschentuch in den Händen. Jetzt zogen die Pferde an. Ob sie wohl Eltern und Schwester noch einmal wiedersehen würde? Nur jetzt kein Wort sprechen. Kleiner und kleiner wurden die Winkenden an der Station. Julie zerrte an ihrem zerknitterten Taschentuch. Als sie es endlich in die Tasche zurückstecken wollte, merkte sie, daß sie es ganz zerrissen hatte. Marie folgte ihrem Blick. Sie betete leise vor sich hin: „Diese Tage waren schwer für uns alle. Herr, wir haben Glauben nötig, und Mut, damit wir davor gefeit sind aufzugeben, weil Dein Wille zu schwer für uns ist. Herr, laß uns immer daran denken, daß alles, was von Dir kommt, gut ist!" Julie entspannte sich, sie legte die Hände vors Gesicht, dann atmete sie auf.

Zwei junge Handwerksburschen, die mit ihnen in der Kutsche nach Besançon reisten, sahen sich bedeutungsvoll an, bevor der eine von ihnen wie zufällig mit dem Zeigefinger gegen seine Stirn tippte. „Halleluja-Wachteln", murmelte der andere, bevor sich die beiden wieder einen tiefen Zug aus ihren langen Pfeifen gönnten. Das stank ekelhaft. Energisch griff Julie nach dem Proviantkorb, langsam und bedächtig aß sie von den köstlichen Butterfladen. Um länger etwas davon zu haben, riß sie sie in kleine Stücke, die sie auf der Zunge zergehen ließ. Nach einer Weile folgte Marie ihrem Beispiel. Julie hatte recht: so konnte man den Tabakgeruch und das vergnügte Geschwätz der Mitreisenden besser ertragen. Jedes Schlagloch machte sich bei der schlechtgefederten Kutsche als schmerzhafter Stoß in den Rücken bemerkbar. Durch die undichten Türen drang die Kälte fast ungehindert in den Wagen. Julie suchte im Korb nach weiteren Leckerbissen. Sie fand einen großen Leinenbeutel mit Dörrobst. Darunter kam eine Flasche zum Vorschein. „Guter Papa", murmelte Julie und zog die kleine, mit Kirschwasser gefüllte Flasche ans Licht. Nach einigem Zögern genehmigten sie sich beide einen Schluck. Das ungewohnte Mittel half gegen jede Widrigkeit der Reise. Danach war der Tabakqualm wie weggeblasen, es zog nicht mehr, und das eintönige Rattern der Räder wiegte die beiden Mädchen in den Schlaf. Mitten in der Nacht erreichten sie Besançon. Die wenigen Stunden, die bis zur Weiterfahrt nach Paris um fünf Uhr früh blieben, verbrachten sie dösend auf einer Bank im Warteraum der Poststation.

Beim Besteigen der Diligence nach Paris hatten sie schon das Gefühl, erfahrene Reisende zu sein. Zufrieden nahmen sie in der ganz neuen, gutgefederten Kutsche Platz. Außer ihnen war noch ein dicker Geschäftsmann auf der Rückreise

Marie Monnard

in die Landeshauptstadt im Wagen. Und kurz vor der Abfahrt fand sich noch eine Großmutter ein, die in Paris ihren ersten, am Heiligen Abend geborenen Enkel kennenlernen wollte. Ihre einzige, immer wiederkehrende Frage war, ob dieser jetzt vier Wochen alte Guillaume – natürlich hieß er so nach seinem Großvater, ihrem verstorbenen Mann – schon lächeln könne oder nicht.

Nach einer Weile begann Julie wieder in den Tiefen des Proviantkorbes zu graben. Diesmal begnügten sich die beiden mit Leberwurstbroten. Als sie nach dreimaligem Pferdewechsel um Mitternacht in Paris ankamen, wurde die Großmutter von ihrem Schwiegersohn in Empfang genommen. Julie und Marie ließen das Gepäck versorgen, ein mürrischer alter Mann führte sie zu der Adresse, die August Rochat ihnen gegeben hatte. Und richtig: Auf ihr Klopfen an der Pforte eines mehrstöckigen Mietshauses in der Rue de Bruxelles öffnete eine verschlafene Concierge und führte sie in den dritten Stock. „Endlich", begrüßte sie eine freundliche Frau und brachte die beiden in ein Zimmer, in dem ein bescheidenes Abendessen auf dem Tisch stand. „Willkommen im Namen des Herrn", sagte der Hausherr. Die beiden Mädchen konnten vor Müdigkeit kaum noch auf den Stühlen sitzen, selbst essen war fast ganz unmöglich, nur schlafen, das wollten sie. Sie fielen fast in die schon gemachten Betten. Am anderen Morgen erwachten sie völlig durchgefroren. Aber auch im Nebenzimmer, in dem sie die freundliche Frau zum Frühstück erwartete, war es nicht viel wärmer. Bedächtig erklärte der Mann, daß die Pariser Öfen und Kamine allesamt nicht viel taugten und die Kaminkehrer erst recht nicht. Darüber würde sich keiner wundern, denn so oft man sie brauchte, da könnten sie natürlich die Preise so hoch ansetzen, wie sie wollten. Dabei guckten sie nur sorgenschwer in den Kamin, um festzustellen, daß man bei diesem Wetter – es war egal bei welchem – sowieso nichts machen könne, als bei einem anderen Wetter wieder-zukommen. „Meine Frau und ich sind daher dazu überge-gangen, überhaupt nicht mehr zu heizen. Über uns und unter uns wohnen sehr vermögende Leute; die Wärme, die von da zu uns kommt, die genügt uns." Seine Frau ergänzte: „Uns hält das Wort Gottes warm und eine gute Suppe. Inzwischen haben wir uns auch an unsere Temperaturen im Winter gewöhnt!" – „Zumal die Luft bei uns besser ist und wir für den gesparten Kaminkehrer und die Kohlen sehr gute Decken gekauft haben." Beide lachten breit und freu-ten sich über ihre ökonomische Haushaltsführung.

Bis zur Abfahrt des Postwagens nach Calais blieb den beiden Reisenden noch ein wenig Zeit. Sie bummelten durch die Straßen und kauften in einer verlockend nach frischem Brot duftenden Bäckerei zwei Croissants und eine kleine Stange Weißbrot als Reiseproviant. Als die Bäckers-frau den Preis nannte, bekam Julie große Augen. Verlan-gend hatte Marie nach den schönen Kuchen geschaut, jetzt schüttelte sie nur den Kopf und verkniff sich den Genuß mit Rücksicht auf ihre nicht gerade prall gefüllte Reisekasse. „Wie teuer das Leben in einer so großen Stadt ist", staunte Julie, „und wie leicht die Menschen hier das Geld ausge-ben!" Marie hatte gemerkt, daß einige der eiligen Passanten, die schnell etwas kaufen wollten, ungeduldig geworden wa-ren, als die beiden unerfahrenen Mädchen aus der Provinz so gar nicht mit ihren Käufen vorankamen.

Aufatmend hatte Julie ihren großen Koffer schon auf der Kutsche nach Calais entdeckt. Wieder hatten sie ein Etap-penziel erreicht, ein Stück des großen Abenteuers gemei-stert. Julie betete und dankte Gott für die Hilfe, die sie so reichlich bekamen. Ein wenig fürchtete sich Marie vor der nächtlichen Fahrt über den Kanal, aber die Fähre sah so vertrauenerweckend aus, daß ihr überhaupt nicht in den Sinn kam, Angst zu bekommen, als sie erst einmal an Bord waren. Das Meer lag so ruhig unter ihnen; beim Anblick des nächtlichen Sternenhimmels wurde ihnen beiden ganz andächtig zumute. Soviel Schönes hatten sie auf der Reise schon erlebt, aber der Anblick des Sternenhimmels war gewiß das Schönste von allem. Pünktlich legte das Schiff in Dover an. Einige kräftige Männer luden das Gepäck auf die schon bereitstehende Kutsche nach London. Trotz ihres – wie sie gemeint hatten – ausreichenden Englischunterrichts verstanden weder Marie noch Julie auch nur ein Wort von dem, was der Gepäckträger zu ihnen sagte. „Das kann ja heiter werden!" seufzte Julie. Und die empfindliche Marie befürchtete zum ersten Male ernsthafte Komplikationen. Julie, noch mit den praktischen Vorbereitungen der nächsten Wegstrecke beschäftigt, glaubte fest daran, daß Gott, der sie sicher bis hierher geleitet hatte, auch für ihr weiteres Fortkommen sorgen werde. Doch Maries Befürchtungen sollten noch weit übertroffen werden. Sie schreibt:

„Mit der Ankunft in London begannen unsere Sorgen. Das Gebet beruhigte uns ein wenig. Endlich hatten wir den Platz der Omnibusse erreicht. Unschlüssig betrachteten wir die vielen Wagen und Kutscher. Einer von ihnen, der uns einen sehr guten Eindruck machte, kam auf uns zu und fragte uns, wohin wir wollten. Wir reichten ihm den Zettel mit der Adresse. Noch einmal betrachtete er uns, dann hieß er uns in eine sehr schöne Kutsche – auch das vorgespannte Pferd gefiel uns sehr – steigen, und schon fuhren wir durch eine Reihe von Straßen. Endlich hielt der Kutscher, stieg aus und klopfte an eine Tür und fragte nach der auf dem Zettel angegebenen Person. ‚Hier wohnt niemand dieses Namens‘, wurde ihm beschieden. Noch einmal sagte er etwas – ohne Erfolg. Unschlüssig trat er zu uns, versuchte sich verständlich zu machen, wir waren bestürzt und aufgeregt. Der arme Mann machte sich noch einmal auf den Weg, klopfte an eine andere Tür, allem Anschein nach der Eingang zu einem

Büro. Ein Herr trat heraus, der Kutscher sprach mit ihm. Daraufhin betrachtete der Herr uns beide eine ganze Weile, dann sagte er zu dem Kutscher: ‚Bringen Sie sie in das Hotel . . .‘ Jetzt waren wir doch sehr beunruhigt. Der Kutscher dankte und fuhr mit uns zu einem großen Hotel. Sofort waren wir von einer ganzen Anzahl Bediensteter umringt, die unser enormes Gepäck in eines der Zimmer brachten. Wir waren verzweifelt. Endlich trauten wir uns zu fragen, ob in diesem Hotel jemand französisch sprechen würde. Man bedeutete uns mitzukommen, eine Dame würde unsere Sprache sprechen. Bald darauf erschien eine vertrauenerweckende Dame, die uns herzlich entgegenkam: ‚Seien Sie nur ganz ruhig, fürchten Sie nichts, hier sind Sie in guten Händen.‘ Wir erzählten ihr unser Mißgeschick bei der Ankunft in London mit der falschen Adresse. ‚Seien Sie ganz ruhig, morgen früh werden wir sehen, was zu tun ist. Ruhen Sie sich jetzt aus, das brauchen Sie am allernötigsten!‘ Sie winkte einem Stubenmädchen und ließ uns auf unser Zimmer bringen, wo wir auch unser Gepäck vorfanden. Was für eine Nacht der Herzensangst. Unablässig waren unsere demütigen Bitten um Hilfe. Julie war furchtbar erschüttert, und ich wußte nicht, was ich von dieser Enttäuschung halten sollte. Wieder und wieder riefen wir den Herrn an, uns einen Ausweg aus dieser großen Prüfung finden zu lassen.“

„Endlich kamen wir auf eine frappierende, eigentlich ganz natürliche Idee. Warum hatten wir eigentlich nicht die zweite Adresse, die man uns auch noch gegeben hatte, benutzt. Es war die Privatadresse von Mr. Groves. Allerdings in einem anderen Stadtviertel, meilenweit von unserem jetzigen Standort entfernt. Diese Entdeckung machte uns neuen Mut. Am Morgen wollten wir die freundliche Dame um einen Führer bitten, damit wir uns selbst auf die Suche nach Mr. Groves machen konnten. Gleich nachdem wir am anderen Morgen unser Frühstück eingenommen hatten, ließen

wir die Dame zu uns rufen. Sie erkundigte sich teilnahms-
voll, wir wir die Nacht verbracht hatten. Wir erzählten ihr
ganz einfach von unserer Herzensangst und unserem unab-
lässigen Gebet. Die Dame hörte uns verständnisvoll und
freundlich an. Sie versprach, nach einem Führer zu sehen,
mit dem wir zu Mr. Groves gehen konnten. Ich will mich
kurz fassen: Sie ließ einen älteren Mann kommen und er-
klärte ihm unsere Notlage. Schneller als gedacht fanden wir
uns mit ihm auf der Straße wieder. Er rannte so schnell, daß
wir Mühe hatten, ihm zu folgen. Wir wagten nicht einmal
nach rechts oder links zu schauen. Plötzlich hielt er an,
betrachtete uns und überprüfte noch einmal die Adresse.
Dann klopfte er, ein Diener kam heraus und sagte:
,Mr. Groves ist daheim.' Dann bat er uns hereinzukommen.
Da stürzte Mr. Groves schon eilig die Treppe hinunter, be-
gierig, die Leute zu sehen, die nach ihm gefragt hatten!"

Vergnügt betrachtete Anton Norris Groves die beiden
Schweizerinnen. Eben hatte er aufbrechen wollen, um sie in
dem angegebenen Quartier abzuholen. Er konnte die Aufregung nicht ganz verstehen, von ihm aus war alles sorgfältig vorbereitet gewesen. „Aber jetzt sind die beiden ja am
Ziel", meinte er beruhigend. Kurz entschlossen bat er einen
Freund, mit ihm zusammen das Gepäck der Schwestern
abzuholen. Eine von beiden sollte ebenfalls mitkommen,
Julie.

Die leicht erschöpfte Marie Monnard wurde in der Obhut der Schwägerin von Groves zurückgelassen. Obwohl
sie sich mit Emma Baynes gut verstand, erwartete Marie
voller Ungeduld die Rückkehr der Freundin. Sie fühlte sich
unsicher, so allein mit einer Fremden. Kaum war sie in der
Lage, der teilnehmenden Miss Baynes auf ihre Fragen nach
dem bisherigen Verlauf der Reise zu antworten. Da ging die
Tür auf und eine vornehm gekleidete Frau betrat den Raum.
Als sie Marie Monnard sah, eilte sie auf sie zu und begrüßte

sie herzlich. Emma Baynes stellte ihr ihre Schwester, die Frau von Anton Norris Groves, vor. Tapfer schluckte Marie das leichte Unbehagen, das sie beschlich, hinunter. Offen und freundlich beantwortete sie alle Fragen, soweit es ihre geringen Englischkenntnisse zuließen.

Kurz vor dem Mittagessen, das alle gemeinsam im großen Eßraum des Hauses einnahmen, trafen auch Julie, Missionar Groves, sein Freund und mit ihnen das Gepäck der Schweizerinnen ein. Julie strahlte. Das Hotel hatte sich als eine gute Unterkunft erwiesen, wenn es auch etwas teuer war. Wieder wies die Reisekasse ein größeres Loch auf, als sie gedacht hatten. Während des Essens betrachtete Julie die Anwesenden. Anton Norris Groves erschien ihr ein wenig laut und sprunghaft, aber seine Anordnungen kamen schnell und präzise. Sie waren, auch wenn sich Julie manchmal bevormundet vorkam, immer sinnvoll. So hatte er beiden Schützlingen, nachdem sie ihr Gepäck verstaut hatten, empfohlen, zuerst an die Eltern und Geschwister, dann an ihren Pfarrer und die Gemeinde in Rolle zu schreiben. Julie schluckte ihren Ärger hinunter, als ob sie nicht von alleine auf diesen Gedanken gekommen wären. Aber sie hatte sich fest vorgenommen, ihr Urteil über Menschen in Zukunft noch mehr abzuwägen als bisher. Emma Baynes schien ihr eine durch und durch freundliche Christin zu sein, mehr auf das Wohl der anderen als auf ihr eigenes bedacht.

Verstohlen beobachtete Julie Frau Groves. Sie kam ihr herablassend und seltsam fahrig vor. Ihre eckigen Bewegungen und ihre stechenden Augen ließen sie nicht sehr sympathisch erscheinen. Im Gegensatz zu ihrer Schwester ließ sie ihre Umgebung sehr häufig fühlen, daß sie als Tochter eines reichen Generals eigentlich etwas Besseres war als die anderen. Voll unbändiger Lebenslust hatte sie in ihrer frühen Jugend kaum ein Fest und keinen Ball ausgelassen, sie war der übermütige Mittelpunkt jeder Theaterveranstaltung und jedes Tanzvergnügens gewesen. Bis zu jenem schrecklichen Tag, als sie im Verkehrsgewühl der Londoner City von einem schweren Karren mit dem Kopf gegen eine Mauer gedrückt worden war. Lange Zeit wußten ihre Angehörigen nicht, ob sie diesen Unfall überleben würde. Als sie endlich nach langem Krankenlager wieder in einen Spiegel sehen konnte, war ihre Schönheit dahin; eine häßliche, brandrote Narbe entstellte ihr Gesicht vom Ohr bis zum linken Mundwinkel. Bald nachdem sie den in Bagdad verwitweten Anton Norris Groves kennengelernt hatte, wurde sie seine Frau. Es hieß aber, wenn ihre Narbe sie sehr schmerze, dann würde sie selbst gegen ihren Mann sehr ausfallend und ließe ihn spüren, daß sie, die Generalstochter, sich sehr weit herunterbegeben habe, als sie den aus dem Nichts aufgestiegenen Dentisten und Missionar geheiratet habe.

Dabei konnte sie die Liebenswürdigkeit in Person sein. Manch einer aber hatte die Offenheit, die er ihr in solchen Stunden entgegengebracht hatte, schon bitter bereut. Ihre unstillbare Neugierde und ihre treffsicheren Bemerkungen über die seelischen Verletzungen anderer wurden bekannt und machten den Umgang mit ihr nicht gerade zum Vergnügen.

Anton Norris Groves lächelte seinen beiden Schutzbefohlenen zu und hieß sie herzlich in London willkommen: „Es tut mir leid, daß Ihre Ankunft mit soviel Aufregung verbunden war. Aber jetzt sind Sie ja in Sicherheit. In wenigen Tagen schon werden Sie zu meinem Schwager Georg Müller nach Bristol weiterreisen. Ich glaube, dort wird es Ihnen besser gefallen als hier in der Großstadt."

Allein in ihrem Zimmer, ließen sich die beiden erst einmal auf ihre Betten fallen. Julie streckte die Arme über dem Kopf aus und reckte sich, daß die Knochen krachten: „Eigentlich hätte ich ja nichts gegen einen längeren Aufenthalt einzuwenden, aber Bristol ist erst einmal Endstation – von dort geht es dann geradewegs nach Indien!"

Wie von Groves vorhergesagt, reisten sie schon einige Tage später nach Bristol ab, wo sie von Georg Müller und einem jungen Deutschen aus Stuttgart, der sich ihnen als Hermann Gundert vorstellte, erwartet wurden. Etwas erstaunt betrachteten die beiden die enorme Menge Gepäck, die die Schweizerinnen als das ihre bezeichneten. Besonders Gundert schien ihnen sehr amüsiert zu sein. Keiner von beiden sagte etwas, sondern sie schleppten alles in das Müllersche Haus. Marie Monnard schreibt über die ersten Tage in Bristol: *„Mr. Müller schien uns ein ernsthafter Christ zu sein, Mr. Gundert dagegen die Fröhlichkeit selbst, immer zufrieden, war er jedermann jederzeit gerne behilflich. Er hat auch uns sehr geholfen. Bei Mr. und Madame Müller hatten wir immer den Eindruck, daß sie uns für reichlich unwissend hielten. Und auch Mr. Gundert tat uns gegenüber oft sehr belustigt. Das machte uns verlegen. Wenn wir unter uns waren, nannten wir Mr. Gundert nur den ‚Doktor'. Wie überrascht waren wir, als wir erfuhren, daß er tatsächlich ein Doktor der Philosophie war."*

Das machte die beiden ihrem Englischlehrer gegenüber fast gänzlich stumm. Wie überrascht wären sie erst gewesen, wenn sie gewußt hätten, wieviel Kopfzerbrechen ihm, den sie für allwissend hielten, der Englischunterricht seiner geringen Französischkenntnisse wegen bereitete. Er jedenfalls wunderte sich mehr als einmal, *„daß mir die Worte zu allem, was wirklich nötig ist, hinreichen, und wie man sich so leicht versteht, wo man sich verstehen will".*

Träge floß die Zeit im Hause Georg Müllers dahin. Alle warteten auf Anton Norris Groves, damit der Aufbruch nach Indien so schnell wie möglich vorangehen konnte. Aber Groves schien überall zu sein, nur in Bristol tauchte er nicht auf. Die Wartezeit war für die Mitglieder seiner bunt zusammengewürfelten „Missionskarawane" quälend und beunruhigend. Für Julie Dubois und Marie Monnard waren diese Tage und Wochen voller gegensätzlicher Eindrücke und ohne sinnvolle Tätigkeit Anlaß zu immer neuen Grübeleien über die eigenen Unzulänglichkeiten. Eigentlich verließen sie ihr Zimmer nur noch zu den gemeinsamen Mahlzeiten und den Unterrichtsstunden.

Das ständige Kommen und Gehen, die vielen Menschen, die fremde Sprache, von der sie trotz der Unterrichtsstunden kaum etwas verstanden, ängstigte die beiden. Besonders Julie litt unter dem ihr wesensfremden Glauben der Baptisten so stark, daß sie sich ganz in sich selbst zurückzog. Gemeinsam nähten sie an ihrem Weißzeug für Indien, und die ungeliebte Näharbeit trug nicht gerade zu ihrem Seelenfrieden bei. Julie fieberte dem Tag der Abreise förmlich entgegen, gleichzeitig fürchtete sie sich davor, zuviel Fremdes war seit ihrer Abreise aus Corcelles auf sie eingestürmt.

Kapitel 4
„Der bigotten Calvinistin
komm' ich nicht ins Geheg'"

Morgens um acht gab es Frühstück im großen Eßzimmer des Müllerschen Hauses. Mit seinen großen, nach Osten gehenden Fenstern bot es einen wunderbaren Blick über den Avon, der breit und behäbig dem Meer zufloß. Das Frühstück bestand aus Tee oder Kaffee, dazu gab es köstliches weißes Brot und vorzügliche Marmelade, manchmal auch Eier. Als besonders wohlschmeckend hatten die beiden Schweizerinnen eine englische Spezialität, die sich Toast nannte, entdeckt. Julie hatte sich erst an die vergnügte Gesellschaft, die sich morgens um den Frühstückstisch einfand, gewöhnen müssen. An die zwanzig Hausgenossen diskutierten, unterhielten sich, versorgten die Kinder, lachten und veralberten einander. Anders als Marie, die still dem Trubel zuhörte und versuchte, der Unterhaltung zu folgen, konnte Julie dem morgendlichen Geschwätz nichts abgewinnen. In sich gekehrt saß sie am Tisch, gleichgültig zerkrümelte sie ein Stück Brot zwischen den Fingern.

„Schauen Sie nur, wie schön dieser Morgen ist!" Sie schrak auf. Georg Müller wies zum Fenster hinaus. Obwohl es erst kurz nach acht Uhr war, begannen sich die Morgennebel, die eben noch über dem Avon zu schweben schienen, zu verteilen. Die Strahlen der aufgehenden Februarsonne durchbrachen den Dunst und brachten den Reif auf den kahlen Ästen und Zweigen zum Glitzern, noch war alles frostig kalt, aber die zaghafte Wärme der Sonne ließ schon das kommende Frühjahr ahnen. Hermann Gundert reckte sich wohlig und langte nach einer weiteren Scheibe Toast. Betont langsam, damit auch diejenigen am Tisch, die nicht so gut englisch sprachen, ihm folgen konnten, sagte er: „Herrliches Wetter und ein gutes englisches Frühstück – das nenne ich einen guten Tagesanfang!" Um aber eine Diskussion in Gang zu bringen, fügte er verschmitzt hinzu: „Obwohl der Tee nicht so gut ist wie zu Hause – und vor allem viel zu süß. Und der Kaffee, na der ist doch etwas schlapp. Der bringt einen nach einer zerlesenen Nacht nicht wieder auf die Beine. Da braucht man andere Muntermacher für das Tagwerk!" Er deutete auf Müllers kaum dreijährige Tochter, die immer wieder versuchte, ihm auf den Schoß zu klettern. Julie Dubois war aufgefahren, krampfhaft hielt sie ihre Kaffeetasse umklammert, als sie mit vor Erregung bebender Stimme hervorstieß: „Ist es nicht für jemanden, der im Weinberg des Herrn arbeiten darf, egal, ob der Kaffee, den er trinkt, gut oder schlecht ist? Sollte er sich nicht lieber mit dem Reich Gottes befassen, als mit Essen und Trinken?" Verblüfft starrte Gundert sie an. Marie Monnard war über und über rot geworden. Sie versuchte Julies Hand zu fassen, um sie zu beruhigen. Gundert versuchte zu retten, was zu retten war. Gutmütig erwiderte er: „Aber Essen und Trinken hält Leib und Seele zusammen!" Er konnte nicht ahnen, daß sein begütigend gesprochener Satz Julie noch mehr erschütterte. Ihr standen Tränen in den Augen. Sie versuchte etwas zu sagen. Aber ihr Englisch reichte nicht aus. Hart stellte sie die Kaffeetasse auf den Tisch, raffte ihren Rock und rannte, gefolgt von der weinenden Marie Monnard, aus dem Zimmer.

Es war still geworden in der Runde. Georg Müller schüttelte den Kopf: „Das wäre jetzt nicht nötig gewesen!" Nachdenklich biß Hermann Gundert in seinen Toast und murmelte: „Der bigotten Calvinistin komm' ich nicht ins Geheg'!"

In ihrem Zimmer angekommen, warf sich Julie aufs Bett: „Wenn wir doch wenigstens schon unterwegs wären! Manchmal denke ich, der Kopf zerspringt mir. Alles ist so anders, so ganz verschieden von dem, was ich mir vorgestellt habe, sogar die Gottesdienste." Marie streichelte ihre Hände: „Du steigerst dich in etwas hinein. Nicht alles, was anders ist, ist deswegen falsch. Wir müssen die Sprache lernen, damit wir besser verstehen. Du wirst sehen, dann wird vieles leichter. Gott wird uns helfen, so wie er bis hierher geholfen hat." Mit einem Ruck setzte sich Julie auf: „Das sagst du so leicht: lerne! Du hast das von klein auf dürfen. Du bist gelobt worden fürs Lernen. Bei uns war das ganz anders. Lesen und Lernen waren Dinge, die mich vom gottgefälligen Arbeiten abhielten. Fast mein ganzes bisheriges Leben lang. Ich möchte ja begreifen, warum der Doktor immer liest, niemals ist er ohne Buch zu sehen, aber arbeiten, das tut er selten oder nie." Marie setzte sich: „So habe ich das noch nie gesehen. Aber glaub mir, auch lesen ist Arbeit, manchmal so hart wie Feldarbeit. Jeder arbeitet so, wie er es gewohnt ist." Sie mußte lachen: „Wehe dem Feld, das unser Doktor bestellen soll." Dann fügte sie nachdenklich hinzu: „Mit dem Feld der Mission wird es schon gehen, aber da können wir ihm dann ja auch zuschauen und helfen!" Julie war aufgestanden und ans Fenster getreten. Nachdenklich sah sie auf den Avon hinaus. Marie hatte recht. Auch die Mission war ein Feld, auf dem die Arbeit wartete. Auf jeden so, wie er es gewohnt war. Auf das Miteinander kam es an. Doch wie können so verschiedene Menschen zusammenfinden? Aber der träge dem Meer zufließende Avon hatte keine Antwort auf ihre Fragen. Die hatte nur Gott.

Auch Hermann Gundert sah auf den Avon hinaus. Das

hatte er nicht gewollt. Ihm war es nur darauf angekommen, die Atmosphäre ein wenig zu lockern, um allen den Einstieg in eine Unterhaltung zu erleichtern. Georg Müller war hinter ihn getreten. Er legte dem Jüngeren die Hand auf die Schulter: „Nimm es nicht so schwer, das renkt sich wieder ein. Wenn man so eng aufeinanderhockt, dann muß jeder Abstriche machen, sonst geht es nicht gut. Je früher man das lernt, desto einfacher ist es." Er gab dem Schweigenden einen aufmunternden Klaps auf den Arm: „Miteinander heißt das Wort – und dafür bist du mit deiner verbindlichen Art eigentlich so geeignet wie kein anderer!" Schweigend sah Hermann Gundert auf den Fluß hinaus. Seine Gedanken führten ihn weit zurück. Er sah sich als Kind spielen vor dem Haus in der Stuttgarter Kirchstraße. Hier war schon seine Mutter aufgewachsen, und hier hatte sie im Oktober 1810 seinen Vater geheiratet. Ludwig Gundert, Kaufmann und Lehrerssohn, fröhlich und dem Leben zugewandt. Ein überzeugter Pietist, bodenständig und sehr praktisch veranlagt, war er dem verinnerlichten Pietismus und der tiefen Gläubigkeit seiner Frau, die zu Depressionen führte, mit liebevollem Verständnis begegnet. Hermann dachte an die immer kränkliche, durch zehn Geburten in rascher Folge verbrauchte Mutter, deren Lebenskraft durch den Verlust von sechs ihrer Kinder zerbrochen war. Sie hatte Halt gefunden im Glauben. Schon in ihrer Brautzeit hatte sie ihrem Verlobten geschrieben: *„Was mich seit einiger Zeit hauptsächlich beunruhigt, ist, daß ich viele rechtschaffene Christen kenne, die einen gewissen Zeitpunkt zu nennen wissen, von dem an es augenscheinlich besser mit ihnen wurde, die nach vielem Ringen und Kämpfen, Zittern und Beben um ihre Seligkeit ihrer endlich gewiß wurden und, Gottes Frieden im Herzen, ihre Bahn nun ruhig fortpilgern. Wie ganz anders ist es bei mir! Ich weiß keine Zeit, wo mir die Angst um mein ewiges Wohl schlaflose Nächte* *gemacht hätte, ich lebe in den Tag hinein und könnte am Ende wohl gar noch – daß es Gott verhüten wolle! –, ich könnte noch eine Heuchlerin werden! Aufrichtigkeit, Redlichkeit soll er mir schenken, der treue Heiland, damit ich mich und andere nicht betrüge. – Ach bete für mich, daß mir unser Erlöser ein neues Herz und einen neuen Geist schenke!"*

Worte, die auch ihr am 4. Februar 1814 geborener Sohn Hermann hätte schreiben können, ein neues Herz und einen neuen Geist. Zur Zeit seiner Geburt hatte dieser neue Geist ganz Europa durchweht. Umbruch und Neuordnung. Wie gerne hätte Ludwig Gundert, sein Vater, sich damals in das Heer der Kämpfer gegen Napoleon eingereiht. Statt dessen hatte der junge Familienvater nach dem Tode des Schwiegervaters die Kolonialwarenhandlung „Enßlin & Gundert" übernommen. Als 1812 die württembergische Bibelgesellschaft ins Leben gerufen wird, ist Ludwig Gundert unter den Gründungsmitgliedern und arbeitet von Anfang an mit. Als ihm einige Monate nach der Völkerschlacht bei Leipzig ein zweiter Sohn geboren wurde, nannte er ihn, dem patriotischen Gefühl der Zeit folgend, Hermann. Jetzt, da sich die verbündeten Heere auf dem Weg nach Paris befanden, da der große Usurpator geschlagen war, besann man sich gerne auf Hermann, den Cheruskerfürsten, der einst im Teutoburger Wald die Legionen Roms das Fürchten gelehrt hatte.

Aber bald kam die Ernüchterung. Auf mehrere Mißernten hintereinander folgten in Südwestdeutschland die Hungerjahre 1816 und 1817, viele Firmen brechen zusammen, auch Ludwig Gundert steht vor dem Ruin: *„Oft sehe ich keinen Ausweg mehr, auch jetzt durchaus keinen. Da stehe ich, sehe weder vorwärts noch rechts, noch links, wie sich der Weg um die Ecke winden wird; und den steilen Berg hinauf bin ich sehr, sehr müde geworden."* Die ganze Familie empfindet es als Erlösung, als er 1820 fest bei der Bibelgesellschaft als Bibelsekretär angestellt wird. Im gleichen Jahr wechseln Ludwig und Hermann die Schule: *„Die Söhne waren im Oktober ins Gymnasium eingetreten, etwas frühe für den Jüngeren, aber der Ältere wollte einmal nicht allein in die Klasse, so ließ man den Hermann mitlaufen."* Besonders für Hermann wurde das Büro des Vaters im Bibelhaus eine ideale, sein ganzes Leben beeinflussende Spielwiese. Hierher gingen die Kinder nach der Schule, hier machten sie ihre Aufgaben. Hermann Gundert erinnerte sich: *„Im Bebenhäuser Hof wurde von der Regierung ein leerstehendes Häuschen der Bibelgesellschaft zur Benutzung eingeräumt. Da arbeitete nun die Presse, während Gundert im Nebenzimmer seine Bücher führte und abends die Kleinen neben sich ihre Schulaufgaben fertigen ließ. Der Pferdestall unten füllte sich mit Bibelballen, hinter denen sich, wie in den Krippen und Raufen, ausgezeichnet verstecken spielen ließ."*

In der weltoffenen Atmosphäre des Elternhauses lernte der kleine Hermann viele Persönlichkeiten kennen, die ihre Zeit nachhaltig beeinflußt haben. So J. P. Greaves, dessen Buch „Ursachen und Gründe der christlichen Erneuerung oder die Neue Geburt" Ludwig Gundert übersetzte. Die Einfachheit und Geradheit des Verfassers, sein Mut, das Geschriebene auch selbst zu leben, beeindruckte die ganze Familie Gundert tief. 1822 reiste der Vater zusammen mit Christian Gottlieb Blumhardt zum zweiten Jahresfest der Basler Mission, ein Ereignis, das ihn nachhaltig beeindrucken sollte. Vom gleichen Jahr an gab er die „Stuttgarter Missionsnachrichten" heraus. Früh schon fand der Vater in seinem zweiten Sohn Hermann einen interessierten Mitarbeiter und tüchtigen Helfer. Bereits der Zehnjährige fertigte erste Übersetzungen aus dem Englischen an und half beim Korrekturlesen.

„... ich wünsche nicht einen Schöngeist in dir zu sehen,

wohl aber einen Geist, der für alles Schöne und Wahre und Gute eingenommen ist." Trotz der engen Bindung an das Elternhaus regt sich mit Macht der Drang nach Selbständigkeit, nachdem der Dreizehnjährige 1827 das Seminar in Maulbronn bezogen hatte. Die strenge Schulordnung machte ihm zu schaffen, mehr als einmal schlägt er über die Stränge. Seine Noten sind gut, aber seine Lehrer beklagen sich über die Lust des Schülers, den vorgeschriebenen Studiengang zu bekritteln. Zu seinen Lieblingsfächern gehört Geschichte, besonders auch die neuere. Die Bücher hierzu leiht er sich im Pfarrhaus von Dürrmenz aus. Der junge Vikar Christoph Blumhardt kann die Spannungen zwischen Ernst und Übermut besonders gut ausgleichen. Als Schüler von Hermanns Großvater weiß er viele Geschichten aus der Jugendzeit des Vaters zu erzählen, was Hermann, den oft vom Vater Gescholtenen, amüsiert und tröstet. Der vielseitig begabte Knabe spielt Klavier und Orgel, verdient sich ein Taschengeld mit Notenabschreiben und Privatstunden, die meiste Freude aber hat er am Schreiben: „*Ein alter Buchdrucker des Vaters, der sich in Vaihingen niedergelassen, wollte mit dem Jahr 1831 einen „Grenzboten" ins Leben treten lassen und empfahl sich den Seminaristen insbesondere zu Beiträgen. Der Vater warnte, aber der Kitzel war zu stark, und das Blatt begann mit politischen Aufsätzen aus Hermanns Feder.*" Allerdings hatte der Vater mit seinen Warnungen recht gehabt: Der ‚Grenzbote' lebte nicht lange, er wurde konfisziert und dann von der allgegenwärtigen Zensur verboten.

Immer mehr spürte der Heranwachsende jetzt die engen Fesseln des Maulbronner Seminars. Aufs Stuttgarter Gymnasium wollte er zurück, wieviel näher war man dort dem wirklichen Leben. Aber noch ehe die Eltern hierzu Stellung beziehen konnten, hatte es sich der Sohn schon wieder anders überlegt. Der junge David Friedrich Strauß war als

Stellvertreter für einen wenig geliebten Lehrer ans Seminar gekommen und hatte die Herzen der Schüler im Sturm erobert. Nicht nur Hermann Gundert war hingerissen von dem sprühenden Geist, der Lebendigkeit und der Modernität des Unterrichts. Mit einem Schlag war die beklagte Enge Maulbronns einer Weite und Weitsicht gewichen, die die Schüler berauschte.

Neues, anderes entdecken, sehen und lernen! Dieser Einfluß paßte dem Vater nicht, Hermann spürte die Bedenken, und seine Bindungen zum Elternhaus wurden lockerer, besonders die Mutter litt unter der beginnenden Entfremdung.

Wie glücklich waren die Eltern, als ihr Sohn am 24. Oktober 1831 die Universität Tübingen bezog, um dort Theologie zu studieren. Hermann Gundert wohnte im Evangelischen Stift. So vorsichtig tastend seine ersten Schritte in der neuen Umgebung waren, so sehr festigten sie sich, als David Friedrich Strauß als Repetent an das Stift versetzt wurde. Der Vater hatte dem Sohn zuletzt den neuartigen Unterricht in seinem letzten Seminarjahr gegönnt. Auf der Universität würden dann die älteren, gesetzteren Professoren und Lehrer dem jungen Feuerkopf schon gehörig die Flügel stutzen und die Werte wieder zurechtrücken, aber *„nun kommt Strauß nach Tübingen, nimmt alle nach edlem Ziele strebenden in Beschlag und spannt sie samt und sonders an Hegels Wagen, den sie nun . . . in lustigem Rausche daherziehen. Auch mein lieber Sohn befestigt seinen Strang an diesem Götterwagen und erkor sich Brahma Hegel und Vishnu Goethe, daß er unter ihrem Schutz gegen alle Anfälle des Ichs und der Welt . . . gesichert sei. Aber wenn das Leben in seiner wahren Gestalt dir erscheint, wenn die Platzregen fallen, die Gewässer kommen, die Winde wehen, dann bist du in einem Haus auf Sand gebaut. "*

So lange schon war die Mutter leidend gewesen, hatte oft

das Bett nicht mehr verlassen können, daß Hermann es kaum fassen konnte, als sie am 20. Januar 1833 starb. Seine Gefühle, die Verlorenheit und die Ohnmacht schreibt sich der Achtzehnjährige in einer umfangreichen Biographie der Mutter von der Seele. In „Christianens Denkmal" setzt er seiner Mutter ein literarisches Denkmal, beweist aber auch zum ersten Male den sprachlichen Gestaltungswillen und die Kraft, einen Stoff zu formen.

Gewinnend und freundlich, zu jedem Spaß und Schabernack zu haben, hatte Hermann Gundert viele Freunde an der Universität. Seine Freundschaft mit Strauß hatte die Beziehung zum Vater nicht nachhaltig trüben können.

Jedoch immer mehr Studenten gerieten in Tübingen wegen der Rigorosität der Lehren von David Friedrich Strauß in Konflikte und Glaubenszweifel. Als einer von Gunderts Freunden in tiefer Niedergeschlagenheit die Universität verlassen hatte, bat ihn dessen Mutter in ihrer Not, den Sohn zu suchen und wieder zurückzubringen. Gundert fand ihn, es gelang ihm, den tief Verstörten vom Selbstmord abzuhalten und nach Tübingen zurückzuführen. Zum ersten Mal seit langer Zeit hatte er wieder zu beten vermocht, nicht für sich, sondern für den Freund. Ein ungeheures Erlebnis für den Einundzwanzigjährigen. Mit einem Mal begriff er, was der alte Pfarrer Flattich ausdrücken wollte, wenn er sagte: *„Meine Bauern machen es viel besser als die Gelehrten. Diese sehen den Wein an und ermatten sich mit Theorien und Dogmen darüber; jene trinken ihn wacker aus und stärken sich."* Das also wollte der Vater ihm sagen: *„Trinke an der Lebensquelle und grabe nicht vergebens nach löchrigen Brunnen, die dann doch kein Wasser geben!"*

Dieses Urerlebnis bei Mägerkingen auf der Schwäbischen Alb hatte Hermann Gundert nicht nur den Weg zurück ins Christentum gewiesen, sondern auch den in die Mission: *„Ich meinte, es tue sich mir eine Aussicht auf aus*

unserem tollbewegten Treiben in eine stille, geordnete Tä-
tigkeit für das Himmelreich – als Missionar in Indien! Wie
gerade der Name aufkam, kann ich nicht erklären, doch
hatten wir manche indische Elemente in unserem damaligen
Traumleben, und von früher her war ich ja mit Missions-
blättern und dergleichen bekannt."

Diesen Weg gehen, das wollte Hermann von nun an.
Doch erst als der Vater am 22. Juni 1834 Louise Emilie
Mohl heiratete, glaubte er auch dem Vater gegenüber seinen
Schritt verantworten zu können. Bereits zu Ostern hatte er
im Stift die Pietistenstube „Luginsland" bezogen, sehr zur
Verwunderung seiner bisherigen Freunde. Aber die innere
Unruhe und Zersplitterung hatten nicht nachgelassen.
Hohn und Spott schütteten die alten Freunde über ihm aus,
die neuen aber trauten seiner Überzeugung noch nicht. Die
Einsamkeit dieser Zeit brach sich Bahn in Krankheit und
Depression. Kraft fand er in den Kinderstunden, die er in
Tübingen zu geben hatte. Hier konnte er sein Wissen in die
Praxis umsetzen. Im spielerischen Zusammensein mit den
Kindern konnte er seine Fähigkeit entfalten, sich einer
fremden Welt auszusetzen und sich darin genau umzutun,
so genau, daß er sich darin wie zu Hause fühlte und sich ihr
anzupassen begann.

Auch heute noch hielt er es für einen Wink des Schick-
sals, als sein Freund Theodor Oehler aus Basel fragte, ob er
nicht Lust habe, als Hauslehrer für die beiden ältesten Söhne des Freimissionars Groves mit nach Kalkutta zu gehen.
Hermann Gundert lockte das Angebot, aber würde seine
Gesundheit den Strapazen einer solchen Reise und einem
längeren Aufenthalt in Indien auch gewachsen sein? Seine
Bedenken versuchte er mit einer Reise in die Schweiz zu
seinen Freunden Oliver und Auguste Bernard, die mitten
im Schweizer Jura wohnten, zu zerstreuen. Hielt seine Gesundheit hier stand, dann würde sie es auch in Indien tun –

Überlegungen eines Reisewilligen, der sich noch nicht endgültig entschieden hatte.

Eigentlich hätte er den beiden Schweizerinnen schon einmal erzählen können, wie gut es ihm in ihrer Heimat gefallen hat. An den Vater hatte er geschrieben: *„Ich bin nun mitten im Jura, unter vielem Schnee: wie es denn auch jetzt gerade tüchtig schneit. Bernards Haus ist ein sehr großes, nagelneues Bernerhaus, fast wie ein Schloß. Die eine Seite ist noch nicht ausgebaut. Statt der verbrannten Urgroßvaters Orgel steht ein nagelneuer Flügel im Hauptzimmer. Der Ofen daneben ist aus dicken Steinplatten, terrassenförmig. Abends setzt sich die Familie darauf. Auf der Seite des Ofens geht ein Loch in die Wand, wo man abends statt des Lichts ein Feuer anzündet und dabei die schönsten Gespräche führen kann."* Wie schwer war ihm der Abschied aus dieser Idylle gefallen! Zum ersten Mal war ihm klargeworden, wie viel jeder dabei von sich selber zurückläßt. Fast gewaltsam mußte er sich losreißen. In Neuenburg hatte er dann die Reisekutsche bestiegen, um seinen Bruder Ludwig in Vevey am Genfer See zu besuchen. Dabei hatte er sogar die Weinhänge von Corcelles gesehen, wie merkwürdig es doch manchmal im Leben zuging! Und eben jetzt hatte er jemandem, der aus diesem schönen Fleckchen Erde kam, einen ganzen Tag verdorben. Gegen seinen Willen mußte Gundert lächeln.

In Vevey angekommen, hatte er seinen Bruder inmitten einer lauten und lärmenden Gesellschaft von Freunden und Kollegen gefunden. Ein merkwürdiger Gegensatz zu der Stille und der Harmonie, aus der er kam. Immer wieder hatte er darüber nachgedacht, warum sich Geschwister trotz gleicher Erziehung, Elternhaus und schulischer Möglichkeiten so vollkommen verschieden und voneinander wegentwickeln können. Im Mai war er von dieser Reise nach Stuttgart zurückgekehrt, zu seinem eigenen Erstaunen frisch und ausgeruht. Jetzt gab es kein Zaudern mehr: Er würde den Ruf nach Indien annehmen: *„Ich will meine Kräfte nicht mehr messen, ob sie für Württemberg oder für Ostindien, für Vikariate und Lehrerstellen zureichen! Wie kann man messen, wo nichts ist! Der Herr hat mich einmal gerufen, und ich will gehen!"*

Begeistert hatte ihm Georg Müller, der mit einer Schwester von Anton Norris Groves verheiratet war, von dem in Indien zu leistenden Werk erzählt. Mit leuchtenden Augen sprach er von der Freude der dort schon Arbeitenden und von ihren Nöten, die viele Arbeit mit nur wenigen Missionaren zu bewältigen.

„Du hast es ja eilig, Württemberg zu verlassen!" – Der Vater hatte sich gewundert, mit welcher Eile der Sohn jetzt sein Gesuch um Beurlaubung aus dem württembergischen Kirchendienst eingereicht hatte. Vom Militärdienst mußte er sich nicht befreien lassen – der Vater hatte für ihn ein Freilos gezogen. Als nächstes beantragte er einen Paß und mußte, als er ihn in Händen hielt, immer wieder das angegebene Reiseziel „Kalkutta" anstaunen, so, als könne er es selbst noch nicht fassen. Auch der König hatte schließlich seinem Dienst in Indien huldvoll zugestimmt. Jetzt stand nur das Examen als Hürde zwischen ihm und der ersehnten Abfahrt. Auch das war schließlich geschafft: *„Die Haupttage vom Examen sind nun heute vollendet, Predigt, Kinderlehre und alles Schriftliche ist seit Donnerstag in fortgesetztem Tagwerk abgemacht – die nächste Woche Ruhe – bloß noch zwei Tage in der übernächsten fürs mündliche Examen restieren. Auch das wird Gott zu Ende schaffen, Zeugnis, Abschied und Abreise in Richtigkeit bringen, wie es ihm gefällt."*

Nur wenige Tage waren dem frischgebackenen Doktor der Philosophie geblieben, seine Angelegenheiten in Tübingen zu regeln. Bereits am 2. Oktober war er nach England abgereist. Fast fünf Monate war er nun schon hier. Zu Anfang hatte er noch gehofft, sofort weiter nach Indien reisen zu können. Aber um nur vier Tage hatte er zwei Missionare verfehlt, die waren jetzt schon lange am Ort ihres Wirkens und er mußte in Bristol warten und so lange als Privatlehrer etwas Geld verdienen. Er seufzte.

Hinter ihm wurde die Tür aufgestoßen. „Hier also stecken Sie!" Beim Klang der Stimme fuhr Hermann Gundert herum: Groves war endlich angekommen und hatte seine Familie mitgebracht. Von jetzt an überschlugen sich die Ereignisse. Es war, als hätten alle im Haus nur auf diesen Moment gewartet, um aus einem lethargischen Halbschlaf zu erwachen. Groves debattierte, organisierte, ordnete an und widerrief, das alles in wenigen Augenblicken. Fieberhafte Hektik machte sich breit. Der ruhige Georg Müller schüttelte den Kopf. Jeder packte seine Sachen, wartete auf Anweisungen und ordnete, was eigentlich schon längst hätte geordnet werden können.

Und dann breitete sich mit einem Male wieder die gleiche bleierne Ruhe aus, die schon die letzten Wochen über geherrscht hatte: Widrige Winde verhinderten das Einlaufen des Dampfschiffes „Star" in den Hafen von Bristol. Mit ihm sollten die Missionsreisenden nach Milfordhaven an der walisischen Küste gebracht werden, dort würden sie den Ostindienfahrer „Perfect" besteigen. Jetzt lagen sie allesamt in Bristol fest.

Georg Müller, der in knapp einem Monat sein erstes Waisenhaus in Bristol eröffnen wollte, hatte eine Idee. Seine Buben sollten den Indienfahrern einen vergnügten Abend bereiten. Die Vorbereitungen dazu dauerten den ganzen Tag, und die Knaben taten sehr geheimnisvoll. Erst nach Einbruch der Dunkelheit durften die Mitglieder der „Missionskarawane" in den großen Eßsaal kommen. Auf dem großen Tisch standen einige irdene Teller, gefüllt mit Rosinen. Jetzt wurde eine Brandy-Flasche geholt, und einer der größeren Jungen goß auf jedes Tellerchen gerade soviel von dem Alkohol, bis die Rosinen darin schwammen. Müller lachte und nahm einen Span, den er an einer Kerze entzündete. Jetzt ging er feierlich von Teller zu Teller und zündete den Brandy an. Bald war jeder der Teller von mehreren vergnügten Hausbewohnern umringt, jeder versuchte, eine oder zwei Rosinen aus dem brennenden Brandy zu ziehen und in den Mund zu stekken. Dabei gab es die lustigsten Szenen, und besonders die Jüngsten unter den Buben versuchten, das meiste zu erhaschen.

Zuerst hatte Julie etwas argwöhnisch dem Treiben zugesehen. Aber als sie sah, mit welcher Freude die Kinder das Spektakel für die Abreisenden vorbereitet hatten, konnte sie nicht anders als mitzumachen. Hermann Gundert nickte ihr zu: „Greifen Sie nur zu, wer weiß, wann wir armen Reisenden einmal wieder so verwöhnt werden!" Als die kleinen Brandy-Brände auf den Tellern erloschen und alle Rosinen gegessen waren, sangen die Kinder noch einige Lieder. Das hörte sich so schön an in dem großen Raum, daß alle andächtig lauschten und jeder seinen eigenen Gedanken nachzuhängen schien. Nach einem Gebet, von Groves gesprochen, gingen alle zufrieden in ihre Zimmer. Georg Müller hielt Gundert zurück: „Achte ein wenig darauf, daß nicht zuviel Hektik und Unruhe aufkommt, das schadet der Sache, und besonders die beiden Schweizerinnen sind dem nicht gewachsen." Gundert nickte bedächtig – er hatte Müller, den er für viel schwächer als Groves gehalten hatte, viel abzubitten.

Georg Müller, 1805 in Kroppenstedt bei Halberstadt geboren, hatte in Halle studiert. 1825, während einer Schweizreise, hatte er eine Bekehrung erlebt und seinen Lebenswandel von einem Tag zum anderen geändert. Vier Jahre später war er nach England gegangen und hatte sich den Plymouth-Brüdern angeschlossen. Hier hatte er Groves kennengelernt und eine seiner Schwestern geheiratet. Tief beeindruckt vom Leben und Werk August Hermann Franckes und entschlossen, es ihm in der Hilfe für die Ärmsten der Armen gleichzutun, wollte er elternlosen Kindern eine Heimat bieten.

Er hatte eine „Anstalt für Schrifterkenntnis" gegründet, von der Bibeln und Traktate herausgegeben wurden. Jetzt endlich konnte er auch die Eröffnung seines ersten Waisenhauses in Angriff nehmen. Eine Aufgabe, an der er zielstrebig festhielt, obwohl er seinem Schwager Groves die Betreuung und Unterbringung seiner Missionsmitglieder weitgehend abgenommen hatte. Dabei herrschte in seinem Hause kein Überfluß, sondern eigentlich Mangel an allem. Müller lebte von der Hand in den Mund, von kleinen und großen Spenden. Als wieder einmal die Glocke läutete, rannte eines der Kinder zur Tür, und Julie hatte wie so oft den erfreuten Ausruf gehört: „Oh, da bringt der liebe Gott dem Onkel wieder etwas!"

Hermann Gundert schrieb: „Es war ja alles so gemein, so bürgerlich, so buchstäblich biblisch bei ihnen. Nichts Vornehmes, Universitätisches, Politisches! Es ist nun in der ganzen Stadt anerkannt, daß besonders in der Cholerazeit (1833) wo fast alle Prediger flohen, die römisch-katholischen ausgenommen, Müller und Craik das meiste an den Armen und Kranken getan haben, Tag und Nacht bereit zum Besuch in den Hütten, zu zeitlicher und geistlicher Hilfe, wie Bruder Corser, der aus einer reichen und angesehenen Familie gekommen, die Staatskirche trotz schöner Aussichten verlassen hat und nun Müllers Armut teilt, wie der mit den Armen lebt, und auch durch große Geld- und Zeitopfer sie zur Liebe Christi zu bringen sucht."

Müller nickte Gundert noch einmal zu: „Mein Schwager hat den Vorteil, selten dazusein, wenn er aber da ist, dann ist er so da, daß alles durcheinander gerät. Aber er hat auch viel Gutes, man muß da eben abwägen, wie überall im Leben!" Er lachte, dann gingen auch die beiden letzten an diesem Abend zur Ruhe.

Mitreißender Optimismus beherrschte die Missionskarawane. Selbst der junge Schneider Kaelberer, der ganz von allein zu Groves gekommen war, von der Vorstellung, Missionar zu werden, beherrscht, war jetzt so glücklich, daß ihm Gundert seine bisher oft gezeigte geistige Schwerfälligkeit verzieh.

Noch einmal fand ein gemeinschaftliches Gebet statt, die Gruppe begann zusammenzuwachsen. Alle waren von dem ehrlichen Willen durchdrungen, miteinander das Wort Gottes bei den Heiden zu verkünden. Endlich war der 1. März herangekommen, aber der anhaltende Südwind machte vorerst einen Strich durch die Abreise. Als die „Star" endlich im Hafen festmachte, konnte es kaum jemand fassen. Ein ungeheurer Jubel brach los. Alle Brüder und Schwestern wollten den Abreisenden das Geleit geben. Zuerst aber mußten die zahlreichen Gepäckstücke zusammengetragen und auf das Schiff gebracht werden. Julie Dubois konnte es nicht fassen, sie zählte über neunzig Koffer, Pakete und Reisekörbe.

Kapitel 5
Mit der „Perfect" nach Madras.
Drei Monate auf hoher See

Um drei Uhr am Nachmittag war es dann endlich soweit. Kutschen brachten die Abreisenden an den Cumberland Kai, wo die „Star" festgemacht hatte. Gundert und Kaelberer waren die beiden einzigen, die zu Fuß gingen. Gerade als sie aus dem Haus waren, brach ein Unwetter los, Sturmböen jagten durch die Straßen und über das Hafenbecken, kaum konnten die beiden ihre Schirme halten. Auch die Schaulustigen hatten ihre Schirme aufgeklappt oder hüllten sich eng in die mitgebrachten Decken und Pullover. Kurz bevor der Hafen erreicht war, brach mit einem Mal die Sonne hervor. Begeistert schreibt Gundert vom Erlebnis der Abfahrt an die Eltern: *„Auf dem Weg aber noch hörte der Regen auf, die Sonne trocknete an unseren Kleidern, alles war noch einmal so schön, als wenn es nie geregnet hätte. So werden wir auch einmal gewaschen dastehen, daß die Sonne der Gerechtigkeit sich an uns und in uns spiegeln kann."*

Die Bewegung der Menschen war ungeheuer, sie lachten und winkten, riefen der Reisegesellschaft aufmunternde Worte zu und versprachen „nachzufolgen", sobald es ihnen möglich war. Wildfremde Menschen umarmten einander. Marie Monnard war fassungslos. Soviel menschliche Wärme hatte sie noch nie erlebt und besonders den ihr eher steif erscheinenden Engländern nicht einmal zugetraut. Jetzt wurde die Brücke eingezogen, die Schiffssirene heulte auf, der Dampfer machte sich bereit zum Ablegen. Da erschien direkt an der Stelle, wo bisher der Steg auf dem Kai gelegen hatte, mit lässiger Eleganz der knapp sechzehnjährige William Baynes, der jüngste Bruder von Frau Groves. Seine Mutter hatte ihn dem Schwiegersohn anvertraut, in Madras sollte er in das Offizierskorps der britischen Armee aufgenommen werden. Sein Leichtsinn und seine Überheblichkeit ließen allerdings das Schlimmste befürchten. In der Armee sollte er Disziplin und Gehorsam lernen. „Eine Aufgabe, mit der die britische Armee mit Sicherheit überfordert sein dürfte", wie sein Schwager Groves sarkastisch bemerkt hatte. Die Menge am Ufer stand jetzt abwartend still. „Holt mich doch", brüllte das Bürschchen und lachte. Sechs Matrosen waren notwendig, den Steg noch einmal auszufahren und anzulegen, nur damit der arrogante Lümmel in dem rotgefütterten Radmantel stolz erhobenen Hauptes an Bord gehen konnte. Wütend packte ihn sein Schwager am Arm. Mit einem Ruck befreite sich William und blies den Staub von seinem Ärmel: „Der fromme Abschied ist mir eben auf den Geist gegangen, war ja aber auch nicht anders zu erwarten!"

Julie, die in unmittelbarer Nähe gestanden hatte, zuckte zusammen. Wie hatte sie der Abschied der vielen Gleichgesinnten gefreut und ihr bestätigt, wie nötig diese Reise war, und jetzt war da jemand, der das in den Schmutz zog. Sie fühlte sich beschämt und niedergetreten. Hermann Gundert hatte die kleine Szene bemerkt, er nickte ihr zu: „Machen Sie sich nichts daraus, ich fand es auch sehr schön, behalten Sie es so in Erinnerung!" Schon war er in der Menge der Passagiere verschwunden.

Langsam verließ die „Star" den Hafen. Noch immer säumten winkende Menschen die Ufer, sangen die Mitglieder der Gemeinde auf einem etwas erhöhten Platz am Rande des Hafenbeckens fromme Lieder. Julie rannen die Tränen über die Wangen. Sie winkte, solange sie noch einen

Menschen an den Ufern ausmachen konnte, dann folgte sie den anderen unter Deck. Bald war das offene Meer erreicht, ruhig hielt das Schiff seinen Kurs. Gegen Mitternacht brach ein heftiges Unwetter los, der Kapitän ließ Anker werfen, und viele der Passagiere wurden seekrank. Nicht Julie Dubois, sie lag, während Marie Monnard sich vor Angst zusammenkrümmte, im tiefen Schlummer und merkte nichts von der Gefahr, in der Schiff und Passagiere schwebten.

Erst vier Tage später war Milfordhaven erreicht. Julie stand an der Reling, als das Schiff festmachte. Ihr hatte das stampfende, rollende Schiff auf dem unruhigen Meer überhaupt nichts ausgemacht. Ganz im Gegenteil, sie hatte seekranke Passagiere betreuen und trösten können, gerade so, als wäre sie nicht im tiefsten Schweizer Jura, sondern an der See aufgewachsen. Über drei Stunden lang wurde nun das Gepäck der „Missionskarawane" entladen und am Ufer gestapelt. Während die Frauen bei den Koffern Wache hielten und auf die Kinder, die völlig außer Rand und Band geraten waren, aufpaßten, versorgten die Männer das Gepäck. Am Abend bezogen sie ihre Quartiere. Jetzt begann das Warten von neuem.

Eigentlich hatte der Aufenthalt nur kurz sein sollen. Aber der Optimismus der Missionare sollte auf eine harte Probe gestellt werden. Obwohl für den nächsten Tag erwartet, verschob sich die Ankunft des Ostindienfahrers „Perfect" von Tag zu Tag. Schon war die Verpflegung geordnet. Vierzig Hammel, zwanzig Schweine, Kühe und Ziegen waren angeschafft worden, alles war bis ins kleinste geplant und durchorganisiert. Doch konnte die „Perfect" wegen widriger Winde nicht einlaufen. Besorgt besprach Julie mit Marie die gewaltigen Ausgaben, die sie nun hatten. Aber sie würden so sparsam leben, daß das wenige, was sie hatten, ausreichte. Sie mußten sich den gewaltigen Anstrengungen, die die Gemeinde Rolle mit ihrer Aussendung auf sich genommen hatte, würdig erweisen!

Hermann Gundert gab seinen Eltern in Stuttgart einen minutiösen Bericht über die Stimmung in Milfordhaven: *„Unsere Gesellschaft ist hier in Lodgings verteilt. Im einen Groves und seine Frau (bei ihnen, um auf den Abschied zu warten, ihre Schwester Miss Baynes, der liebe ostindische Richter Young, der die künftige Mission in Dharwar hat herbeibeten helfen, Miss Paget, eine ältliche Diakonissin aus der Barnstabler Gemeinde, im Scherz Phoebe genannt), ein malayisches Mädchen, das vor zwölf Jahren nach England gekommen war und seine Muttersprache völlig vergessen hat. – Die Lodgings in der 2. Straße sind von Mr. John Groves und den Seinen besetzt. Er ist ein Vetter von Anton Norris Groves, 31 Jahre alt, und will ihm als Dentist in Calcutta helfen, – ein englischer Gewerbemann, tüchtig in allen Geschäften, liebreich gegen die Gesellschaft. Seine Frau ist bekehrt, sehr mild und kindlich. Ihr Herz hängt an den zwei Kindern, die sie mitnimmt, und an den zwei von vier und sechs Jahren, die sie zurücklassen mußte. Schwester von John Groves ist Emma Groves, unverheiratet, geht der bengalischen Heidenkinder wegen – heiter, sehr anhänglich an den verehrten Norris. Noch sind in diesem Hause Julie Dubois und Marie Monnard, ausgesandt von der Gemeinde Rolle für den Ostindischen Schuldienst. Die erstere sehr lebendig, klein von Statur, – die andere still und langsam. Mit den drei letzten soll ich von nun an täglich eine Stunde bengalisch treiben. – In der hintersten Straße sind die Lodgings der Barnstabler Brüder. Der gediegenste ist Bowden, groß, im Gesicht sehr verwandt mit Olivier Bernard, ruhig und sicher im Tun und Lassen. Der andere, Beer, ein kleines Schuhmächerlein, bäurisch, aber voll Liebe. Er weiß noch nicht, daß man für Briefe Postgeld zahlt, und wünscht, daß man ihm solche Sachen gleich sagt. Beide sind erst verheira-*

tet, nur 23 Jahre alt, ihre Frauen einfache, englische Land-
mädchen, die viel in der Bibel lesen. Der dritte, der sich
selbst angeboten hat, und von dem Prediger der Gemeinde
nicht gerade zum Missionswerk empfohlen wurde, ist Brice,
21 Jahre alt, zudringlich, Schulmeister voller erbaulicher
Redensarten. Ich glaube, er ißt und trinkt besser, als so lang
er nicht Missionär war! Ist aber im Lasttragen und Packen
gut zu brauchen. Er hat das Zeugnis, daß er überall Christ-
tum predigen will, zu jedem Bekehrten und an jedem Ort
‚dear brother' sagt, und sich nicht kümmert, ob er angespien
oder ausgelacht wird."

Endlich, am 19. März, fuhr die „Perfect" in den Hafen
ein. Mehr als 14 Tage saßen sie nun schon in Milfordhaven fest. Gundert hatte während der vergangenen
Wochen ein ansehnliches Pensum an Unterrichtsstunden
in mehreren Sprachen hinter sich gebracht. Marie Monnard,
Julie Dubois, Frau Groves und ihre Schwester lernten
bei ihm Bengali. Frau Groves begriff zwar leicht, vergaß
das Gelernte aber ebenso schnell wieder. Außerdem hatte
sie eine Eigenart, die Gundert das Unterrichten sehr erschwerte: Sie teilte den anderen das eben Gelernte mit,
so daß die Verwirrung oft groß war unter den Schülerinnen. Ihre Schwester beteiligte sich sehr wenig am Unterricht, sie war ebenso unauffällig wie anspruchslos; Gundert
hegte Zweifel, ob sie ihm überhaupt zuhörte. Marie Monnard reagierte intelligent und begriff grammatikalische
Zusammenhänge schnell und sicher. Sobald es aber ans
Sprechen ging, wurde sie über und über rot und starrte vor
sich hin. Eigentlich war die eifrigste und beste seiner Schülerinnen Julie Dubois. Sie versuchte sofort, das Gelernte in
die Praxis umzusetzen. Sie wollte sich ausdrücken, sich verständlich machen. Fehler ärgerten sie zwar, aber sie machten
sie nicht stumm, sondern sie verbesserte sich, bis sie wirklich sicher war. Zu seinem Erstaunen bemerkte Gundert,

daß sie, selbst wenn sie ausgelacht wurde, keine Miene verzog.

Kaelberer und Brice, die nach Patna in den Missionsdienst gehen sollten, lernten Hindustani, ebenso hatte sich Groves für diese Sprache entschlossen, die Mohammedaner benutzten sie, und auch vielen Engländern war sie vor allen anderen indischen Sprachen geläufig. Gundert hatte seine liebe Not, sich in dem Sprachengewirr zurechtzufinden. Dazu hatte er Schwierigkeiten, seine Schüler, die weit voneinander entfernt wohnten, zu den Stunden zusammenzubekommen. Als feststand, daß mit Bowden und Beer zwei Reiseteilnehmer in das südindische Telugu-Land gehen würden, unterrichtete er auch in dieser Sprache, es war sein erster Zugang zu einer dravidischen Sprache.

Manchmal, wenn sie es in ihren Zimmern nicht mehr aushalten konnten, trafen sich einige Reisende und machten schöne und lange Spaziergänge an der walisischen Küste entlang. Allmählich gewöhnten sich auch die Landratten unter ihnen an den stetigen Wechsel von Ebbe und Flut. Es kam nicht mehr vor, daß Julie Dubois wie bei ihrem ersten Erwachen in Milfordhaven einen Aufschrei ausstieß: „Das Meer ist weg, was machen wir nun?!"

Endlich hatte die „Perfect" im Hafen festgemacht, wieder wurden in fieberhafter Eile das Gepäck und der Proviant an Bord gebracht. Auch die vielen Tiere mußten untergebracht werden. So schnell wie möglich sollte nun die Abreise vonstatten gehen. 14 000 Mark hatte Groves für die Überfahrt seiner „Missionskarawane" an die Reederei zahlen müssen, eine Summe, bei der ihm fast das Herz stehengeblieben war. Dies war auch für ihn, den gut verdienenden Geschäftsmann, eine riesige Summe. Schon in Bristol waren ihm Zweifel gekommen, ob sein Geld auch wirklich bis nach Kalkutta reichen würde. Aber noch bevor er den Mut gefunden hatte, seine mißliche Lage den anderen mitzuteilen, wurde ihm auf wunderbare Weise geholfen! Er erhielt den Besuch eines ihm gänzlich unbekannten, soeben aus Ostindien zurückgekehrten Gentleman, der ihm „im Namen des Herrn" 4000 Mark überreichte.

Damit war die Reise fürs erste gerettet. Aber die unerwartet lange Liegezeit im Hafen hatte einen Teil des Geldes bereits wieder verschlungen. Am Palmsonntag endlich kletterten die Reisenden über die schwankende Gangway an Bord der „Perfect". Julie umklammerte mit der einen Hand die Seile, mit der anderen ihr Handgepäck. Ihr Herz klopfte hart gegen die Rippen. Drei Monate lang oder noch länger würde dies Schiff nun ihr Zuhause sein.

„Es ist wie auf der Arche Noah", sagte sie und deutete auf die Tiere, die nun ebenfalls an Bord gebracht wurden, „hinter uns wird der Steg eingezogen, und dann sind wir abgeschnitten von allem, allein auf dem wilden Wasser!" Marie schauderte es: „Ich hoffe, daß es ganz so wild nicht werden wird, sonst liegen wir alle krank in unseren Kajüten, und nur du mit deiner Bärennatur bist auf den Beinen und rennst von Bett zu Bett, uns mit Zwieback und Tee zu versorgen!" Hermann Gundert war zu ihnen getreten. Er trug die kleine Jessie Groves auf dem Arm: „Der Herr bewahre uns vor einer zweiten Sintflut, die Sie hier heraufbeschwören." Er lachte: „Aber, meine Damen, nur keine Angst. Das Leben auf See ist viel unkomplizierter als auf dem Land. Es gibt hier nur drei Dinge, von denen wir abhängen: Wetter, Grund und Holz. Diese, man sieht's immer wieder, sind sehr schwach. Besonders für unsereinen, der vom Land kommt. Da ist fast jeder Schritt, den so ein Schifflein macht, ohne in den Grund zu fahren, ein Wunder der Gnade!" Er deutete eine Verbeugung an und hob die kleine Jessie auf seine Schultern. Das Kind jauchzte vor Vergnügen. Marie sah ihm nach: „Also, wenn du mich fragst, er ist bestimmt der netteste von allen, und immer vergnügt und hilfsbereit!" Julie packte ihre Reisetasche fester: „Sei ruhig, kein Mensch fragt dich!"

Gunderts flapsige Vorhersage: „Wir werden alle noch Windapostel werden", sollte sich bewahrheiten. Volle fünf Tage lag das Schiff segelbereit im Hafen. Endlich drehte der Wind, und die „Perfect" konnte auslaufen. Jetzt kam Leben in die Mannschaft, die schottischen Matrosen sangen aus voller Kehle bei der Arbeit. „It is time for us to go, hurrah, hurrah!" Die Stimmung an Bord war unbeschreiblich. Die Anspannung der letzten Tage und Wochen wich einer fröhlichen Ausgelassenheit, der sich niemand entziehen konnte. Der Lotse leitete das Schiff sicher aus der engen Bucht hinaus ins offene Fahrwasser und ging dann von Bord. Unwillkürlich packte Julie den Arm der Freundin: „Jetzt sind wir wirklich alleine mit dem Meer, in Gottes Hand, verstehst du?" Sie spürte, wie eine Gänsehaut langsam ihren Nacken hinaufkroch und schüttelte sich: „Komm, laß uns hinunter in die Kajüte gehen, mir ist so unheimlich zumute!"

Die See ging unruhig, immer wieder schlugen Brecher über das Deck, leckten Gischtköpfe vorwitzig über die Planken. Das Rollen des Schiffs, das Ächzen und Knarren der Planken schreckte die seeunerfahrenen Passagiere. Julie lag in ihrer Hängematte, die jede Bewegung des Schiffs getreulich mitmachte. Mit weit aufgerissenen Augen sah sie entsetzt, wie der kleine See auf dem Kajütenboden immer größer wurde. Immer wieder schlug das Wasser gegen die Tür, drang durch die Ritzen. Marie hatte längst die Hände vor das Gesicht gepreßt, sie betete lautlos vor sich hin. Julie fand trotz ihrer Angst nicht die Kraft, sich aus der Hängematte zu wälzen. Stunde um Stunde verging. Angstvoll lauschte sie dem Krachen der Befestigungsschrauben, die sich unter dem Gewicht der Hängematte bogen. Sie befürchtete, jeden Moment abzustürzen und wie ein Stück

Holz durch die Kajüte gewirbelt zu werden. Doch auch diese schlimme Nacht ging vorbei. Am anderen Morgen kümmerte sie sich zuallererst um Marie, die, von der Seekrankheit gepackt, wie ohnmächtig in ihren Decken lag und wimmerte. Julie tastete sich an Deck, alles war naß und glitschig, aber die Sonne schien, der Sturm war einer lautlosen Stille gewichen.

Überall war die Mannschaft damit beschäftigt, die Schäden der vergangenen Nacht zu beseitigen und das Wasser aufzutrocknen. Der Kapitän schien überall zu sein, jetzt drehte er sich zu Julie: „Ah, guten Morgen, Sie scheinen eine der wenigen Passagiere zu sein, die heute morgen an einem Frühstück interessiert sind!" Julie lehnte ab, allein der Gedanke an Essen versetzte sie in Panik. Der Kapitän lachte: „Das ist sehr schade, Sie hätten heute die große Auswahl." Er sah prüfend zum Himmel: „Ich glaube, nach diesem Sturm haben wir das Schlimmste überstanden, die See ist so glatt wie ein Kinderpopo . . ." Als er Julies entsetztes Gesicht bemerkte, fügte er hinzu: „Sorry, aber so ist es, ich denke, es wird eine ruhige und schöne Überfahrt für Sie alle werden!" Als Julie ihn ziemlich zweifelnd ansah, lachte er: „Ich glaube, Sie können mir vertrauen. Ich fahre schon 36 Jahre zur See! Da bekommt man einen Riecher für die Ereignisse!"

Im Laufe des Vormittags erschienen fast alle Passagiere wieder an Deck. Manche noch bleich und angegriffen, andere munter und vergnügt. Frau Beer allerdings war ernsthaft erkrankt, das einfache englische Landmädchen war der festen Überzeugung, daß sie die Überfahrt mit all ihren Schrecken nicht lebend überstehen werde. Julie kümmerte sich rührend um sie, sie hatte aber auch genug mit Marie zu tun, die das Essen ganz und gar nicht zu vertragen schien.

Hermann Gundert hatte die Schrecken der Nacht bestens überstanden. Gutgelaunt schrieb er an seine Eltern:

„Mr. und Mrs. John Groves waren auch sehr krank, doch nichts Kompliziertes: die Kinder, gottlob, gesünder als am Land. Seither teilen wir uns in die Kindsmagdschaft nach besten Kräften. Jessie läuft auf dem ganzen Verdeck herum, streichelt die Katze, schlägt den Hund auf die Schnauze, will zum (indoportug.) Koch getragen werden (Küche ist samt dem longboat zwischen top- und mainmast), um eine Kartoffel zu holen, speist mit den Schälfetzen Hühner und Enten (in langen Ställchen längs den Verdeckschranken), sieht nach der Kuh, die im longboat plaziert ist, und die Pinasse zum Dach hat: (neben ihr in anderen Teilen des Boots Ferkel, Kälber etc. Unter dem Verdeck Hammel und Schafe etc.) Sie belustigt uns alle: schwätzen kann sie noch nicht: doch hat sie zu unser aller Ergötzen den Namen ‚O beis' aufgeschnappt, und bringt ihn nun überall so possierlich als möglich an (bedeutet brother Brice). Mich hat sie besonders gerne, weil ich ihre Winke, die Küche betreffend, am besten deute und befriedige, auch am meisten Herumwerfens mit ihr habe. Nach und nach haben wir uns auch alle wieder an den Mahlen eingefunden. Lang konnte ich die Speisen nicht sehen: ließ mir nur da und dort eine Suppe aufs Verdeck bringen. Jetzt kann ich wieder mitmachen."

Gundert hatte den Unterricht jetzt auch an Bord wiederaufgenommen. Bei ruhiger See und gutem Wind flossen die Tage gleichmäßig dahin. Die Kapverdischen Inseln tauchten im Dunst auf und versanken wieder am Horizont, ohne daß die Passagiere auch nur einen Menschen zu Gesicht bekamen. Aufregender war die Begegnung mit der nach China segelnden Viermastbark „Judith", deren Kapitän Williams von Kapitän Snell an Bord der „Perfect" geholt wurde. Bei einem gemeinsamen Dinner wurde das Zusammentreffen der beiden Schiffe gehörig gefeiert. Fünf Wochen war die „Judith" nun schon unterwegs, ohne nennenswerte Fahrt gemacht zu haben. Die Stürme, die die „Missionskarawane" in Milfordhaven festgehalten hatten, waren auch der „Judith" auf See hinderlich gewesen. Manch einer leistete nun im stillen Abbitte für die ketzerischen Gedanken, die ihn während der langen Wochen im walisischen Hafen bewegt hatten.

Während die beiden Kapitäne ihre Erfahrungen austauschten, wurde auch tüchtig Seemannsgarn gesponnen, das angesichts der vielen milchbärtigen Landratten, die mit um den Tisch saßen, entsprechend scharf gewürzt wurde. Der unerfahrene, leichtgläubige Beer schnappte etwas von Seeräubern auf, denen man nur knapp entgangen sei, und berichtete seiner immer noch schwachen, ohnehin von Todesahnungen beseelten Frau von der vermeintlichen Gefahr, in der das Schiff schwebte. In der Nacht stieg das Fieber wieder, und Frau Beer warf sich in wilden Träumen hin und her.

Bleich und mit dunklen Ringen unter den Augen erschien Julie Dubois am nächsten Vormittag zur bengalischen Unterrichtsstunde. Besorgt betrachtete Gundert seine Schülerin: „Frau Beer?" fragte er. Julie nickte. Gundert schüttelte den Kopf und murmelte: „Für manche wäre es besser, sie würden auf das Ende sehen und nicht unentwegt den Weg dahin betrachten." Julie seufzte. „Wieviel einfacher wäre es für uns alle, wenn sie endlich aufstehen würde und die gute Luft auf dem Deck einatmen könnte. Dann würde sie auch sehen, wie ruhig die See ist, aber sie will es nicht, da ist man ganz hilflos!"

Abends saßen die Reisenden auf dem hinteren Verdeck gerne zusammen und genossen die kühle Abendluft. Ludwig Kaelberer lehnte sich in dem leinenbespannten Liegestuhl zurück und sagte zu Gundert: „Es wäre schön, wenn jetzt dein Vater uns zuhören könnte!" Gundert nickte. Wie würde der Vater diese Reise, die so eng mit seiner Vorliebe für die Mission und ihre Aufgaben zusammenhing, genießen! Unvermittelt fuhr Kaelberer fort: „Pfarrer Bauer in Hattenhofen, der mir Mut gemacht hat, in den Missionsdienst zu treten . . ." Gundert fuhr auf: „Bauer? In Hattenhofen, wie lange ist er dort, wo war er vorher?" Verwundert runzelte Kaelberer die Brauen: „Bauer in Hattenhofen, so zwei Jahre denk' ich, davor war er in irgendeinem elenden Dorf auf der Alb, den Namen habe ich vergessen!" – „Hat seine Frau rotes Haar?" Kaelberer besann sich kurz: „Ja, und die Buben auch."

Gundert war aufgestanden, mit großen Schritten ging er zwischen den Stühlen hin und her: „Damals, 1833, als ich meinen armen Freund auf der Alb suchte, machte ich einen Besuch bei dem Vetter meines Freundes Kurz, Pfarrer Bauer in Hausen. Er war sehr mitfühlend und erkundigte sich auch später noch einige Male nach meinem Freund, dem er das Gleichnis vom verlorenen Sohn zu lesen empfahl. Er lud mich auch öfter ein, leider konnte ich damals nicht gleich gehen, und dann wurde er versetzt . . . Schade, ich hätte ihn gerne noch einmal wiedergesehen." Kaelberer stimmte zu: „Er hat auch mir sehr geholfen, auf meinem Weg in die Mission. Er hat an mich geglaubt, als mich, den kleinen Schneider mit den sonderbaren Ansichten, noch alle Welt ausgelacht hat."

Gundert setzte sich wieder: „Wie seltsam es doch manchmal zugeht im Leben, und wie sich manches zusammenfindet, von dem man es nie und nimmer erwartet." Zu Julie gewandt fügte er hinzu: „Übrigens habe ich auch eine Ahnung von Ihrem so geliebten Corcelles!" Jetzt sprang Julie auf: „Sie kennen Corcelles?" Gundert lachte. „Kennen nicht gerade, aber immerhin bin ich auf der Fahrstraße unterhalb auf dem Wege nach Vevey, von Neuenburg kommend, daran vorbeigefahren. Die Weinhänge habe ich gesehen – vielleicht waren sogar die Ihrer Familie dabei!"

Julies Augen füllten sich mit Tränen. Corcelles – fast

hätte sie es vergessen über all dem Neuen! Und jetzt genüg-
te die schlichte Erwähnung bei einer abendlichen Unterhaltung, daß sich ihr Herz vor Heimweh zusammenkrampfte.
Wie lange hatte sie schon nichts mehr gehört von den Eltern
und der Schwester! Am nächsten Tag begann sie einen langen Brief, sie wollte ihn dem nächsten Segler, der ihnen
entgegenkam, mitgeben, denn bis zur Poststation in Madras
konnte sie nicht warten, das waren ja noch immer fast zwei
Monate. Die Schiffsreise, die nun schon so lange dauerte,
das alles kam ihr so unwirklich vor neben der Wirklichkeit
von Corcelles. Marie begriff ihre Gedanken und sagte behutsam: „Täusch dich nicht, wenn du dort wärest, du würdest dich schon am nächsten Tag wieder fortsehnen!"

Aber nicht nur Julie, sondern auch Hermann Gundert
dachte jetzt öfter als früher an zu Hause. Am Pfingstsonn-
tag, dem 23. Mai, schreibt er: „*Heute sind wir durch den
Stuttgarter und Tübinger Meridian gefahren. Also treffen
unsere Berechnungen heute so ziemlich zusammen. Wenn
ihr erwacht, wache ich auch auf, nur freilich habt ihr dann
schon lang Tag und ich bin in winterlicher Finsternis. Frühstück nehmt ihr vor mir: wenn ihr zu Mittag eßt, hab ich
mein Lunch; wenn ich zu Mittag esse, holen Theodor und
Ernst ihr Vierbrot: und mein Teetrinken wird wohl mit
Vaters Wurst und Bier zusammentreffen. Heute hat's vielleicht gar noch Besuch gegeben, etwa den Betulius oder sonst
einen. Wir haben hier ein Klima, etwa wie im Mittelländ-
ischen Meer, die Sterne sehr hell, die Luft rein, manchmal
fast gar kalt, die Tage sehr kurz. Wir sind zwar einige 100
Meilen unter dem Cap, doch spüren wir die Strömung (uns
entgegen) sehr, da der Wind hinter uns sehr stark ist.*"

Aus dem Schwaben Hermann Gundert war binnen kurzem ein geübter Seemann geworden, der gewandt in den
Wanten herumkletterte oder im wiegenden Seemannsgang
– um sich den Bewegungen des Schiffes anzupassen – mit

Jessie auf dem Arm über die Decks spazierte. Gundert lernte den Kompaß lesen, an Wind, Sonne und Gestirnen für Schiff und Besatzung Wichtiges entdecken. Er begriff vor allem, daß nicht nur Lesen und Studieren Wissen bedeuten kann, und war für diese Lektion sehr dankbar.

Die mondhellen Nächte mit ihren zauberhaften Naturerscheinungen, die Schwärme der Fische, die spielend das Schiff umkreisten, die Vögel, die tagsüber auf den Spitzen der Wellen wie reitend die „Perfect" ein kurzes Stück Wegs begleiteten, gehörten zu den schönsten Eindrücken der Reisenden. Voller Angst sahen Julie und Marie an einem Morgen zu, wie sich Hermann Gundert, mit einem festen Tau am Schiff festgebunden, in die Tiefe des Indischen Ozeans hinabließ, um im Meer zu schwimmen. Das Wasser war ganz klar und glänzte wie Seide, ein unendlicher Spiegel, der nur da und dort uneben schien. Immer wieder versicherten Mitglieder der Besatzung, heute morgen sei an Haifische nicht zu denken, das Bad sei also vollkommen unbedenklich. Einige Passagiere und auch Matrosen taten es dem mutigen Schwimmer nach, einer von ihnen umkreiste sogar unangebunden das Schiff. Jessie, die bei Julie auf dem Arm saß, jauchzte vor Vergnügen, wenn Gundert aus der Gischt auftauchte und wild gestikulierend auf sich aufmerksam machte. Als die Badenden wieder an Bord kamen, wurden sie sofort von den anderen umringt. Marie murmelte: „Und wenn nun doch ein Hai gekommen wäre . . ." Julie zuckte die Achseln: „Sie hatten gesagt, es kommt keiner!" Zu gerne hätte Gundert am nächsten Tag sein Bad im Meer wiederholt, allerdings schien ihm der Wind etwas zu stark zu sein, denn das Schiff erreichte jetzt eine Geschwindigkeit von zwei Meilen in der Stunde. Er zögerte, was wäre, wenn er nicht wieder an Bord könnte? Während er noch überlegend ins Wasser sah, bemerkte er den Fisch, der seit einiger Zeit dem Schiff folgte. Das mußte ein Hai sein, wenn auch ein junger und noch ziemlich kleiner. Die herbeigerufenen Matrosen rannten wieder fort und kamen mit einem eisernen Haken zurück, damit fingen sie den noch unerfahrenen Räuber, einige Male noch schlugen seine Schwanzflossen wild auf das Schiffsdeck, dann war der Kampf vorbei. Respektvoll näherte sich Gundert dem weitaufgerissenen Rachen des Hais, wie Elfenbein glänzten die Zähne in der Sonne. Er wollte, er mußte sie einfach anfassen. Vorsichtig berührte er die Oberfläche eines Zahns. Ein scharfer Schmerz, und schon floß das Blut den Finger hinunter.

„So schnell kann's gehen!" Der Kapitän zuckte die Achseln: „Stellen Sie sich lieber nicht vor, wie schnell so ein Ungeheuer, wenn es ausgewachsen ist, einen Mann verspeist – da bleibt auch nicht ein Knöchelchen zurück!" Julie verband Gunderts Finger, während er murmelte: „Bin ich froh, daß das nicht gestern passiert ist . . ."

Endlich, am 4. Juli, sahen die Reisenden zum ersten Male seit den Kapverdischen Inseln wieder Land. Diesmal war es die ceylonesische Küste. Ehrfürchtig standen die Mitglieder der „Missionskarawane" an der Reling und blickten hinüber. Endlich ein sichtbarer Beweis, daß ihre Seereise sich unwiderruflich dem Ende näherte. Schon vor einiger Zeit hatte Anton Norris Groves Gundert beiseite genommen und ihm erklärt, daß er mit den Seinen gerne einige Monate in Madras bleiben würde. Groves hielt es für das beste, die Weiterreise nach Kalkutta aufzuschieben, bis er als Dentist die Missionskasse wieder aufgefüllt hätte. Natürlich könne Gundert auch mit seinen beiden Söhnen, seiner Schwester und den beiden Schweizerinnen sofort ins Gangesdelta weiterfahren. Groves hatte aber schwere Bedenken, Frank und Henry, seine Söhne, die er nun drei Jahre nicht gesehen hatte und denen er eine zweite Mutter, die sie nicht kannten, näherbringen mußte, nach nur wenigen Tagen mit fremden Leuten in unbekanntes Gebiet zu schicken.

Nach reiflicher Überlegung hielt Gundert es auch für das beste, gemeinsam in Madras zu bleiben. Besonders als Groves von der Möglichkeit sprach, daß Gundert von dort aus ganz leicht einen Abstecher an die Westküste nach Mangalore zur Station der Basler Missionsgesellschaft machen könne. Das sei sehr leicht zu bewerkstelligen. Die dortigen Missionare Greiner, Lehner und Hebich kannte Gundert zwar nur dem Namen nach, aber demnächst sollte sein Studienfreund Herrmann Mögling zu ihrer Verstärkung eintreffen. Wie schön wäre es, wenn sich eine Zusammenarbeit anbahnen ließe.

Mit Sorge dachte Gundert allerdings an Julie Dubois und Marie Monnard. Wie würden sie mit einer erneuten Verzögerung fertig werden? Sie hatten mit solchem Eifer Bengali gelernt, jetzt saßen sie monatelang im Tamil-Land fest. Gundert sah, daß die sich auftürmenden Schwierigkeiten nicht so leicht zu beheben waren, wie der stets optimistische Groves dachte. Für solche Kleinigkeiten hatte der Organisator eines solchen Unternehmens natürlich keine Zeit übrig, er überließ es Gundert, die beiden Schweizerinnen über die Änderungen zu informieren. Aber erst jetzt, im Angesicht der Küste Ceylons, hatte Gundert den Mut, Julie Dubois und Marie Monnard die geänderten Pläne zu erläutern. Während Marie Monnard ruhig zuhörte, preßte Julie die geballten Fäuste vor den Mund. Sie zitterte vor Erregung. „Wie sollen wir das nur gegenüber unserer Gemeinde in Rolle verantworten, unsere Brüder und Schwestern haben das Geld mühevoll genug aufgebracht, damit wir in Kalkutta bengalische Kinder unterrichten, statt dessen vertrödeln wir unsere Zeit in Madras?" Gundert hob hilflos die Schultern: „Es sind doch nur einige Monate . . ." Julie Dubois sah ihn lange ruhig an, dann sagte sie, jedes Wort betonend: „Wir alle werden niemals Kalkutta erreichen. Mr. Groves hat längst seinen Plan geändert. So wie er alle seine Pläne ändert, wenn sie nur alt genug dazu sind. Sie wissen das, so gut wie ich es weiß. Und es bereitet Ihnen soviel Sorge wie mir!" Gundert wollte etwas sagen, aber Julie winkte ab: „Seine Frau wird Geld brauchen für Kutschen, für ein angemessenes Haus, für neue Kleider und für das Baby, das sie erwartet. Er wird es verdienen. Er ist ja ein Meister seines Fachs. Aber das, was übrigbleibt, wird für die Mission niemals langen. Und wir sitzen hier fest, sind ihm ausgeliefert!"

Julie packte Marie bei der Hand und zog sie hinter sich her in ihre Kajüte. Ihr Herz klopfte zum Zerspringen. Wieder war sie abhängig – sollte das denn niemals aufhören? Sprachlos starrte Hermann Gundert hinter den beiden her. Je länger er nachdachte, desto sicherer war er sich, daß Julie mit ihrem Urteil über Groves nur zu recht hatte. Auch er hatte längst an ihm zu zweifeln begonnen. Nie hätte er geglaubt, daß sich Julie Dubois über den Freimissionar Gedanken machte. Sie hatte sich überhaupt verändert. Die Monate auf dem Schiff hatten sie selbstbewußter werden lassen. Die kleine und zierliche Person hatte an Statur gewonnen, seit sie mit kühler Selbstverständlichkeit die Verantwortung für die Kranken auf dem Schiff übernommen hatte. Sie war nicht mehr gleich verlegen und bei jeder Kleinigkeit in ihrem Glauben tief getroffen, sondern erwies sich als eine urteilsfähige junge Frau, die sich auch dort Gedanken machte, wo man es nicht von ihr erwartete.

Gundert biß sich auf die Lippen. Da war sie wieder, diese Überheblichkeit, die ihm schon so oft zu schaffen gemacht hatte und die er endlich abgelegt zu haben glaubte. Nachdenklich ging er in seine Kajüte und schrieb an die Eltern: *„Jetzt geht's ans Abschiednehmen von Kaelberer. Wenn ich auf die neun Monate zurücksehe, da er mein steter Umgang war, muß ich mein Angesicht verbergen. Kam noch so voll Universität und Anhänglichkeit ans Zurückgelassene nach*

Bristol, daß ich mit Gewalt mir die Augen verschloß, die Wege Gottes nicht zu sehen. Er wollte mich durch den älteren, demütigeren, treueren Kaelberer schleifen: und ich dachte, was – soll der der Ersatz für alle die lieben gebildeten Freunde sein. O es war sehr hart: Der Herr hat mich väterlich dafür gezüchtigt, – jetzt möchten wir 2 gerne beieinander bleiben. Ich weiß selbst nicht zu sagen, wieviel ich an ihm hatte."

Fast schien es, als sollten sich die Schwierigkeiten vom Beginn der Seereise noch einmal wiederholen. Orkanartige Böen verhinderten tagelang das Einlaufen der „Perfect" in die Reede von Madras. Das Schiff kreuzte in der Bucht von Bengalen, sehnsüchtig betrachteten die Reisenden das ihnen gegenüberliegende Fort St. George. Endlich, am Abend des 7. Juli, war es dann soweit: Sicher vertäut lag die „Perfect" an der Reede. Noch am gleichen Abend ließ sich Groves an Land rudern, um die ersten Vorbereitungen für den Aufenthalt zu treffen.

Kapitel 6
Von Erfolgen und Mißerfolgen

Am Morgen des nächsten Tages wurden auch die übrigen, für Madras bestimmten Passagiere an Land gebracht. Staunend betrachteten sie die seltsamen Boote, die aus zusammengebundenen Baumstämmen bestanden, die an den Enden gebogen waren. Freundlich aussehende Hindus luden gestenreich zum Besteigen dieser nicht sehr sicher aussehenden Flöße ein. Ängstlich und unsicher standen die Passagiere an der Reling; auch die Matrosen, die ihnen beim Aussteigen behilflich sein wollten, konnten ihnen die Angst nicht nehmen. Kapitän Snell betrachtete amüsiert die Szene, die sich bei jedem Aufenthalt in Madras wiederholte. Er lachte: „Da haben Sie nun gleich am Anfang den großen Pferdefuß dieser Stadt: Sie hat keinen richtigen Hafen, und das hindert sie doch mächtig daran, eine Weltstadt zu werden. Alle Schiffe müssen hier draußen auf der Reede vor Anker gehen. Und die heftigen Monsunwinde ließen jedes unserer Boote in der unerhörten Brandung brechen. Deswegen sind wir froh über die Boote der Eingeborenen – Sie werden sich schon noch an sie gewöhnen!"

Julie war sehr froh, daß Hermann Gundert nun zuerst Frau Groves und ihren Verwandten auf das merkwürdige Boot half, so hatte sie noch etwas Zeit, sich mit der Situation vertraut zu machen.

Zum Schluß reichte Gundert Groves noch seine kleine Tochter Jessie hinunter, dann legte das Boot ab und suchte sich schnell und sicher einen Weg zwischen den anderen Booten hindurch zum Ufer.

Während das nächste Floß längsseits ging, erklärte Gundert seinen Schülerinnen: „Ich glaube, diese Boote heißen Katamaran – das sagen wenigstens die Engländer, aber eigentlich müßte man ‚Katumaram‘ sagen. Es sind Fischerboote, die Baumstämme werden abends einfach auseinandergenommen und am nächsten Tag entsprechend der jeweiligen Wetterverhältnisse wieder zusammengesetzt. Manchmal sind es nur drei Stämme, manchmal auch sieben, aber die längsten befinden sich jeweils in der Mitte des Gefährts."

Seine Worte hatten Julie beruhigt, wie selbstverständlich ließ sie sich in dem Boot der Eingeborenen nieder und zog Marie auf den Platz neben sich. Zusammen mit Beers wurden sie an Land gerudert, das ging so schnell und sicher, daß nicht einmal die ängstliche Marie Zeit hatte, über ihre Ängste nachzudenken. Brice und Kaelberer blieben an Bord zurück, sie würden weiterfahren bis Kalkutta. Hermann Gundert war ausersehen, das Ausladen des Gepäcks zu überwachen.

Seit Madras im Jahre 1774 Kalkutta unterstellt worden war und die Engländer im Süden Indiens Fuß gefaßt hatten, war die Stadt ständig gewachsen. Direkt gegenüber der Reede war Ende des 18. Jahrhunderts das wehrhafte, schön angelegte Fort St. George entstanden. Mit der „Georgetown" hatten die Briten ein neues, großzügiges kommerzielles Zentrum gegründet. Sobald sie sich sicherer glaubten, verließen die Kaufleute und Handelsherren ihre Quartiere innerhalb des Forts und errichteten ihre Wohn- und Geschäftshäuser an den Straßen des neuen Viertels. Das war jetzt schon fast drei Jahrzehnte her. Die reichsten und angesehensten unter ihnen hatten sich geräumige Paläste und Villen entlang der alten Sandpiste errichtet, die hinausführte zur St.-Thomas-Kirche. Im Jahre 1516 von gläubigen portugiesischen Katholiken errichtet, lag sie am Ende des alten Pilgerweges im Süden der Stadt.

Madras war eine Stadt voll pulsierenden Lebens. Mit der Kutsche fuhren Julie und Marie zusammen mit Beers am Fort St. George vorbei durch den von den Engländern anstelle der alten Black Town angelegten Esplanade Park. Noch immer bildete das 1803 erbaute Handelshaus des reichen Kaufmanns Parry den imponierenden architektonischen Blickfang dieses neuen Geschäftsviertels. Hier hatte der Niederländer van Sommeren, der Groves, aber auch Carl Rhenius nahestand, seine Niederlassung. Dorthin hatte er alle Mitglieder der Missionskarawane zu ihrem ersten Dinner auf indischem Boden eingeladen. Für alle war es ein einzigartiges Erlebnis, sie hatten noch die Kargheit der Überfahrt in den Kleidern, wie Beer sich ausdrückte, und jetzt ließen sie sich in einem schönen und reichen Haus bedienen. Für Julie war es fast mehr, als sie verkraften konnte.

Sie war froh, als es am späten Abend endlich hieß: „Wir fahren jetzt in das Haus, das Groves für uns gemietet hat!" Wieder ging es durch den Park und die Befestigungsanlagen des Forts zu einem Haus ganz im Süden der europäischen Stadt. „Cadets Barracks" war von imponierender Größe, so recht geschaffen für die vielen Leute, die Groves unterzubringen hatte. Julie und Marie waren froh, als sie sich am Ende dieses ereignisreichen Tages endlich in ihr Zimmer zurückziehen konnten, ihnen schwirrte der Kopf von all den neuen Eindrücken. Marie schreibt darüber: *„Wir waren bewegt und schwiegen, den Blick nach oben gerichtet, denn alles um uns her erfüllte uns mit Schrecken, auch die Sprache der armen Hindus versetzte uns in Erstaunen. Im ersten Augenblick hätten wir am liebsten geweint, aber es galt Haltung zu bewahren! Es war ein langer Weg von der Ree-*

de bis in unsere Wohnung. Wir sahen viele Leute auf den Straßen, schön gewachsenes Volk; auch viele Kinder voll Munterkeit und Leben. Endlich langten wir in einem hübschen, einfachen Landhaus an. Herr Groves kam auf uns zu und sagte freundlich: ‚Hier ist ihr Zimmer!' Er hatte für so vielerlei zu sorgen, daß wir ordentlich Mitleid mit ihm hatten."

Hermann Gundert beschreibt in einem Brief an seine Eltern diese erste Unterkunft der Grovesschen Gesellschaft in allen Einzelheiten: „*Es ist fast ein Schloß, d. h. 2- und 3fach hohe Zimmer und viele Zimmer, und Dachabstufungen etc., aber keine Meublierung. Keine Fenster, bloß Jalousieläden. Garten (dürr und sandig) vorn und hinten. Die Pflanzen, Bäume, Tiere etc. neu für mich, aber nicht so üppig, als ich mir vorgestellt hatte, da Madras sehr unfruchtbar ist. Wir liegen teilweise auf Matratzen auf dem Boden. Ich fand mich zu meinem Verwundern unmolestiert von Mosquitos.*"

Für Julie brach nun eine harte Zeit an. Wie hatte sie sich darauf gefreut, bald mit dem Unterrichten zu beginnen. Jetzt lebten sie alle in einem Haus am Rande der Stadt, ganz aufeinander angewiesen. Ihre einzige Unterhaltung waren die Englischstunden, die sie bei Frau Groves erhielt, und für die sie zusammen mit Marie den Grovesschen Haushalt mit besorgen mußte. Voll Bitterkeit dachte Julie Tag für Tag an die vielen Schwierigkeiten, die sie auf sich genommen hatte, um der Hausarbeit in Corcelles zu entkommen. Und jetzt saß sie im indischen Madras, um einer verwöhnten und launischen Generalstochter den Haushalt zu führen. Aber soviel sie auch grübelte und überlegte, es gab im Augenblick keine Möglichkeit, sich aus der Lage, in der sie waren, zu befreien. Eigentlich hatte sie – ganz im Sinne des Apostels Paulus – vorgehabt, sich nebenbei das Geld für ihren Unterhalt zu verdienen und in der verbleibenden Zeit das

Evangelium zu verkünden. Aber in dem heißen Klima in Madras konnte man eine so lange und anstrengende Arbeitsbelastung einfach nicht durchhalten. An den Sonntagen, die ihnen alleine gehörten, schrieben sie lange Briefe nach Hause und an die Freunde in Rolle.

Aber auch dort blieben die Enttäuschungen nicht aus. August Rochat ließ die Briefe, die er aus Indien erhielt, unter den Mitgliedern seiner Gemeinde kursieren, und manch einer war mit dem Gelesenen nicht einverstanden, hatte hier und dort etwas auszusetzen, fand die Schreiberinnen entweder zu fromm oder nicht fromm genug. Klatsch und Tratsch breiteten sich aus und gelangten auch bis in das stille Hinterstübchen in Madras. Marie litt unter den Anfeindungen und wurde bald vorsichtiger und zurückhaltender in ihren Äußerungen.

Sie waren noch keine Woche in Madras, hatten noch nicht einmal alles ausgepackt, da nahm Anton Norris Groves Hermann Gundert beiseite und sagte: „Wie würdest du es finden, wenn wir hier in Madras bleiben und unseren Plan mit Kalkutta aufgeben? Es ist nur – du hast ja Bengali und Hindostani gelernt, aber ein paar neue Sprachen machen dir doch nichts aus. Hier wird ein guter Dentist gebraucht, ich habe Aufträge über Aufträge, die Christen sind freundlich und zutraulich zu uns. Außerdem ist der Bischof Corrie hier viel demütiger als der hochkirchliche Wilson in Kalkutta. Und was das beste ist: hier sind wir den Tirunelveli-Brüdern und Carl Rhenius ein ganzes Stück näher. Was meinst du?"

Gundert war, als würde ihm der Boden unter den Füßen weggezogen. Seltsamerweise sah er nur Julie Dubois vor sich, die immer wieder sagte: „Niemals werden wir nach Kalkutta kommen – das wissen Sie so gut wie ich!" Er hatte nur nicht wahrhaben wollen, daß Julie recht hatte. Aber er war sich auch sicher, niemand würde Groves von seinem schon fest gefaßten Plan mehr abbringen können. Er hatte seine Entscheidung getroffen, egal, wie sie die anderen, die nicht weniger als er betroffen waren, aufnehmen mochten. Schweren Herzens stimmte Gundert zu. Was blieb ihm auch anderes übrig. Bei einem gebildeten Brahmanen nahm er bereits Unterricht in Telugu, einer der dravidischen Sprachen. Vorsichtshalber kaufte er sich nun auch die von Rhenius verfaßte Tamil-Grammatik, denn wenn er in Madras bleiben würde, dann müßte er auch die Landessprache Tamil, ebenfalls eine dravidische Sprache, beherrschen.

Um den beiden Schweizerinnen, die ziemlich allein und abgeschnitten waren, zu helfen, schlug Gundert Groves vor, ein näher am Zentrum gelegenes Haus zu suchen und darin eine Mädchenschule zu eröffnen. Groves war Feuer und Flamme, innerhalb kurzer Zeit hatte er ein Haus gefunden, das auch seiner Frau gefiel. Es hatte den unschätzbaren Vorteil eines großen Gartens, und darin stand ein Bungalow. Hier zogen Julie Dubois und Marie Monnard ein. Bald brachte man ihnen die ersten Mädchen: hübsche, dunkelhäutige Kinder, die sie ganz zu versorgen hatten. Beim Kochen half ihnen Emma Groves, es gab fast immer Reis mit den landesüblichen Zutaten. Endlich eine Aufgabe, der sich die beiden mit Feuereifer unterzogen.

Fast noch glücklicher war Marie, als der Richter von Madras, Sullivan, für seine drei halberwachsenen Töchter eine Französischlehrerin suchte. Das war eine Möglichkeit, Geld zu verdienen, die karge Kasse aufzubessern. Beim ersten Besuch begleitete Julie die Freundin. Sie mußten einen Wagen nehmen, der Weg war zu Fuß nicht zu bewältigen. Marie fand die drei wohlerzogenen Richter-Töchter sehr nett, unterrichtete sie auch gerne. Allerdings war die Beschäftigung nur von kurzer Dauer. Die schnell müde werdende Marie klagte immer öfter, daß die Unterrichtsstunden ihr viel von ihrer Kraft für die Schule nähmen. Julie war jedesmal von Angst gepeinigt, wenn sie die Freundin allein im Wagen in Madras unterwegs wußte. Als Marie einmal schluchzend und am ganzen Körper zitternd nach Hause zurückkehrte, gab sie die Unterrichtsstunden auf, so leid es ihr um die Schülerinnen tat. Denn noch einmal hätte sie ein solches Erlebnis nicht ertragen können: Am Ende der Stunde hatte sie die vor dem Haus des Richters schon wartende Kutsche bestiegen. Aber als der Kutscher anfahren wollte, setzte sich das Pferd nicht in Bewegung – was der Kutscher auch sagte und tat, das Pferd stand wie angewurzelt am Straßenrand. Schon wurden Passanten aufmerksam und gaben auch ihre Kommandos, endlich, als alles nichts nützte, schoben und zogen sie an Pferd und Wagen. Marie bekam Angst und rief, sie wolle aussteigen. Aber die hilfsbereiten Hindus und der Kutscher, der um sein Fahrgeld fürchtete, beschworen sie, sitzen zu beiben. Sie verdoppelten ihre Anstrengungen, das Pferd in Bewegung zu setzen. Einer gab ihm einen gewaltigen Schlag auf den Hals. Das war zuviel. Fast aus dem Stand heraus galoppierte das erschrockene Roß die belebte Straße hinunter. Die Menge schrie auf, und der Kutscher hatte lange Zeit Mühe, das Pferd zu beruhigen. Marie war einer Ohnmacht nahe, als sie endlich wieder im Haus angelangt war. Seit dieser Zeit war Marie blaß und nervös, sie schien das Essen nicht zu vertragen, ihre Bewegungen waren seltsam schleppend und langsam. Dabei schien ihr die Arbeit in der Schule viel Freude zu bereiten, und auch die kleinen Mädchen liebten ihre Lehrerin.

Aber der ruhige Gang der Ereignisse, der gerade erst begonnen hatte, begann schon wieder durcheinander zu geraten. Schon seit einigen Wochen waren Henry und Frank Groves in Madras. Drei Jahre hatten sie ihren Vater nicht zu Gesicht bekommen. 17 und 18 Jahre alt, hatten sie eigentlich keine Lust, wieder unter der strengen Fuchtel eines Hauslehrers zu leben. Der ältere Henry erklärte sich nach einer Weile bereit, ein bißchen Hebräisch lernen zu wollen, aber Frank war fast ständig bei John Groves, der sehr zum Kummer seiner tiefgläubigen Ehefrau viel lieber das Leben eines englischen Landedelmannes als das eines Missionars in Madras geführt hätte.

Anton Norris Groves war ein weiteres Mal Vater geworden. Seine Frau hatte einem Sohn das Leben geschenkt, der sehr schnell zum Liebling des ganzen Hauses wurde. Groves selber merkte kaum, wie sich die Stimmung unter seinen Hausgenossen verschlechterte, wie Neid, Mißgunst und Eifersucht das Zusammenleben so vieler verschiedener Persönlichkeiten immer mehr erschwerte. Er war damit beschäftigt, die Geldsummen, die seine Frau zur Führung des aufwendigen Haushaltes und zur Befriedigung ihrer Launen brauchte, zu beschaffen. Eine schier unlösbare Aufgabe, wurden doch auch zahlreiche Projekte innerhalb der Mission großzügig von ihm unterstützt. So zahlte er den Brüdern in Tirunelveli und Carl Rhenius seit Jahren eine stattliche Summe, die der Kaufmann van Sommeren für Rhenius verwaltete.

Die Meinungsverschiedenheiten, die zwischen der englisch-kirchlichen Missionsgesellschaft und Rhenius bestanden, waren in letzter Zeit offen ausgebrochen. Die Missionsgesellschaft hatte Häuser, Kirchen und Schulen in Tirunelveli beschlagnahmt, so daß Rhenius gezwungen war, andernorts neu zu beginnen. Auch zwischen seine Freunde und Förderer versuchten die kirchlich gebundenen Missionare Keile zu treiben. Bei seinem Besuch war Groves begeistert gewesen von der Arbeit der Missionare und ihrem Erfolg, der in krassem Gegensatz zu der ihnen gewährten Unterstützung stand.

Rhenius stand einer ständig wachsenden Institution vor, die im Jahresbericht 1835 stolz berichtet: *„ Unsere Missionsfamilie besteht aus 17 Personen. Ende letzten Dezember 154*

Dörfer mit 1561 Familien und 5581 Mitgliedern durch 75 Katechisten und Assistenten versorgt. Seitdem kommen eine Gemeinde in einem römisch-katholischen und sechs Gemeinden in Hindu-Dörfern hinzu. Die Zahl der Familien in diesen Dörfern ist nicht bekannt, wir haben auch vierzig Schulen mit ebenso vielen Lehrern und Hilfslehrern, ein Seminar mit 24 Jugendlichen und eine Vorbereitungsklasse mit neun Personen, die sich auf den Dienst unter Menschen vorbereiten!" Jetzt, kaum zwei Jahre später, waren es bereits 206 Dörfer mit 2071 Familien, die von 107 Katechisten betreut wurden, die Anzahl der Schulen war auf 92 gestiegen.

Groves war stark beunruhigt über die Nachricht aus Tirunelveli. Jetzt, da Gundert als Hauslehrer nicht gebraucht wurde, wäre es ihm lieb gewesen, wenn er an seiner – Groves – Stelle im Süden des Tamil-Landes nach dem Rechten sehen würde. In Tirunelveli konnte Gundert auch den Aufbau und die inneren Abläufe einer Missionarsstation kennenlernen. Er sollte klären, ob die Arbeitsweise, die Rhenius und die Seinen so erfolgreich betrieben, auch auf andere Stationen in anderen Teilen des Landes anwendbar war. Gundert stimmte mit Freuden zu.

Hier bot sich ihm eine Aufgabe, vorbei war die Zeit des lähmenden Herumsitzens. Endlich ging es vorwärts, und nirgendwo – da war er sich ganz sicher – konnte er die Grundlagen für seine Arbeit in der Mission besser lernen als bei Rhenius. Aber vorher galt es noch Abschied zu nehmen von Julie Dubois und Marie Monnard, die seit einem halben Jahr zu seinem täglichen Umgang gehört hatten.

Am Tag vor seiner Abreise lud Gundert seine Schülerinnen zu einem Ausflug auf den kleinen Thomasberg südwestlich von Madras ein. Erst hatte Julie nicht mitgehen wollen, denn die Schule so ganz in den Händen der unberechenbaren Emma Groves zu lassen, erschien ihr verantwortungslos. Aber Marie hatte sich die kleine Abwechslung so sehr gewünscht, und auch Hermann Gundert hatte, nachdem er sich ihre Argumente eine Zeitlang angehört hatte, lächelnd entgegnet: „Kommen Sie nur beide mit, wer weiß, wann wir uns wiedersehen. So haben wir wenigstens die Erinnerung an einen schönen gemeinsamen Tag. Und wenn Sie abends zurückkehren und die Schule steht noch, dann wissen Sie endlich, daß es auch ohne Sie geht."

Endlich war auch Julie einverstanden gewesen, und so hatten sie die Kutsche mit den zwei Pferden, die Gundert bei van Sommeren ausgeliehen hatte, bestiegen und waren zum kleinen Thomasberg im Südwesten von Madras hinausgefahren. Hier hatte der Legende nach der heilige Thomas in einer Höhle gelebt, nachdem er, wie berichtet wird, im Jahr 52 in Cranganore gelandet war. Hier hatte er das Evangelium verkündet und eine kleine Gemeinde um sich gesammelt. Darüber hatte sich ein vornehmer Brahmane so ereifert, daß er dem heiligen Thomas eines Tages mit seinem Schwert eine böse Verwundung beigefügt hatte. Thomas war auf den Hügel geflüchtet, wo das von ihm erbaute Kirchlein stand. Dort war er um das Jahr 70 herum gestorben. Fast ein halbes Jahrtausend später hatten sich nestorianische Christen, die aus ihrer Heimat Syrien nach dem Konzil von Ephesus fliehen mußten, rund um den Mount St. Thomas angesiedelt. Sie errichteten anstelle des Thomaskirchleins ein steinernes Gotteshaus. Marco Polo hat es auf seiner Reise nach China besucht und es in seiner berühmten Reisebeschreibung erwähnt. Die Portugiesen hatten 1523 an derselben Stelle die heutige Kirche „Our Lady of Expectation" errichtet, Pilger aus weit entfernten Landesteilen kamen hierher, um zu beten und auch um das hier aufbewahrte, angeblich von der Hand des Apostels Lukas stammende Ölbild im Innern der Kirche zu sehen.

Schweigend hatten Julie und Marie Gundert zugehört. Calvinistisch erzogen und geprägt, mutete sie das Gehörte geradezu ketzerisch an. Erst als sie am Fuße des kleinen Thomasberges anhielten und Gundert sie zum Aussteigen aufforderte, kam wieder Leben in die beiden. Julie war fassungslos. Hatte hier, an dieser Stelle, wirklich ein Apostel sein Leben verloren? Es war geradezu unglaublich, daß es schon Jahrhunderte hindurch hier Christen gegeben haben sollte! Wie konnte es da sein, daß so viele heidnische Religionen blühen und gedeihen konnten? Behutsam führte Gundert seine beiden Schülerinnen den mit Palmyrapalmen gesäumten schmalen Weg hinauf auf den Hügel. „Ich weiß es nicht, fest steht jedenfalls, daß die Thomaskirche eine sehr alte Kirche ist, die immer noch lebt. Obwohl die Portugiesen diesen Komplex hier mit viel Liebe angelegt haben, schätzten sie die Thomaschristen nicht besonders und unterdrückten sie, wo sie nur konnten . . ." Julie schwirrte der Kopf. Wie einfach war es gewesen, sich daheim für die Mission zu entscheiden! Ein gerader Weg im Dienste des Herrn! Verwirrend und seltsam war er erst geworden, nachdem sie hier in Indien angekommen waren. Es war erschreckend. Auch Hermann Gundert würde zu einem Missionar reisen, der erfolgreich wie kein zweiter hier im Süden wirkte. Trotzdem wurde dieser angefeindet von den Mitgliedern einer Kirche, die ihn doch einst ausgesandt hatte! Aber hatte sie nicht selber ihre Schwierigkeiten mit dem Glauben der Baptisten, der ihr fremd vorkam?

Jetzt hatten sie den Gebäudekomplex erreicht. Eine Weile standen sie schweigend, auf die Brüstung der Mauer gelehnt, und sahen hinunter auf das weite Land mit seinen windzerzausten Palmyrapalmen und der spärlichen Vegetation. Kein Laut durchdrang die Stille des Mittags. „Wir werden Sie sehr vermissen!" Marie Monnard wandte sich an Gundert: „Wir werden sehr alleine sein ohne Sie!" Gundert überlegte einen Augenblick: „Ich komme doch wieder, und dann werden wir sehen, ob wir nicht eine Missionsstation aufbauen können, wir werden einen Ort suchen und finden, einen Ort, der geeigneter ist als Madras." Lange sprach niemand mehr, und es schien, als wäre jeder froh, als der kühle Nachmittagswind zur Heimkehr mahnte, viel früher, als eigentlich geplant.

200 Mark hatte der Kaufmann van Sommeren Hermann Gundert zu seiner Reise nach Tirunelveli zugeschossen. Damit war es möglich, daß Gundert im bequemen Palankin reiste, einer Sänfte, die von Trägerstaffeln zu extra für diese Art des Reisens eingerichteten Haltestellen getragen wurde. Sorgfältig arbeitete Gundert seine Reiseroute aus und stellte dann einen Antrag bei der Postbehörde. Einen Teil des Reisegeldes hatte er zusammen mit dem Antrag abgeben müssen. Anhand der Route wurden jetzt die Trägerstaffeln zusammengestellt und entlang der Haltestellen eingeteilt.

Am Abend des 5. August setzte die erste, aus zwölf Trägern bestehende Staffel den mit Proviant und Fackeln für die Nacht ausgerüsteten Palankin vor der Tür des Grovesschen Anwesens ab. Groves überzeugte sich, daß auch wirklich der ausgehandelte Proviant mitgeliefert worden war. Gundert verabschiedete sich noch einmal von den Hausgenossen. Herzlich umarmte er Groves, der ihn inständig bat, unvoreingenommen und unparteiisch über die Vorfälle in Tirunelveli zu berichten. Gundert versprach es. Ein langer Händedruck. Dann bestieg Gundert den Palankin, die Träger hoben die Sänfte wortlos an und begannen einen lauten und wortreichen Streit, den sie aber ebenso schnell, wie sie ihn vom Zaun gebrochen hatten, wieder beendeten. Niemand begriff so recht, worum es gegangen war. Die vordersten Träger hatten Fackeln, ihr Feuer sollte während der Nacht, der bevorzugten Reisezeit der Trägerstaffeln, die wilden Tiere von der Sänfte fernhalten. Noch in Rufweite des Hauses begannen die Träger mit ihrem monotonen Singsang, der ihnen die Arbeit erleichterte:

„Oh, welch ein schwerer Korb!
Nein, es ist ein Elefant.
Er ist eine schwere Last.
Werft den Palankin doch ab.
Setzt ihn in den Dreck.
Laßt ihn doch verrotten.
Nein, der Herr wird böse sein.
Oh, er wird uns schlagen
mit einem dicken Stock.
Dann nur zu, beeilen wir uns!
Vorwärts, schnell!"

Verblüfft hörte Gundert den einschläfernden Worten zu. Bis zu fünfzig Kilometer am Tag lief so eine Staffelmannschaft, bevor sie auf der nächsten Station die Sänfte – wiederum ohne ein Wort zu sagen – abstellte und verschwand. Meistens jedoch war die neue Mannschaft zur Stelle, bevor der Passagier sich auch nur Gedanken darüber machen konnte. Hermann Gundert lernte schnell, daß eine Staffel niemals ohne einen lautstarken Streit auf die Reise ging. Niemand schien sich je um den Grund dafür zu kümmern, und er schien auch nicht wichtig zu sein für das weitere Fortkommen. Wahrscheinlich gehörte er einfach zum Ritual einer solchen Reise. Für Gundert war dies eine ungewöhnliche, wenn auch bequeme Art des Reisens, an die er sich schnell gewöhnte. Allein auf sich gestellt, erlebte er das Land nun viel intensiver.

Julie Dubois sah, wie Marie mit jedem Tag hinfälliger erschien; der herbeigerufene Arzt konnte nicht viel helfen. Es war eben so, manche Europäer vertrugen weder das Klima noch das Essen. Da war es besser, beizeiten die Heimreise anzutreten, als fern der Heimat dahinzusiechen. So leidenschaftlich wie sonst nie wehrte sich Marie gegen eine Heimfahrt: „Lieber sterbe ich hier elendiglich, als daß ich freiwillig, ohne etwas geleistet zu haben, nach Rolle zurückkehre! Gott hat mich hierher geführt. Was werden sie in Rolle sagen, wenn ich all das, wofür sie uns ausgesandt haben, im Stich lasse und nur wegen einer Krankheit aufgebe!" Sie regte sich dermaßen auf, daß Julie den Arzt zu schweigen bat. Aber bei einer Unterredung mit Groves wies Julie ihn darauf hin, wie nötig es schon bald sein könnte, Marie nach Europa zurückzuschicken. „Vielleicht konnte der Arzt ihr diesmal noch mit Medikamenten helfen, aber ich glaube, diese Art von Krankheit wird immer schlimmer, je länger der Kranke in Indien ist. Woher sollen wir nur das Geld für die Rückreise nehmen? Mit so etwas hat doch keiner gerechnet!" Groves dachte eine Weile nach, er war ratlos: „Julie, ich weiß es im Augenblick auch nicht, aber wenn es wirklich sein muß, dann wird Gott uns helfen, das Richtige zu tun! Und jetzt will ich dir und Marie eine Freude machen: Hier ist ein Brief von Gundert, ein langer, guter Brief!"

Damit drückte er Julie ein Bündel Briefbogen in die Hand. Nach dem Abendessen, als Ruhe im Schlafraum der Mädchen eingekehrt war, setzte sich Julie zu Marie und begann: „*Dieser Abend wird mir erinnerlich bleiben. Ich saß vor dem Bungalow, gegenüber dem größten und schönsten Banyam-Baum, den ich in Indien gesehen, mit unzähligen durcheinandergewachsenen Stämmen: die Stille der Nacht, die milde Luft, die hellen Sterne, – alles half mir einmal auch recht dankbar zu sein, daß Gott mich auf diesen Weg geführt hat. Wir brauchen solche Punkte in unserem Lauf, wo wir haltmachen und vom Geist Gottes aller der ängstlichen aufgeregten Gedanken und Wünsche und Erinnerungen entleert zu werden, indem er ihnen einen Ausweg in das große Herz Jesu öffnet. Ja, der Herr hat alles recht gemacht: und wird's noch viel rechter machen!"*

Julie ließ den Brief sinken. Wie hatte sie sich gefürchtet und geängstigt, ohne Marie in Indien zu bleiben. Allein unter Europäern, die sie nicht verstand, die merkwürdigerweise ganz anderes im Kopf zu haben schienen als das, wozu sie vorgaben, hierher gekommen zu sein. Wie staunte Emma Groves jeden Tag aufs neue darüber, daß Julie nichts so wichtig zu sein schien wie das Fortkommen der Mädchen in ihrer Schule. Auch Marie mit ihren schwachen Kräften war eine hingebungsvolle Arbeiterin, auch wenn sie nur wenig ausrichten konnte in der Zeit, in der sie bei Kräften war. Jetzt meinte sie Hermann Gunderts beruhigende Stimme zu hören, sie war sich sicher, auch er nahm nichts so wichtig wie die Arbeit, die ihn nach Indien gebracht hatte.

Sie nahm den Brief wieder auf: *„Am 17. August morgens in Madura, der heiligsten Stadt von Südindien, heiliger als Chellenbam und Tanjore. Ich ließ mich gerade in das einfache (einstöckige) Bungalow der amerikanischen Missionare tragen, an die Groves mich empfohlen hatte. Mr. Todd und Mr. und Mrs. Dwight leben hier beieinander. Der Senior der Missionare, der in Ceylon schon 20 Jahre tamulisch gesprochen hat, Mr. Poore, wohnt in der Mitte der Stadt, nahe bei Bazaar und Pagoda. So war ich den Tag über mit den ersteren zusammen, hörte von Todd die schwarze Seite der Tamulen und ihrer Bekehrten im Detail schildern, ihre Schwäche, Geldsucht, das Zusammenkleben der Familien, Undankbarkeit, Lügen, Heuchelei etc., die Beispiele oft demütigend. Statt froh zu werden, daß hier das Evangelium sicherlich einem armen Volk gepredigt wird, wollte mir fast der Mut entsinken. Nun, sah ich, warum mich Gott den Abend zuvor auf besondere Weise gestärkt hatte. Ein Missionar muß tief hinunter, wenn er diesen Heiden als Brüdern predigen will. Zwar freilich nicht tiefer als Christus ging, aber doch tiefer, als er sich's je einbildete. Es könnte einem oft kommen, daß man die neubekehrten Christen im Un-*

mut verfluchen könnte. Ich lerne nun etwas mehr, mich über die Geduld Gottes und über den Abgrund der Sünde und Abgötterei verwundern. Ich stehe wie ein Kind davor, weiß nichts zu sagen und zu tun – aber ich freue mich mehr und mehr auf Christum den Gekreuzigten beschränkt, d. h. erweitert zu werden, alte Vorurteile und falsche voreilige Schlüsse fallen zu lassen, und von ihm zu lernen, was ich in den 24 Stunden jeden Tags zu tun habe."

Julie brach ab. Hörte Marie ihr überhaupt noch zu? Vorsichtig tupfte sie ihr mit dem Taschentuch den Schweiß von der Stirn: „Soll ich aufhören, ist es zu anstrengend für dich?" Marie schüttelte den Kopf. „Schreibt er auch etwas über die berühmte Stadt und den Tempel, von dem sie hier soviel erzählen? Kannst du da etwas finden?" Julie suchte in den Blättern, nickte und begann von neuem: „*Ihr könnt euch keine Begriffe von den gewaltigen Granitblöcken machen, die hier zusammengeschleppt worden. Da sind Choultrys für einige tausend Pilgrime, ein langer Bazaar, Hallen für die Prozessions-Elefanten, und um die Götzenbilder brennen einige 100 Lampen mit dem klaren Licht des Cocosöl. Dort wirft sich ein Kind, dort ein altes Weib auf den Boden: es ist ein Grabstein und heiliges Bein darin. Von allen Seiten Abbildungen des Menschen, wie er ist, seiner glänzenden und schandbaren Schwachheit, zu Roß im Kampf, in Meditation, in Lust. – Und all das heißt Gottheit, heilig. In diesen Gängen läuft der Tamule, der kriechende Diener, noch einmal so stolz einher. Als ich einen gefärbten Götzen etwas fixierte, wurden die Umstehenden unruhig, die Kinder beginnen zu murren, die Alten agieren heftig: man hört: ‚po! pongell! – geh! geht!'. So gingen wir denn über die Wasserleitungen, die das Gebäude umgeben und durchstechen, weiter. Ich gedachte an das Wort der Jünger in Markus 13.1. Die darauf folgende Verheißung Jesu muß auch für diesen Tempel gelten. Aber erst wenn man es gese-*

hen hat und merkt, wie das ganze Leben, Erwerb, Sprache,
Kunst und Sitten mit diesen Gebäuden und dem, was sie
vorstellen, durchflochten sind, fühlt man etwas von der
Macht des Satans und seinem Königtum. Es ist nicht auszu-
sprechen, wie man (ich sollte vielleicht sagen, ein Deutscher
– denn die Amerikaner sehen es kalt und lächelnd an) sich
beengt und beengter fühlt, je näher es dem Allerheiligsten
des Tempels zugeht, wie alles soviel determinierter, so ewig
als menschenmöglich aussieht. Und man fühlt auch im Her-
zen ein Etwas arbeiten, das der Herr den Israeliten so dring-
lich untersagt hat, – Neugierde, Geheimsucherei, Vorspiege-
lungen von nie geahnter Lust und Erkenntnis. So kam der
Teufel zu Eva und Adam, so fiel Dina, so fiel Israel und
Juda . . ." Julie schob den Brief zusammen. „Für heute ist
es genug, wir werden morgen weiterlesen. Wir müssen jetzt
schlafen gehen, sonst wird es zu spät!" Sie versorgte Marie
mit ihrer Medizin und schob ihr die Decken zurecht.

Schlaflos lag Julie auf ihrem Bett. „Die Stille der Nacht,
die milde Luft, die hellen Sterne – alles half mir, einmal auch
recht dankbar zu sein, daß Gott mich auf diesen Wegen
geführt hat" – so hatte Gundert geschrieben. Tränen traten
ihr in die Augen. Es war Gott, der ihr diesen Platz in Madras zugewiesen hatte. Auch wenn es sie manchmal auch
noch so bedrückte, sie durfte sich nicht dagegen auflehnen.
Die Schule ging von Tag zu Tag besser, die Mädchen liebten
sie. Stille sein und die Angst abschütteln! Sie hatte Angst
vor dem Tag, an dem Marie Monnard die Heimreise antreten würde. Julies Verstand sagte ihr, daß es keinen anderen
Weg für Marie gab, daß es sein müsse, um Maries und auch
der Arbeit wegen. Die Freundin war durch ihre Krankheit
geschwächt, ein weiteres Kind, das es zu hegen und zu
pflegen galt. Aber Marie war auch das einzige, was Julie
noch mit der Heimat verband, ein Mensch, mit dem sie über
die Vergangenheit reden konnte. Wie sollte sie die Streitig-

keiten im Hause, die vielen großen und kleinen Nadelstiche, mit denen Frau Groves sie peinigte, ertragen, ohne mit Marie darüber reden zu können! Je mehr Anton Norris Groves Julie als tüchtige, unermüdliche und zuverlässige Mitarbeiterin schätzen lernte, desto unerträglicher wurde Julies Lage. Sie kämpfte gegen die aufsteigenden Tränen. Nur nicht weinen, das würde alles noch schlimmer machen! Energisch schob sie die belastenden Gedanken beiseite. Sie mußte jetzt schlafen und Kraft schöpfen für die Arbeit des nächsten Tages. Ohne das sie fest umschließende Gerüst der täglichen Anstrengung konnte sie die Fesseln der Fron, in denen sie gefangen war, überhaupt nicht ertragen.

Am anderen Morgen erwachte sie früher als sonst, die Stille im Bungalow wirkte bedrückend. Marie schlief noch. Leise stand Julie auf und setzte sich mit Gunderts Brief ans Fenster. Eine Missionsstation, eine wirkliche Missionsstation, voller Leben, mit einer Kirche als Mittelpunkt und einer Schule unter Palmen – das war ein ferner Traum, für den sich aller Einsatz lohnte. Leben im Einklang mit Gottes Wort, Wirken in der Stille und doch sichtbar für die, die Sehen konnten und wollten. So wie Gundert es jetzt in Tirunelveli erlebte. Julie breitete die Bogen aus und las:

„Rhenius schickte mir bis hierher (Kytahr) einen Mann entgegen, mich zu grüßen und den nächsten Weg nach Tirunelveli zu zeigen. Wir hatten fast eine ganze Nacht zu reisen – und kamen mit Sonnenaufgang vor Rhenius' Haus an. Es ist ein großes Feld und Garten, mit verschiedenen Gebäudlichkeiten für Herren, Diener, Pferde, Seminaristen, Schule; von einem Mohammedaner an Rhenius für 17 rup. monatlich verliehen. Tirunelveli ist noch eine halbe Stunde davon entfernt und liegt näher den Blauen Bergen zu. Palamcothah mit dem verfallenen Fort und der Church Mission (sie haben aber keine Congregation in der Umgegend) liegt auf der anderen Seite des Flusses."

„Ich bin also gerade in der Mitte dieser Ortschaften in Sinduponturei und habe vom Westen die Bergwinde und auf der andern Seite den Fluß nahe genug. Rhenius hat drei Kirchen hier, eine in Tirunelveli, eine in Gnanapuram und eine auf dem Missionsboden, natürlich ärmliche Gebäude, die Schulhaus und Rathaus sein müssen, mit Palmblättern bedeckt: alle erst im letzten Jahr errichtet. Denn alle Gebäude, die früher mit der Mission verbunden waren, wenn auch der Boden dem Dorf gehörte, oder die ganze Erbauung vom Volk bestritten und nur mit kleinen Gaben unterstützt wurde, sind jetzt von der kirchlichen Mission verschlossen und vernagelt worden: Sie wollen sie lieber von weißen Ameisen auffressen lassen, ehe sie untersuchen, ob sie nicht von Rechts wegen den armen Gemeinden gehören.

Lechler war der erste, den ich im Hause sah: er empfing mich als Schwabe. Vor dem Frühstück holte mich Rhenius ab, dessen Alter, Kraft, Herzlichkeit und Weisheit einem Deutschen bald das Herz abgewinnen können. Mir nötigte jedenfalls schon seine erste Erscheinung Hochachtung und Zutrauen ab. Ich kam mit mancherlei Verdacht, hatte auch Tucker's Buch gründlich durchstudiert und verzweifelte fast an einem Gott wohlgefälligen Ende des Streits. Aber ich fand nichts von allem, was ich mir von Tucker hatte in den Kopf setzen lassen. Rhenius betet und spricht mit seinen Kindern, den weißen und den schwarzbraunen: Lechler, Müller und Schaffter reiten in die umliegenden Gemeinden. Es ist ein ruhiges, wohl eingeübtes und durch Erfahrungen und Trübsal geläutertes Missionswerk. Schon am folgenden Monat wurde ich in das Tamulische hineingepreßt und lerne es nun seither von Alt und Jung; insbesonders will Rhenius' 6jährige Sophie mein Munschi (Sprachlehrer) sein. Mit den halbnackten, ihrer Bücher beraubten Seminaristen begann ich Geographie und Griechisch – beides in englischer Sprache, aber so, daß ich mich zugleich von ihnen Tamulisch

lehren lasse. Es ist eine Freude, junge Leute zu lehren, die
erst aus der heidnischen Finsternis herausgekommen und
noch auf allen Seiten davon umringt sind. "

Julie nickte versonnen, sie hatte selbst erfahren, wieviel
Freude das machte. Wieviel schöner mußte es noch sein an
einem Ort, wo es weder Neid noch Mißgunst gab. Sie hoffte
so sehr darauf, daß es diesen Ort einmal geben würde, daß
der Gedanke daran ihr einen schmerzhaften Stich versetzte.
Aber daß man davor nirgends sicher war, das hatte auch der
so erfolgreiche Carl Rhenius schmerzlich erfahren müssen.
Julie sah auf: Gedämpfte Unterhaltung und leises Lachen
drang aus dem Schlafsaal der Mädchen zu ihr herüber. Fast
hätte sie über dem Lesen und Grübeln ihre Arbeit vergessen. Auch Marie war jetzt wach. Mit schnellen, sicheren
Bewegungen ordnete Julie die Decken der Freundin und
half ihr beim Ankleiden.

Es gefiel Hermann Gundert so gut bei den Missionaren
in Tirunelveli, daß er bald zu den wichtigsten Mitarbeitern
gehörte. Seine vorsichtige Beurteilung der Lage wich bald
einer warmen Sympathie für Rhenius, die ihm Groves als
Parteinahme auslegte und die ihn sehr verärgerte. Eine Re-
aktion, die Gundert kaum nachvollziehen konnte, war er
doch von Groves geschickt worden, um zu sehen, was an
den Vorwürfen, die Rhenius von der anglikanischen Kirche
gemacht wurden, dran sei. Julie, die sich Gunderts Briefe
immer von Groves zum Lesen erbat, hatte staunend wahrgenommen, daß sich Rhenius ja nicht mit den Heiden, die
ihm meistens wohlgesonnen gegenüberstanden, stritt, sondern mit den eigenen Brüdern der englisch-kirchlichen Mission.

Es war schwer zu begreifen, daß es die Christen selber
waren, die die Ausbreitung des Christentums, aus welchen
Gründen auch immer, verhinderten. Sie hätte gerne mit
Groves darüber gesprochen, aber als sie die Rede auf Gun-

dert brachte, reagierte er so gereizt, daß sie rasch das Thema wechselte.

Groves begann zu ahnen, welche Bedeutung der junge, sensible und überaus tüchtige Hermann Gundert für die Mission in Tirunelveli und besonders für Carl Rhenius hatte. Das durfte nicht sein, er brauchte Gundert dringend selber. Er rief ihn zurück und warf ihm vor, nicht mehr der unparteiische Beobachter zu sein, sondern einer der engsten Parteigänger des gescholtenen Rhenius. Gundert war empört. Rhenius bat ihn dringend zu bleiben, sein Werk fortzusetzen. Aber Gundert sah für sich keine Möglichkeit, Groves, der ihn dringend brauchte und mit dem er nach Indien gekommen war, im Stich zu lassen, so gerne er die einmal begonnene Arbeit in Tirunelveli fortgesetzt hätte. Rhenius war enttäuscht und redete ihm eindringlich ins Gewissen: „Du bleibst nicht bei ihm, glaube mir, es hält nicht! Welche Versprechungen hat er uns gemacht, und wahrlich, wenn ich mich auf ihn verlassen hätte, wie angeführt wäre ich nun! Wir können in unserer Lage von Europa kaum den nötigen Zuschuß erwarten, wer sollte uns auch Leute schicken? Sieh dich also unter allen Umständen an als einen, auf den Tirunelveli die ersten Ansprüche macht! Bleibe gleich und fürchte Groves' Zorn nicht, wenn du Gottes Willen dafür sehen kannst."

Die Rückkehr nach Madras fiel Gundert nicht leicht. Zu sehr hatte er die brüderliche Übereinkunft und das herzliche Beieinandersein in Tirunelveli schätzen gelernt. Aber die immer drängenderen Vorhaltungen Groves' hatten schließlich den Ausschlag gegeben. Gemeinsam mit zwei Seminaristen trat er Anfang März die Rückreise an. Nicht ohne Groves vorher die Zusage, eine Missionsstation gründen zu können, abgerungen zu haben.

Wie ein Keulenschlag traf ihn die von Mißtrauen und Eifersucht beherrschte Stimmung im Grovesschen Hause.

Einzig Julie Dubois und Marie Monnard schienen über seine Rückkehr ehrlich erfreut; obwohl Marie ihm noch matter und blasser vorkam als vor seiner Abreise. Julie stimmte ihm bedrückt zu: „Ihre Krankheit hat sich verschlimmert, besonders die Leber ist angegriffen, scheint sich nicht mehr erholen zu können. Seit einiger Zeit hat sie auch noch bei Tag und Nacht Anfälle von Fremdenfieber. Wir sollten sie dringend nach Europa bringen. Sobald Groves Geld hat, buchen wir eine Schiffsreise – er hat's versprochen." Sie wollte in ihren Bungalow zurückgehen. Gundert hielt sie am Arm fest: „Was geht hier eigentlich vor, jeder weicht jedem aus. Mrs. Groves habe ich überhaupt noch nicht zu Gesicht bekommen. Ist sie krank?" Julie zuckte die Achseln: „Sie ist wie eine Spinne im Netz, jeder leidet unter ihren Intrigen und Launen, besonders Mr. Groves, der aber auch nie die ganze Wahrheit erfährt, alle haben Angst, und jeder erzählt etwas anderes. Am besten ist, man arbeitet und kümmert sich nicht um die anderen!" Gundert hob die Augenbrauen: „Keine sehr angenehmen Aussichten für eine gedeihliche Zusammenarbeit!" Julie schwieg eine Weile. „Es fehlt am Geld. Der Haushalt kostet zuviel, sagt Mr. Groves; Mrs. Groves meint, alles geht für die Mission drauf. Ich habe schon die Rationen für die Mädchen in der Tagesschule kürzen müssen. Jetzt ist Mr. Groves wieder auf Geschäftsreise, in Bangalore, um Gelder aufzutreiben!" Julie wirkte müde und ein wenig mutlos. Plötzlich straffte sie sich und bat Gundert, am Nachmittag die Schule zu besuchen. Gundert stimmte zu. Einen Moment schien es ihm, als leuchteten ihre Augen auf. „Julie, ich werde eine Missionsstation eröffnen, noch weiß ich nicht wo. Aber so ist es mit Groves ausgemacht. Dann werden wir auch florierende Schulen haben. Ich brauche Sie und rechne auf Sie!"

Den Nachmittag verbrachte er zusammen mit den beiden Seminaristen in der Mädchenschule. Ihm fiel auf, wie sehr die Kinder an ihrer Lehrerin hingen. Abends saß er nachdenklich in seinem Zimmer und überdachte die Situation. Wie von selbst formten sich seine Gedanken zu einem Gedicht:

„Man möcht' oft corrigieren –
Und könnt's wohl auch tun,
Wenn man nur das – ‚rigieren'
Ließ auf sich selbst beruhn:
Und, wo man corrigierte,
das ‚cor' – zumeist premierte.
Wo Freunde sind entzweit,
Zu helfen bin ich bereit:
Doch eh' man kann verbinden,
wäre zuerst der Spalt zu finden,
Der scheint gar tief gesessen
Und nicht mit Zollen zu messen."

Während er sich das Geschriebene noch einmal durch den Kopf gehen ließ, traf ihn die Erkenntnis, wie schwer es die in Madras bei Groves Gebliebenen, im Gegensatz zu ihm, dem „Missionslehrling" bei Rhenius, gehabt hatten, mit der Wucht eines Keulenschlages. Am liebsten wäre er noch am gleichen Abend ausgezogen, einen Platz für die Station zu suchen. Nur weg aus Madras, nur fort aus dieser Atmosphäre gegenseitigen Mißtrauens, in der nichts gedeihen konnte!

Wenige Tage später traf Groves ein. Heiter und zufrieden trat er fröhlich in Maries Krankenzimmer: „Schau nur, ich habe eine größere Geldsumme erhalten, davon wirst du jetzt auch deinen Anteil bekommen. Ich habe mich schon erkundigt, die ‚Perfect' ist das nächste Schiff, das nach Europa abgeht." Trotz ihrer Schwäche begann Marie zu weinen. Julie stand wie versteinert. Jetzt war eingetreten, was sie sich in vielen schlaflosen Nächten vergeblich vorgestellt hatte: Marie würde sie verlassen, sie aber würde allein in Indien zurückbleiben.

Sie biß die Zähne zusammen. Julie mußte ihre ganze Kraft zusammennehmen, um Marie den Abschied zu erleichtern, es war keine leichte Zeit – für keine der beiden Freundinnen. Zu gehen und zu bleiben erforderte Mut und Durchhaltevermögen. Marie schreibt darüber: *„Mr. und Mrs. Parnell wollten mit ihrer Familie nach Europa zurückkehren, und von einem Tag auf den anderen lösten sich auch für mich einige bisher unlösbare Schwierigkeiten in Wohlgefallen auf. So bekam Mr. Groves auf wunderbare Weise Geld, und er gab mir für die Reise etwas davon ab. Was für eine Neuigkeit. Das war eine Freude! Aber auch eine abgrundtiefe Traurigkeit. Julie allein lassen und nach Europa zurückkehren, nach Rolle, meiner Heimatstadt in der Schweiz. Ich war furchtbar bewegt und durcheinander. Julie tröstete mich, so gut sie konnte, und ihre Gebete wurden erhört. Julie versetzte sich in meine Lage, überlegte, was mir guttun könnte. Sie pflegte mich mit Hingabe und bereitete alles für meine Abfahrt vor, die auf den 17. Juni festgesetzt war. Bis dahin waren es nur noch 15 Tage. Jetzt wollte Mr. Groves für mich Kranke eine Kabine auf der ‚Perfect‘ buchen, aber das ging nicht ohne Sorgen ab für Mr. Groves. Es war schon alles besetzt, wie sollte ich jetzt nach Hause kommen, sehr bedrückt kam Mr. Groves wieder zurück. Aber der Herr hatte ein Einsehen: Mr. Parnell überließ mir den zweiten Platz in der Kabine seiner Frau, die mich dann die ganze Reise über in ihrer Nähe ertragen mußte. Er selbst zog mit seiner neunjährigen Tochter und dem Dienstmädchen in eine Kabine. Julie freute sich, daß ich im Schutz von Mr. Parnell so gut untergebracht war. Jeder im Haus war jetzt sehr nett zu mir, bemitleidete mich, weil ich so krank war und auch so traurig.“*

„Endlich kam der Tag der Abreise. Meine liebe Julie war unermüdlich, sie umsorgte mich wie eine Mutter, sie war rührend besorgt, mir den Abschied zu erleichtern: ‚Gott

wird dich schützen, meine liebe Marie.' Schon früh am Morgen war ich fertig gerichtet und brauchte mich nur noch in den Palankin zu legen, der mich auf das Schiff bringen sollte. Mr. und Mrs. Groves, Julie und einige andere Hausgenossen folgten mir in der Kutsche. Ich war so krank, daß man mich wie ein Kind an Bord bringen mußte. Groves' waren ungeheuer nett zu mir, sie übergaben mich der Sorge von Mr. Parnell. Solange es irgend ging, blieben Julie und ich in der Kabine zusammen, ich ordnete meine Sachen, und Julie half mir dabei. O, was für ein Tag – ich konnte die vielen verschiedenen Empfindungen kaum aushalten. Die Stunde des Abschieds nahte, jetzt kamen alle, mir Lebewohl zu sagen. Der liebe Mr. Groves, wie ein Vater verabschiedete er mich, Madame war auch sehr liebenswürdig, aber längst nicht so herzlich wie ihr Mann. Julie blieb bis zum letzten Augenblick bei mir. Es war entsetzlich, als sie gehen mußte. Als die Tür hinter ihr zuschlug, schrie ich auf. Es war ein schrecklicher Moment!"

Aber Parnells kümmerten sich rührend um die Kranke. Nach einer ersten, schlimmen Nacht auf See erholte sie sich rasch. Das Fieber verschwand. Je näher das Schiff Europa kam, desto gesünder wirkte Marie Monnard.

In Madras hatte Julie kaum Zeit, ihrem Kummer freien Lauf zu lassen. So vieles gab es zu tun und vorzubereiten! Seit einigen Wochen schon hatte Hermann Gundert Madras verlassen, er wollte und konnte nicht länger auf Groves warten. Er begann sich alleine nach einem für eine Missionsstation geeigneten Ort umzusehen. Sehr zum Ärger von Anton Norris Groves, denn wie immer hatte seine Frau nicht unterlassen, ihm über alles, was im Hause vorging, Nachricht zukommen zu lassen. Aber auch die anderen warteten gespannt auf die nächsten Schritte des jungen Missionars. Carl Rhenius in Tirunelveli hoffte immer noch, daß Gundert zu ihm zurückfinden würde. In Mangalore wartete

Gunderts Jugendfreund Herrmann Mögling auf sein Zeichen, daß er bereit sei, sich der Basler Mission anzuschließen.

Groves hatte vorgeschlagen, sich nach einem Ort an der Grenze des Telugu- und des Tamil-Landes umzusehen. Dort könnten die verschiedenen Sprachen, die einige der Mitglieder seiner „Missionskarawane" inzwischen beherrschten, dann vorteilhaft bei den Eingeborenen angewandt werden. Auch Gundert war einverstanden gewesen und hatte Madras am 25. April zu Pferd verlassen. Für ihn war es seine erste selbständige Missionsreise, die er in einem Brief an seine Eltern schildert: „ *Wie wird es gehen? dachte ich, sprechen konnte ich wohl, doch nur wenig verstehen und dazu war mein Tamil eben ein christliches Bücher-Tamil, nicht aber geeignet für ganz unwissende Heiden. Am Nachmittag ritt ich aus und kam erst spätabends nach Kunnattur. Einer der zwei Seminaristen, die ich aus Tirunelveli mitgebracht, begleitete mich. Es war der ziemlich ehrliche, wohlgesinnte, etwas trockene Wedamuttu. Als wir damals von Tirunelveli nach Madras heraufsegelten, hatte er immer in dem engen, heißen Schiffsloch gekocht. Ich fragte, warum er sich nicht vom andern, dem sehr demütig aussehenden, etwas verschmitzten Christian ablösen lasse? Da kam's heraus – nur halb und halb, daß er die Kaste verlieren würde, wenn er von dem schwärzeren Pariah-Christen Gekochtes essen wollte! Heimlich könne man es schon tun, aber vor dem Schiffsvolk mochte er doch den Respekt nicht einbüßen. Er war Schanar, Palmbauer seines Zeichens. Mit diesem also hielt ich meinen Einzug in Kunnattur, machte mich an die Verkäufer auf dem Bazaar, die noch Licht hatten, und predigte im Unterhaltungston, wurde aber ziemlich vornehm abgefertigt. Sie hätten schon viele Missionare gehört und wüßten alles, ich brauche ihnen nicht noch den Gnadenstoß zu geben mit meiner jungen Weisheit.* "

In Chittoor, einer kleinen Stadt im Poini-Tal, wollte sich Gundert mit Groves treffen. Die Stadt galt als Mittelzentrum, hatte fast 6000 Einwohner, einen Gerichtshof samt Gefängnis und war Militärstation. Es lebten einige Europäer hier und fast 20 Engländer, die als Beamte in den Behörden angestellt waren. Gundert hatte vorgehabt, bei Missionar Bilderbeck, der der englisch-kirchlichen Mission angehörte, Quartier zu nehmen und auf Groves zu warten. Aber Bilderbeck war nicht am Ort. Ein Schreiben von Frau Groves verwies Gundert an den Richter Lascelles und seine Frau, christliche Leute mit einem offenen Herzen für die Mission. Er wurde überaus herzlich aufgenommen und nahm gleich am ersten Abend an einem Festessen im Hause teil. Zum ersten Mal erlebte Gundert fast die gesamte englische Elite einer indischen Kleinstadt um einen Tisch versammelt. Für den jungen Deutschen war diese Erfahrung ganz neu und deswegen beeindruckend. Zumal er gleich am nächsten Tag – einbezogen in diese Gesellschaftsschicht – zu einem ähnlichen Ereignis beim Kollektor eingeladen wurde.

Als er tief in Gedanken versunken in sein Zimmer im Haus des Richters zurückkehrte, traf er dort auf Anton Norris Groves, der ihn schon ungeduldig erwartete. Freudig überrascht ging er auf ihn zu und wollte ihn begrüßen. Doch Groves schnitt ihm das Wort ab: „Du hast ja hier hochstehende Freunde gefunden, da brauchst du mich ja nicht mehr. Meine Planlosigkeit ist dir ja sowieso zuwider, wie meine Frau mir schreibt. Also – wie gehen wir jetzt planvoll vor?" Noch ehe der völlig überraschte Gundert etwas sagen konnte, begann Groves wie ein Kind zu weinen: „Ich werde alle meine Freunde verlieren!" Gundert versuchte ihn zu beschwichtigen, zu trösten: „Wie kommst du darauf, ich bin noch der alte, laß uns alles besprechen." Groves erschien untröstlich: „Nein, ich sehe es wohl, es mußte so kommen, Gott will nicht, daß ich meine Freunde behalte. Ich habe schon so innige gehabt. Aber es scheint, ich soll von allen loswerden."

Nur mit Mühe gelang es Gundert, Groves zu beruhigen und ihn von der vorteilhaften Lage Chittoors für eine Missionsstation zu überzeugen. Gemeinsam mit Richter Lascelles fuhren sie zu einem leerstehenden Gebäude am Ortsrand. Das Haus mit seinem großen Garten bot genügend Raum – auch für einen späteren Ausbau. Hier konnte eine Kirche entstehen und auch ein Schulgebäude. Für 6000 Mark kaufte Richter Lascelles das Haus. Bereits wenig später wurde es von Hermann Gundert, Frank und Henry Groves und den Seminaristen bezogen. Nicht viel später gesellte sich auch William Baynes, jener Bruder von Frau Groves, der in der englischen Armee von seinen Ungezogenheiten geheilt werden sollte, hinzu. Er hatte es vorgezogen, das Bombay-Artillerie-Offizierskorps zu verlassen und Missionar zu werden.

Kapitel 7
Neuer Anfang in Chittoor

Allein und auf sich gestellt hatte Julie Dubois in Madras die Schule weitergeführt. Aber jetzt hieß es packen, denn schon Anfang Juli sollte der gesamte Grovessche Haushalt nach Chittoor übersiedeln. Allerdings gehörten zum Haushalt neben den Familienmitgliedern nur noch Julie Dubois, Emma Groves und Hanna Thoma, die treue Haushälterin. Familie John Groves befand sich auf der Rückfahrt nach England. Groves hatte seine Dentistenwerkstatt aufgegeben, in Chittoor wollte er sein Geld als Landwirt verdienen.

Während Julie dabei war, den Haushalt in Madras aufzulösen, richtete der Junggeselle Hermann Gundert das zukünftige Missionshaus in Chittoor her. Frau Lascelles brachte ihm die Anfangsgründe in indischer Haushaltsführung bei. Gundert hatte sich im Hause des Richters vom ersten Augenblick an sehr wohl gefühlt. Herzlich und offen kamen ihm der Richter und seine Frau entgegen. Frau Lascelles war in Indien geboren und mit dreizehn Jahren nach England gebracht worden, um dort die Schule zu besuchen. Aber lange hatte sie es dort nicht ausgehalten, bereits wenig später war sie nach Indien zurückgekehrt und hatte ihren Mann kennengelernt, den sie schon mit siebzehn Jahren geheiratet hatte: „Er war so schön, ein gutgewachsener Mann von adeliger Herkunft – wie sollte ich da widerstehen! Außerdem galt er als gute Partie. Er hatte ein reiches Erbe in Aussicht!" Sie machte eine Pause und lachte Gun-

dert an: „Aber stellen Sie sich vor, lieber Gundert, mit
55 Jahren heiratet sein Erbonkel die Haushälterin und bekommt noch einen Sohn. Und futsch ist das ganze schöne
Erbe samt dem Adelstitel!" – „Und was haben Sie dann
gemacht?" Frau Lascelles lacht immer noch: „Na, eine Arbeit hat er sich suchen müssen, mein Mann. Und was wird
man nach einer solchen Enttäuschung, wenn man nichts
Richtiges gelernt hat?" Gespannt sah sie Gundert an. Der
zuckte die Achseln und wartete höflich ab. „Beamter, mein
Lieber, Beamter im Dienste ihrer Königlichen Majestät.
Und so wurde mein Mann Richter."

Lascelles liebte die Vergnügungen eines englischen Landedelmannes: schöne Pferde, rassige Hunde, die Jagd. Er war
freigiebig und gastfreundlich. Das Ehepaar war Hermann
Gundert mit herzlicher Zuneigung zugetan. Als Gundert in
der ersten Zeit von einem Fieber befallen wurde, pflegten
ihn der Richter und seine Frau hingebungsvoll.

Als Groves Anfang Juli mit seiner Familie in Chittoor
eintraf, gefiel seiner Frau die fröhliche Junggesellenwirtschaft im Missionshaus überhaupt nicht. Auch die Freundschaft, die Gundert mit Lascelles verband, erregte ihren
Argwohn. Gundert versuchte dem entgegenzuwirken.
Gleich am ersten Abend wollte er Frau Groves die Schlüssel
zum Haus, zur Küche und den Vorratsräumen übergeben.
Doch bevor sie strahlend die Schlüssel entgegennehmen
konnte, griff ihr Mann ein: „Behalte nur die Schlüssel. Meine Frau hat noch nie in ihrem Leben in Küche und Vorratshaltung Bescheid gewußt. Außerdem reichen ihre Sprach-
kenntnisse ja gar nicht, um mit Koch und Dienern zu ver-
handeln. Nein, nein, da sollten wir fürs erste überhaupt
nichts ändern!" Einen Moment glaubte Gundert, Frau
Groves würde etwas erwidern, doch sie raffte ihr Röcke
und machte auf dem Absatz kehrt. Julie hatte die Szene
beobachtet. Einen Moment lang begegneten ihre Augen

denen Gunderts, bevor sie sich betont gleichgültig abwandte.

Mit Feuereifer machte sich Groves an den Bau einer kleinen Kirche, auch das Schulgebäude nahm er noch am selben Tag in Angriff. Nicht einmal die größte Mittagshitze konnte ihn davon abhalten, den Bau selber zu überwachen. Gundert, längst vorsichtiger geworden durch das Fieber, das immer noch von Zeit zu Zeit bei ihm auftrat, schüttelte nur den Kopf. Es war wie immer: Groves arbeitete wie besessen bis zu dem Augenblick, an dem er die Lust verlor. Trotzdem empfand er Stolz und Zufriedenheit, als er seine erste Tamil-Predigt im eigenen Kirchlein auf Missionsgrund halten konnte. Bald danach war auch die Tagesschule fertiggestellt. Wenn am ersten Tag auch nur zwei Schülerinnen erschienen – ein Grund mehr, alle Kraft in das Fortkommen der so hoffnungsvoll begonnenen Missionsstation zu setzen! Die Hauptlast der Arbeit lag auch bei dieser neuen Schule auf den Schultern von Julie Dubois, obwohl Frau Groves als Leiterin eingesetzt war.

Für Julie war es unerträglich, wie Emma Groves, aus der Abgeschiedenheit des Hauses in Madras in die Freizügigkeit einer Kleinstadt mit englischer Oberschicht versetzt, den unverheirateten Beamten schöne Augen machte, wie sie sich herausputzte und zur Schau stellte. Julie konnte nicht glauben, daß das dieselbe Emma Groves war, die mit ihr an Bord der „Perfect" gereist war, um im heidnischen Hindostan das Evangelium zu verkünden. Mehrmals versuchte sie mit Emma darüber zu reden, sie wieder auf den rechten Weg zu bringen. Beim ersten Mal hatte Emma Groves einfach trotzig geschwiegen, aber beim nächsten Tadel war es aus ihr herausgebrochen: „Was glaubst du überhaupt, wer du bist? Du bist ja gar keine Frau, du mit deiner Arbeitswut!" Weiß wie eine Wand war Julie allein im Unterrichtsraum der kleinen Schule zurückgeblieben, dann hatte sie sich gefaßt und Emma wutentbrannt hinterhergeschrien: „Und du, bist du überhaupt eine Christin?" Fast wären die beiden mit den Fäusten aufeinander losgegangen. Hermann Gundert hatte Julie am Arm gepackt und zu Frau Lascelles gebracht, dort hatte sie sich wieder beruhigt, aber die Stimmung in der Station verschlechterte sich immer mehr.

Julie hatte wohl bemerkt, daß Frau Groves seit einiger Zeit bei Tisch Hermann Gundert neben Emma plazierte, sie versuchte die beiden miteinander ins Gespräch zu bringen. Wenn er sich an Julie Dubois wandte, dann unterbrach Frau Groves die sich anbahnende Unterhaltung schon nach wenigen Sätzen mit Belanglosigkeiten oder Zwischenrufen. Julie wurde darüber still und zog sich in sich selbst zurück. Gundert schien nichts davon zu bemerken. Er war zu allen gleich freundlich. Mehr als die Tischgespräche interessierten ihn die Fortschritte in der Tagesschule, der seit einiger Zeit auch ein Waisenhaus angeschlossen war.

Da Anton Norris Groves nur sehr selten predigte, seine Söhne und sein Schwager Baynes fast gar nicht, lastete die Hauptarbeit der Missionsstation auf Gundert. Herzlich befreundet mit Richter Lascelles und seiner Frau, zog er es vor, sich in deren gastfreundlichem Haus zu erholen, anstatt sich Zank und Streit im Missionshaus anzuhören. Eine Situation, die besonders Frau Groves nicht paßte, sie überwachte Gundert argwöhnisch, wollte ihn mehr an die Familie binden. Denn so wie die Lascelles darauf drängten, daß Gundert eine eigene Station gründen sollte, so sehr war Groves darauf bedacht, ihn zu halten. Bei einer jener scherzhaften Plänkeleien beim Mittagessen, die bewußt von den ernsthaften Konflikten innerhalb der Gemeinschaft ablenken sollten, sagte Groves eines Tages: „Gundert, du solltest heiraten, so allein in einer Stadt voller Paare, das kann doch auf die Dauer keinen Spaß machen, bedenk doch nur, welche Gerüchte da entstehen können!" Gundert zuckte die Achseln und nahm sich gutgelaunt noch einen Löffel Reis: „Wenn ich einmal heiraten möchte, dann lasse ich mir von meinem Vater eine Braut aussuchen und per Schiff herschicken!" – „Na", Frau Groves hatte rote Wangen bekommen und neckte ihn: „Es soll ja auch in Chittoor einige Rosen geben, die zu pflücken sich lohnen würde!" Gundert blickte gedankenverloren in die Runde. Es schien Frau Groves, als würde er einen Moment länger als nötig die Augen Julies suchen. Die aber saß mit gesenktem Blick da und aß still vor sich hin. Frau Groves war beruhigt, von der Seite schien ihr keine Gefahr zu drohen.

Die junge, durch die unermüdliche Arbeit Hermann Gunderts rasch gedeihende, von Richter Lascelles großzügig mit Geldmitteln ausgestattete Missionsstation hatte gegen die Eifersucht des englisch-kirchlichen Missionars Bilderbeck anzukämpfen. Bald waren die Engländer im Ort gespalten, und nicht alle reagierten so gelassen wie der alte Richter Casamajor, der auch die Predigten im neuen Missionskirchlein mit Genuß anhören konnte, ohne deswegen seinen Schützling Bilderbeck zu vernachlässigen. Die englische Mutterkirche hielt er „für eine überaus liebe Mutter, deren Brüste allerdings ziemlich eingetrocknet seien".

Trotz aller sichtbaren Fortschritte gab es Rückschläge und Enttäuschungen, die an Gundert nicht spurlos vorbeigingen. Den Eltern schreibt er: *„Soll ich von hier berichten, so ist mein erstes, daß Gottes Gnade mit uns hier in Chittoor fortlebt, daß wir einander noch nicht aufgefressen haben, daß ich mit den Brüdern in Dharwar und Tirunelveli noch nicht gebrochen habe, daß auch K. in Madras mir noch nicht fremd geworden, daß nicht alle Traktate, die ich verteile, zerrissen werden, vielleicht auch nicht alle Worte, die ich gesprochen, zu Boden gefallen sind. Ihr werdet vielleicht denken, das sei ein miserabler Bericht; aber ich kann nicht helfen: So ist es eben! Und wenn wir uns vergegenwärtigen,*

*wie viel Unheil der Teufel überall stiftet, so ist das Bestehen
alles und jedes Dinges schon Stoff für tägliches Danken und
Wundern."*

Als Hermann Gundert Ostern eine der älteren Schülerinnen der Tagesschule mit dem Katechisten Wedamuttu
traut, ist das nicht nur ein fröhliches Fest für die ganze
Gemeinde, sondern auch ein großer, sichtbarer Erfolg für
die zähe Tüchtigkeit der Lehrerin in der Schule. Hermann
Gundert war sich dessen wohl bewußt, in einem Brief an
die Eltern schreibt er: *„Julie Dubois ist nach wie vor emsig
im Werk des Herrn, zufrieden unter ihren 30 Kindern und
von den Eingeborenen als eine ‚Witwe' (Ehelose) bewundert. Die Indier können sich keine Begriffe machen, daß
eine Jungfrau (die noch Aussicht auf die Ehe hat) sich zu
solcher Arbeit herabließe."*

Für Gundert, der nun schon seit einem halben Jahr keinen einzigen Brief von seinen Eltern mehr erhalten hat,
beginnt eine Zeit der Zukunftsorientierung. Wie sollte er
sein ferneres Leben gestalten? Nach vier oder fünf Jahren
in Indien wieder nach Württemberg zurückkehren und dort
einen Dienst in einer Gemeinde anstreben? Vielleicht! Oder
er könnte sich der Basler Mission anschließen und wieder
nach Indien zurückkehren. Warum aber das zweimalige
Reisegeld ausgeben, wenn er doch schon in Indien war?

Doch noch bevor er für sich selber eine Entscheidung
treffen konnte, überstürzten sich die Ereignisse. Gundert
erhielt einen Brief von Ludwig Kaelberer, der als Missionar
in Patna festen Fuß gefaßt hatte, und jetzt auf Brautschau
war. Gundert sollte für ihn um Julie Dubois' Hand anhalten. Gundert notiert in sein Tagebuch: *„Freitag, 4. Mai.
Kaelberer beauftragt mich, bei Julie für ihn zu werben. Oh
Fleisch, du mußt ans Messer!"* Frau Lascelles, von Gundert
gebeten, diesen Dienst zu übernehmen, lehnte ab: „Lieber
Gundert, das werde ich nicht tun, denn du weißt, ich bin

überzeugt, daß es für Julie eine bessere Wahl geben würde, und da greife ich nicht ein!" Auf ihren Rat hin wandte sich Gundert an Groves, er übersetzte ihm die Stelle aus Kaelberers Brief, damit er Julie die Bitte vortragen konnte.

Groves versprach, sich der Sache anzunehmen. Aber wie er es tat, das empörte Gundert aufs äußerste: *„Die Groves' wünschten nicht bloß, sie erwarteten mit Bestimmtheit, daß Julie es unbesehen ablehne. Sie meinte, man müsse darum beten, man zwang ihr aber fast ein augenblickliches Nein ab, ohne ihr den Brief zu zeigen . . . Es drängten sich mir infolge daran bittere Gedanken auf, wie wenig die Rechte der Persönlichkeit in diesen Verhandlungen geschont worden seien. Ohne weiter hinauszusehen, erklärte ich Groves, ich glaubte nicht länger als anfänglich ausgemacht worden, bei ihm bleiben zu können, sage etwa bis Oktober 39, und ich sei bereit, falls er das wünsche, die Missionsarbeit jetzt aufzugeben und dem Unterricht seiner Söhne die meiste Zeit zu widmen. Er war sehr angegriffen, sprach sich aber doch in lieblichem Geiste darüber aus und bat mich nur fortzumachen wie bisher. Wohin aber?"*

Da traf am 11. Juni die von niemandem erwartete Nachricht, Carl Rhenius sei in der Woche davor an einem Blutsturz verschieden, in Chittoor ein. Jetzt war Gundert fest entschlossen, nach Tirunelveli zu gehen. Hatte nicht Rhenius selbst das gewünscht? Gundert schrieb an die Brüder und kündigte sein Kommen an. Schon kurz darauf ging ihre Antwort ein: „Komm und bringe eine liebe Frau mit!" Hermann Gundert brauchte eine Frau, hingebungsvoll in der Mission arbeitend, zuverlässig und diszipliniert. Wenn er auch nur etwas im Umgang mit Anton Norris Groves und seiner Frau gelernt hatte, dann *„nicht aufs große, scheinbar weithin wirkende zu sehen, sondern aufs kleine, unscheinbare, Dienende. Wieviel große Predigten und Ausführungen in fließendem Englisch wiegt vielleicht eine selbstverleug-*

*nende Herablassung zu diesem und jenem schwarzen Kinde
auf, wie sie beinahe täglich zu Julies Los fallen!"*

Eine unbestimmte Aufregung und gereizte Stimmung
machte sich unter den Schulmädchen breit. Ihre Lehrerin
gab sich alle Mühe, so ungezwungen wie möglich zu sein,
aber sie merkten ihr an, daß nicht alles so war wie an den
anderen Schultagen. Die aufgeweckten Mädchen hatten Ge-
sprächsfetzen aufgeschnappt und versuchten sich einen
Reim auf die Streitigkeiten und Zänkereien unter den Menschen im Missionsbungalow zu machen. Als an diesem
Morgen Anton Norris Groves, gefolgt von seiner Frau, das
Schulhaus betrat, folgten ihm die Augen der Schülerinnen bis zur Tür von Julies Zimmer. Nicht wenige der Mädchen, die mit herzlicher Zuneigung an ihrer Lehrerin
hingen, würden viel dafür geben, jetzt Mäuschen sein zu
können.

Julie ahnte, um was es ging, als das Ehepaar Groves ihr
Zimmer betrat. Hermann Gundert bat sie um ihre Hand
und darum, mit ihm fortzugehen nach Tirunelveli. Immer
wieder hatte sie darüber nachgedacht, so daß jetzt, im ent-
scheidenden Augenblick ihr „Ja" kurz und entschieden
klang. Kaum hatte sie es ausgesprochen, da wurde sie zuerst
von Groves, dann von seiner Frau herzlich umarmt und
beglückwünscht.

Julie stand starr. Kaum konnte sie sich aus den Umar-
mungen befreien. Waren das die gleichen Menschen, die sie
gestern noch mit Worten und Blicken traktiert hatten? So
sehr, daß sie weinend zu Frau Lascelles geflohen war. Vor
einigen Tagen noch hatten beide so laut, daß Julie es auch
bestimmt hören mußte, mit Emma Groves darüber diskutiert, ob Hermann Gundert nicht eine gebildete und belesene Frau brauche, eine, die auch seine Gedanken verstehen
könne. Und jetzt wünschten ihr beide Glück. Aber hatte
nicht Hermann Gundert selber ihr Mut zu machen ver-

sucht, als er im Bungalow beim Abendgebet den 103. Psalm vorlas: *„Denn er kennt, was für ein Gemächte wir sind; er gedenkt daran, daß wir Staub sind. Ein Mensch ist in seinem Leben wie Gras, er blühet wie eine Blume auf dem Felde; wenn der Wind darüber geht, so ist sie nimmer da, und ihre Stätte kennet sie nicht mehr.*

Die Gnade aber des Herrn währet von Ewigkeit zu Ewigkeit über die, so ihn fürchten, und seine Gerechtigkeit auf Kindeskind bei denen, die seinen Bund halten und gedenken an seine Gebote, daß sie darnach tun."

Am Nachmittag ließ Groves Julie aus der Schule in den Bungalow holen. Hermann Gundert wartete schon auf sie, es waren die ersten Minuten, die sie allein miteinander verbringen konnten. Lebhaft trat Julie auf ihn zu, er ergriff ihre beiden Hände und küßte sie herzhaft: „Jetzt wird doch noch wahr, was ich kürzlich geträumt habe. Du in einem Ochsenwagen sitzend, ich hinterhergehend auf dem Wege nach Tirunelveli!" Julie mußte lachen, ein schöner Gedanke, im Traum Ochsenwagen zu fahren einer neuen Aufgabe entgegen. „Du kennst meine Bedingung, nur wenn du versprichst, in Indien zu bleiben, dann kann ich dich heiraten. Als Pfarrfrau nach Württemberg zu gehen, macht mir Angst. Ich will Lehrerin sein, weißt du, und das kann ich nur hier!" Lange sprachen die beiden über die Zukunft, auch das Angebot von Richter Lascelles, für ihn und Julie ein Haus auf seine Kosten zu bauen, damit die beiden in Chittoor eine eigene Missionsstation aufbauen können, wurde verworfen. Gemeinsam entschieden sie sich nüchtern und überlegt für Tirunelveli.

Jetzt, da für ein Leben in Indien alles geregelt war, gab Hermann Gundert seinen Eltern in Stuttgart, die immer noch auf seine schnelle Rückkehr hofften, ein erstes Porträt der künftigen Schwiegertochter: *„Juliens Persönlichkeit betreffend sage ich vorläufig soviel: sie ist durchaus praktisch,*

121

hat viel Liebe zu schwarzen Kindern, eine Gesundheit und Leibeskonstitution, wie sie diesem Klima am besten zusagt: kurz, schlank und beweglich; je heißer es ist, desto besser fühlt sie sich imstande zu arbeiten. Sie hat die Tamil-Sprache viel besser gelernt als die gelehrte Frau Groves. Sie denkt recht niedrig von sich und meint, ich sei wunder wie tief zu ihr herabgestiegen, verspricht mir darum auch gar nichts, außer daß sie recht um mich besorgt sein und, soviel an ihr sei, mir den Dienst am Reich erleichtern wolle. Sie ist nicht schön, singt nicht, spielt nicht, zeichnet nicht, hat aber offenen natürlichen Sinn und ist scharf im Auffassen von Charakteren. Die Liebe der 30 Kinder zu ihr ist lieblich anzusehen. Die älteren weinten, als sie vom Abschied hörten. Einstweilen sehe ich sie nicht viel, weil so viele Geschäfte, beides bei ihr und bei mir, zu Ende zu bringen sind. Sie ist beinahe fünf Jahre älter als ich, was wohl zu mancherlei Einwendungen Anlaß geben mag. In Betracht dessen aber, daß das Klima mich mit etwas eiligen Schritten alt zu machen anfängt, denke ich, daß wir wohl zusammen taugen und ich dem Herrn nur für die treue Liebe zu danken habe, die mich auch vom Rückfall ins Romantische zu bewahren geeignet ist. Indessen höret mich wohl und glaubet mir: Nicht der Heirat wegen bleibe ich in Indien, sondern weil ich in Indien bleiben will und muß, heirate ich. Das habe ich von Anfang an, wenn irrende Gedanken aufzutauchen begannen, vor dem Herrn festgesetzt und hätte mich auch, wenn die Heirat vereitelt worden wäre, nicht von der Niederlassung in Tirunelveli abbringen lassen.«

Am 23. Juli 1838 wurden Julie Dubois und Hermann Gundert nach englischem Ritus im Hause des Richters Lascelles in Chittoor getraut. Noch einmal zögerten die beiden, angesichts der tiefen Traurigkeit der Zurückbleibenden, mit der Abreise und erwogen statt dessen in Chittoor eine eigene Station aufzumachen. Aber wegen der Eifersüchteleien,

des Neides und der Streitigkeiten, die sofort wieder auf-
flackerten, wußten Gunderts, daß es keine andere Möglichkeit gab, als in Tirunelveli einen neuen Anfang zu suchen.

Eine Woche nach ihrer Trauung bestiegen Julie und Hermann Gundert ihr Reisegefährt, den Büffelwagen: *„Wir
fuhren in Herrn Bretts Büffelwagen, für den er alle Ausgaben auf seine Rechnung nahm – haben dabei ein Reitpferd
und zwei doppelgeräderte Güterwagen. Vier bis acht Reise-
stunden des Tags ist alles, was wir hiermit vermochten!"*
schreibt Hermann Gundert.

Langsam und stetig führte sie die Reise nach Süden, immer wieder predigte Gundert auf den Bazaren. Oft wurde er
verhöhnt und ausgelacht, an anderen Orten wiederum rissen
ihm die Hindus die Traktate aus den Händen. Über Vellore
und Vaniyampadi reisten sie nach Dharmapuri. In Selam
konnten Gunderts einige Tage bei den Missionaren Walton,
die der London Missionary Church angehörten, bleiben und
sich ausruhen. Endlich erreichten sie Tiruchirapalli. Sie wurden herzlich aufgenommen bei dem alten, schon 34 Jahre in
Indien dienenden Missionar Schreyvogel, der aus Konstanz
stammte. Bei seinem jungen Kollegen, der aus Berlin kam,
glaubte Gundert zu erkennen, daß er nur um der Anstellung
wegen in die Mission gegangen war. Hier erreichte Gundert
auch ein Brief von den Missionaren in Tirunelveli.

Dort hatte sich die Lage inzwischen gründlich verändert.
Schaffter hatte sich, um weiteren Schwierigkeiten aus dem
Weg zu gehen, der englisch-kirchlichen Mission angeschlossen, Müller war ihm um des lieben Friedens willen gefolgt.
Gundert war es beim Lesen, als zöge man ihm den Boden
unter den Füßen weg. Zwar bot ihm die Missionsgesellschaft an, das Seminar zu übernehmen, aber Gundert wollte, wenn überhaupt, lieber einer deutschen Missionsgesellschaft angehören. Unverzüglich schrieb er an Mögling in
Mangalore und an die Basler Missionsgesellschaft.

Gunderts reisten trotz der veränderten Lage weiter, es war beiden jedoch klar, daß ihr Aufenthalt in Tirunelveli nun nicht mehr längere Zeit dauern würde.

Die Wochen der Ungewißheit in Tirunelveli waren für Julie schwer zu ertragen. Wieder war etwas, das sicher und gut geplant schien, im letzten Augenblick zerschmolzen wie Butter in der Sonne. Andere Wege mußten beschritten, ein neues Ziel gesucht werden. Julie half in den Schulen, sie lehrte die Mädchen, während Hermann Gundert den Seminaristen Unterricht gab. Endlich traf die Antwort der Basler Missionare aus Mangalore ein, Mögling schrieb dem Freund: *„Nun, lieber Bruder, Du siehst, ich habe schon über ein Jahr an Dir gezogen, und Du hast nicht gewollt. Jetzt stehen noch meine Brüder bei mir und der Herr hat die Tür aufgetan, so komm! Sagst Du ‚ja‘ zu unserem Vorschlag, so reise nur gleich weiter, Mangalore zu, ohne Dich in Tirunelveli aufzuhalten, wo Du doch unter den jetzigen Verhältnissen eine Last bist. Es versteht sich von selbst, daß, wenn Du Dich auf den Weg machst und Geld brauchst, wir Dich damit versorgen."*

„Vielleicht kommt dieser Brief vor Dir nach Tirunelveli, es sollte mich freuen. Der Herr lenke Dir Dein Herz und mache Dich los von allen selbstgemachten Plänen."

Kapitel 8
Entscheidung für Mangalore

Am 1. Oktober, dem Geburtstag seiner Frau, vermerkte Hermann Gundert lapidar in seinem Tagebuch: *„Entschieden für Mangalore."* Noch am gleichen Tag reisten Gunderts ab. Bis zuletzt hatten sie gehofft, eine Station im Tamil-Land eröffnen zu können, aber die Basler wollten ihr Missionsgebiet nicht an die Ostküste ausdehnen. So fand sich Gundert schweren Herzens damit ab, Kanaresisch lernen zu müssen. Er hatte das Wanderleben der letzten Jahre gründlich satt, auch seine Frau sehnte sich danach, einmal längere Zeit an einem Ort bleiben zu können. Wie schön wäre es, eigene vier Wände zu haben, in denen man am Abend nach getaner Arbeit die Tür hinter sich schließen konnte.

Hermann Gundert setzte die Reise zu Pferd fort, während seine Frau in einem billig erworbenen, alten Palankin getragen wurde. Immer weiter südlich ging die Reise. Am Kap Comorin beobachteten sie eine Mondfinsternis. Während eine große Menschenmenge dem Naturereignis zusah, badete der König von Travankor, begleitet von seinem herausgeputzten Gefolge, im Indischen Ozean. Es war ein unwirklich schöner Anblick. Niemals hätte Julie geglaubt, so etwas einmal zu erleben. Es war eine eigenartige Zeit, diese Reisewochen, losgelöst von allem. Chittoor und auch das einst so ersehnte Tirunelveli lagen hinter ihnen, vor ihnen lag Mangalore, aber der Weg bis dahin gehörte ihnen allein,

125

abgesehen von den Zeiten des Missionierens in den Bazaren, den Straßen und Dörfern.

In Nagercoil machten sie Station bei Missionar Mault, dessen große, gutgeführte Schule Julie Gundert beeindruckte; 120 Mädchen lernten hier. Hermann Gundert ließ es sich nicht nehmen, Geographie, Kirchengeschichte, Geometrie und Arithmetik im Seminar zu prüfen. Und schon ging es weiter, immer nach Norden die Westküste hinauf, Mangalore entgegen. Die den Reisenden aus dem Tamil-Land bekannten windzersausten Palmyrapalmen waren nun fast vollständig den schöneren Kokospalmen gewichen. Auch die Landschaft veränderte sich, nichts erinnerte mehr an die Kargheit der Ostküste, grün und strotzend vor Leben wie ein „Garten Gottes" breitete sich die Küste vor ihnen aus. Staunend sahen sie in Quilon zum ersten Male die Back-Waters, eine der schönsten und faszinierendsten indischen Landschaften. Ein verwirrendes System von Flüssen, Lagunen und schmalen Kanälen durchzieht das von Palmen dicht an dicht bestandene Land. In Quilon bestiegen Gunderts eins der bequemen Kajütenboote und gelangten in das nördlich gelegene Alleppey. Beide waren hingerissen von der satten Farbenpracht des fruchtbaren Landes, Gundert versuchte in seinem Tagebuch, sein Geheimnis zu ergründen: „Sandland, augenscheinlich vom Seegrund angeschwemmt, daher von der Hauptstadt bis Chetwa sogenannte ‚backwaters' – Salzwasser mit süßem Bergwasser gemischt, enthaltend. Der äußere Küstenstrich ist eine mehr oder weniger erhöhte Sandbank mit Kokosnüssen."

Langsam fuhr das Kanalboot nordwärts, Cochin, der – wie den Reisenden immer wieder versichert wurde – schönsten Stadt an der gesamten Malabarküste, entgegen. Julie, der es sonst nie schnell genug gehen konnte, am gewählten Ziel anzukommen, konnte sich nicht satt sehen an all den Naturschönheiten, die rechts und links des Bootes zu sehen waren. Für sie war es der schönste Teil der Reise. Viel zu schnell für sie war Cochin erreicht. Das Boot machte in der Nähe des Forts fest, und die Reisenden suchten das nicht weit entfernt liegende Haus des holländischen Missionars Ridsdale auf. Sprachlos starrte Julie das stattliche Haus im holländischen Viertel an, das einem Missionar gehören sollte. Das konnte nicht sein, mit seinen gotischen Fenstern sah es beinahe aus wie eine Kirche daheim in der Schweiz. Julie schwirrte der Kopf. Eben noch hatte sie im Palankin in der Wildnis geschlafen, am Wegrand Mittagessen gekocht, sie fühlte sich mit einem Schlag wie in eine andere Welt versetzt. Welch ein Unterschied zum bescheidenen Missionarshaus in Chittoor und auch zu der gelebten Armut in Tirunelveli. Wie in einem wohlhabenden Bürgerhaus ging es hier zu, es herrschte lautlose Gediegenheit. In den ersten Tagen reagierte Julie ein wenig verschreckt, wagte kaum ein Wort zu sagen. Erst die offene Herzlichkeit der ganzen Familie brach den Bann. Für Hermann Gundert war Ridsdale einer der interessantesten Männer, die er kannte, *„voll Gaben, an den Nerven leidend, fertig zu Sprachen und besonders zur Musik. Er paßt ganz für diesen Platz und seine gemischte Bevölkerung, predigte früher am Sonntag Malayalam, Englisch und Portugiesisch. Hat jetzt das letzte so ziemlich durch englischen Schulunterricht entbehrlich gemacht. Hier sahen wir auch eine liebe bekehrte Jüdin, eine bekehrte Mohammedanerin und Frau Ridsdale, eine Tochter des Marschalls Graf Pembroke, von England, sie lehrt in einer Mädchenschule von allen Kasten und Volksarten das Nötige in angenehmer Form. Ich fühlte mich dort ganz wie zu Haus, spielte des Tags zwei Stunden auf der Orgel alles Händelsche und was mir von Chorälen einfiel. Er hat eine Haus- und eine Kirchenorgel selbst durch bekehrte Heiden erbauen lassen, ohne andere Meister. Alle Kinder talentvoll, und der kleinste, zweieinhalbjährig, spielte Händels ‚Halleluja‘.“*

Im Hause Ridsdale lernten Gunderts den jungen schwedischen Baron d'Albedhyll kennen. Sein Großvater hatte einst aus Schweden eines Totschlags wegen flüchten müssen und war daraufhin in holländische Dienste getreten; dessen Sohn betrieb nun eine blühende Landwirtschaft in der Gegend von Cochin, und der Enkel war eben bei Ridsdale zu Gast. Mit Vergnügen zeigte er Gunderts die alte schöne Stadt. Imposant thronte die Festung über dem Hafeneingang, sie stammte noch aus portugiesischer Zeit, aber Holländer und jetzt die Engländer hatten sie immer wieder erneuert und ausgebaut. Staunend zeigte Julie auf einige mächtige Holzkonstruktionen, die seltsam mit Steinen und Netzen beschwert am Ufer standen. Baron d'Albedhyll folgte Julies ausgestrecktem Finger. Er lachte: „Das ist eine ganz besondere Attraktion – das sind Fischernetze. Sehen Sie – jetzt werden die viereckigen Netze ins Wasser gesenkt, die Steine bilden dann das Gegengewicht. Nach einigen Minuten werden die Netze wieder hochgezogen." Gundert schüttelte den Kopf: „Merkwürdige Art zu fischen, wann ist das entstanden?" – „Kublai Khan schickte zu Beginn des 13. Jahrhunderts Kaufleute an den bekannten Handelsort Cochin, ihnen folgten dann chinesische Fischer, die ihre Netze mitbrachten, sie verpflanzten so die chinesische Form des Fischens nach Indien!" Langsam schlenderten sie hinüber zur St.-Francis-Kirche. Erbaut von portugiesischen Franziskanern galt St. Francis als älteste Kirche im europäischen Stil in Indien. Ein schöner, sehr schlichter Bau, in dem 1524 Vasco da Gama begraben wurde. Allerdings wurden seine Gebeine schon fünfzehn Jahre später nach Portugal überführt, aber sein Grabstein wurde immer noch von Fremden bewundert. Vasco da Gama war im Mai 1498 nach zehnmonatiger Reise von Portugal kommend in einem kleinen Dorf bei Calicut gelandet und hatte damit den Seeweg nach Indien entdeckt. Julie schüttelte sich: „Zehn Monate –

mir sind die drei Monate der Überfahrt schon mehr als lang geworden."

Baron d'Albedhyll führte sie hinüber zum Maltancherry-Palast, einem Geschenk der Portugiesen für einen der Rajas von Cochin. Erbaut im Jahre 1555, hatten ihn später die Holländer liebevoll wieder hergerichtet und herausgeputzt. Magisch angezogen aber war besonders Hermann Gundert von der hinter dem alten Palast gelegenen Judenstadt mit ihrer aus dem Jahr 1567 stammenden Synagoge. Bereits um das Jahr 1000 sollen die „weißen Juden" vom König ein Dorf bei Cranganore geschenkt bekommen haben, dort lebten sie und erfreuten sich der Gunst der Rajas, bis die Portugiesen kamen und sie vertrieben. Sie ließen sich dann in Cochin nieder; es sollte auch noch eine viel ältere Ansiedlung der „schwarzen Juden" gegeben haben, aber die Kenntnis darüber beschränkte sich auf einige Tafeln in der Synagoge.

Mit großen Augen sah Julie sich um. Zuviel war in den letzten Tagen auf sie eingestürmt. Wie viele Tempel und Heiligtümer hatte sie gesehen, Götzen von beeindruckender Schönheit, die ihr einmal mehr die unbändige Kraft des Teufels, Menschen in seinen Bann zu ziehen, bewiesen hatten. Sie, die nach Indien gekommen war, das Evangelium zu verkünden, hätte sich kaum träumen lassen, einmal im heidnischen Hindostan in einer Kirche zu stehen, die schon dreihundert Jahre alt war. So lange, oder wenn man den Legenden glauben durfte noch länger, gab es Christen in Indien, und sie hatten wenig genug ausgerichtet gegen die heidnischen Götter. Und jetzt stand sie auch noch vor einer Synagoge der Juden. Gedankenverloren ging sie hinter ihrem Mann und dem jungen schwedischen Baron her, den Hafenanlagen zu.

Dort mieteten sie mit d'Albedhylls Hilfe einen Pattimar, eines jener Eingeborenenschiffe, die den Verkehr die Küste entlang aufrecht erhielten. Der ausgehandelte Preis erschien Gundert enorm niedrig, er freute sich, seine ziemlich leere Reisekasse nicht noch mehr belasten zu müssen. Als sie am nächsten Morgen das leichte Boot bestiegen und die Mannschaft sahen, schwante Hermann Gundert schon, daß der Preis in unmittelbarem Zusammenhang mit der Unerfahrenheit der Seeleute stand. Aber die See war glatt, und der Pattimar zog ruhig seine Bahn. Plötzlich schlug das Wetter um. Gundert notiert, noch ganz unter dem Eindruck der gerade überstandenen Gefahr: *„Ich sah die Wolke heranrücken und schrie, sie sollten das Segel einziehen. Einer kam und strengte sich vergeblich an, da strömte der Regen, alle verbargen sich. Das große Segel, unser einziges, zerfetzte im Nu. Wir flogen dem Westen zu, das Steuerruder war verlassen. ‚Wir verderben, wir verderben', schrien sie alle zusammen. Meine Frau, bereits im Palankin schlafen gegangen, wachte durch mein Anklopfen auf, hörte auch zugleich den Sturm. Ich sagte ihr nicht die ganze Gefahr, doch wurde sie sehr angegriffen. Die Schiffsleute sprangen alle zu uns, ich solle zu meinem Gott beten. Das tat ich dann laut in Tamil und predigte auch ein paar Worte über Furcht und Glauben und Auferstehung. Ich wollte das Steuerruder ergreifen, aber meine liebe Frau hatte beinahe das ruhige Bewußtsein verloren, so mußte ich bei ihr bleiben und tröstete mich unter dem Bespritzen der Wellen von rechts und links, daß wir jetzt ganz in Gottes Hand seien, da – menschlich gesprochen – das Fahrzeug aufgegeben war. Die erste Welle hätte es gefüllt. Meine Frau konnte ich nun mit Trost aus der Offenbarung Johannes ‚Wenn auch das Meer seine Toten ausgeben wird' stärken – und wie wir ruhig waren, stand auch Wind und Meer still. Mit einem alten Segel, hundertfach durchlöchert, fuhren wir am nächsten Morgen weiter nach Norden. Entschlossen, diese Taufe als gutes Omen für den neuen Missionsschritt anzusehen."*

Gar zu gerne wären die Seeleute nach dem überstandenen Schrecken in Calicut, der nächsten Stadt, an Land gegangen, aber Gundert duldete es nicht. Zu groß erschien ihm die Gefahr, daß die „faule Bande" sang- und klanglos in der Stadt verschwand, ohne jemals wieder am Pattimar aufzutauchen. Einige Tage später ankerte das Schiff vor Thallassery, um Trinkwasser aufzunehmen. Von dort ging es dann rasch weiter auf die letzte Etappe der Seereise: Mangalore. Hier langten die Reisenden am Abend des 1. November an und verbrachten die Nacht auf dem Pattimar; früh am anderen Morgen ließ Gundert seine Frau und sich an Land rudern. Voller Spannung erreichten sie das dicht am Landungssteg gelegene Missionshaus. Der Empfang war überaus herzlich. Besonders Herrmann Mögling, der Jugendfreund, eben von schwerer Krankheit genesen, murmelte immer wieder: „Nun wird alles recht!" Gundert konnte nur nicken.

Zu seiner grenzenlosen Verblüffung konnte er kaum Deutsch sprechen, er mußte regelrecht nach den Worten suchen, zu selten hatte er sich in den letzten beiden Jahren seiner Muttersprache bedient. Die Freude, nun endlich beieinander zu sein, war auf beiden Seiten groß. Gunderts waren froh, endlich nach viermonatiger Reise die Küsten Südindiens fast „umrundet" zu haben – immer auf der Suche nach einem Ort, wo sie bleiben und arbeiten konnten. Julie sehnte sich nach einem eigenen Zuhause, und Hermann Gundert glaubte sich nun am Ziel seiner Wünsche angelangt.

Am glücklichsten erschien Herrmann Mögling, der in Gundert einen Partner gefunden hatte, mit dem er alle Probleme und Schwierigkeiten besprechen konnte, ohne daß Mißverständnisse und Eifersüchteleien die Eintracht unter den Brüdern trüben konnten. Auch über Julie war Mögling von Herzen froh, dabei war es der Junggeselle Mögling gewesen, der Gundert wieder und wieder vor dieser Heirat gewarnt hatte. Aber nun staunte er, was eine Frau wie Julie – „einfach, demütig und dabei klug" – in einer Missionsstation alles zu tun fand und wieviel einfacher es dadurch für die Missionare wurde.

Am schwierigsten war das Hineinfinden in die neue Missionsstation für Julie Gundert. Sie verstand kein Wort Deutsch, und die fröhliche Junggesellenwirtschaft im Missionshaus war ihr schlichtweg zuwider. Da wurde geraucht, gelacht und nichts wieder dahin zurückgeräumt, wo man es vorgefunden hatte. Mit fester Hand räumte und ordnete Julie, flickte die Kleider und besorgte das Hauswesen. Julie kümmerte sich liebevoll um die sich bis dahin selbst überlassenen Frauen der Katechisten und ihre Kinder, und sie begann sofort mit dem Aufbau einer Mädchenschule, daneben lernte sie mit Kanaresisch nun schon die dritte indische Sprache. Sie war die erste und einzige Missionsfrau in Mangalore und setzte sich gegen die anfänglichen schwachen Proteste der Missionare schnell und umfassend mit ihren Neuerungen durch. Hermann Gundert unterrichtete an der englischen Schule und lernte genau wie seine Frau die Landessprache, mit den Internatszöglingen konnte er sich aber auch so verständigen, da die meisten Söhne von Tamilen waren. Beider Tag war so restlos ausgefüllt, daß kaum Zeit füreinander blieb.

Seit sie ein Kind erwartete, arbeitete Julie noch einmal so viel wie sonst, wie anders könnte sie beweisen, daß es in ihrem Leben nichts gab, was wichtiger wäre als der Missionarsberuf. Nach sechs Wochen besuchten schon fünf Mädchen das neue Mädcheninstitut, wenig später hatte Julie bereits acht Mädchen um sich geschart. Noch immer fiel es Julie schwer, sich in der deutschen Gemütlichkeit der Missionsstation, die auch ihr Mann außerhalb seiner Arbeit so sehr liebte, zurechtzufinden. Sie würde am liebsten niemals stillsitzen, immer in Bewegung sein, eine Arbeit, die längst hätte gemacht werden müssen, in Angriff nehmen. Aber wenn Hermann Gundert an sich selbst auffiel, daß er nicht mehr so gerne wie früher zu Missionsreisen aufbrach wie in den Jahren vor seiner Heirat, so konnte auch Julie vor Sorge um ihn kaum schlafen, wenn er nicht zur angegebenen Zeit zu Hause war. Hermann Gundert schreibt an die Eltern, die immer noch ein wenig beunruhigt waren über diese Ehe, die sie nicht vorhersehen konnten, und die ihren Hermann länger als gedacht in Indien festhielt: *„An meiner lieben Frau hat mir der Herr gegeben, was ich brauche, eine kindliche Seele, eifrig im Dienst des Herrn, die lieber tut als spricht, und mir zur Treue im Kleinen eine praktische Anleitung ist. Zum Verliebtwerden hatten wir keine Zeit übrig. Jetzt legt jeder Tag zur Innigkeit unserer Liebe zu, obgleich wir, die Reise ausgenommen, den Tag wenig zueinanderkommen."*

Julie hatte sich in Mangalore eingelebt, aber zu Hause war sie nicht. Vom Gespräch der deutschen Brüder untereinander war sie weitgehend ausgeschlossen, ihr Deutsch bestand aus wenigen Worten und Redewendungen. War ihr Mann auf Missionsreise, dann verständigte sie sich mit den anderen auf Englisch oder Tamil, das wieder die Missionare nicht recht beherrschten. Am besten konnte sie sich noch mit den Katechisten und ihren Frauen und Kindern unterhalten. Als Hermann Gundert Ende Januar 1839 eine längere Reise auf die Plantage Anjarakandy unternahm, um den noch von Rhenius dorthin gesandten Katechisten Michael zu besuchen und sich über seine Arbeit zu informieren, spürte Julie zum ersten Mal, wie sehr ihr Mann ihr fehlte, wie sehr die wenige gemeinsame Zeit, die die Tagesarbeit beiden ließ, ihr Kraft und Stärke gab. Zwar kümmerten sich die Brüder rührend um sie, versuchten ihr die Zeit des Alleinseins so angenehm wie möglich zu machen. Aber sie blieb lieber allein in ihrem Zimmer, allein mit ihrer Arbeit und den Gedanken an ihren Mann und das Kind, das sie erwartete. Sie war so sehr an die tägliche Zwiesprache gewöhnt, daß sie sich noch am Abend von Hermann Gunderts Abreise hinsetzte und einen langen Brief auf Französisch an ihn begann, einen Brief, den sie täglich mit den wichtigsten Ereignissen des Tages fortsetzte und in dem sie ihre Gefühle nicht verbarg: *„Heute morgen, nach Deiner Abreise, am Donnerstag, dem 24. Januar, legte ich mich wieder hin und wartete auf den Tagesanbruch. Ich war ziemlich glücklich, da ich sicher war, daß unser guter Gott bei Dir ist. Abends bat mich Herr Mögling, mit ihm spazierenzugehen. Da ich Zahnschmerzen hatte, konnte ich glücklicherweise absagen und zog mich in mein Zimmer zurück, ich hatte zarte, verbotene Gedanken. Ich hatte wirklich Zahnschmerzen, aber das größte Leiden war in meinem armen Herzen. Ich kann Dir diesen Schmerz nicht beschreiben, es scheint mir, als ob ein Teil von mir weggegangen wäre. Ich hoffe, daß Gott mir bald helfen wird, diese schmerzende Leere zu füllen. Diese Leere zwingt mich, nach unserem himmlischen Vater zu rufen, wie ein kleines Kind beim Laufen nach seiner Mutter ruft und sie um Hilfe vor einer Gefahr bittet. Ich höre, wie Du mir sagst: Ich freue mich, wenn Du nach Gott rufst, aber ich muß es wiederholen.*

Freitag, den 25. Januar. Ich hoffe, daß Du nicht mehr auf dem Schiff bist, jedoch wird es dauern, bis ich einen Brief von Dir bekomme. Viele Gedanken über meinen Geliebten fallen mir ein. ‚Mein Geliebter', kaum wage ich dieses schöne Wort zu schreiben. Es scheint, als ob Du mir zuflüstern würdest: Oh, Du Kleingläubige! Ich hatte eine relativ gute Nacht. Heute morgen war ein Teil meines Gesichts ziemlich geschwollen, so daß ich wenig Schmerzen hatte.

Abends. Ich bin froh, Dir zu erzählen, daß ich wieder Ruhe in meinem Geist gefunden habe und freu' mich, Dir,

*mein Geistlicher und Doktor, zu sagen, daß ich ein paar
Worte in Kanaresisch bei den Jungen beim Säen gelernt
habe. Frau Palmer besuchte mich und lud mich ein, aber ich
antwortete, daß ich lieber wie eine Witwe bis zur Rückkehr
meines Herrn zu Hause bliebe.*

*Alle Leute sind sehr nett zu mir, besonders Herr Mögling.
Meiner Meinung nach sind Herr Essig und Herr Dehlinger
die nettesten von den neuen Brüdern. Vielleicht werde ich
am Samstag einen Brief erhalten: Oh, Lieber! Obwohl ich
nicht wert bin, schnell einen Brief zu bekommen, flehe ich
Dich an, laß mich nicht zu lange warten!"*

Bereits am Samstagmorgen hielt Julie einen Brief ihres
Mannes, der doch erst am Donnerstag abgereist war, in
Händen, Ihr Glück war vollkommen: *„. . . ein Brief von
meinem Geliebten hat viel Freude in mein Herz gebracht
und mich gleichzeitig betrübt. Ich muß zugeben, es ist mir
peinlich, daß meine Erscheinungen Dich verwirren. Auf keinen Fall möchte ich eine Last für Dich sein . . . Ich versichere Dir, daß ich mich Gottes Gnade unwürdig fühle und daß
ich das Leid, die Unruhe, die Angst, falls vorhanden, auf
mich nehmen will. Du sollst glücklich, fröhlich sein und mich
vergessen, falls ich eine Last für Dich wäre. Du weißt, wie
ich die Zärtlichkeiten schätze, aber sei sicher, durch den
Geist erfahre ich, wie unwürdig ich bin und wie dankbar
ich bin für das kleinste Liebeszeichen . . ."*

*„Heute ist der vierte Tag Deiner Abwesenheit. Sieben
Tage von dreißig, von einem Monat, sind nicht viel, obwohl
mir alles sehr lange erscheint. Wenn sieben Tage vorbei sind,
hoffe ich, daß ein Viertel der Zeit vergangen ist. Oh, könnte
ich auch lernen, wie man die Zeit für die Rückkehr des
Gatten meiner Seele zählt und auch durch Stöhnen sein
Wiederkommen beschleunigt. Vor Deiner Abfahrt habe ich
schon geahnt, daß ich sehr traurig sein werde, aber es ist
noch schlimmer.*

*Habe Mitleid mit Deiner armen Frau, schreib ihr, und
seien es nur wenige Zeilen. Ich verlange nicht, daß Du Deine Pflichten vernachlässigst, um mir einen langen Brief zu
schreiben. Aber gib mir nur ein kleines Zeichen der Freundschaft, bete für mich."*

Unterdessen hatte Hermann Gundert seine Reise im Pattimar beendet und war in Cannanore im Hause des Postmeisters West abgestiegen. Hier sah er auch den Katechisten Michael zum ersten Mal, der bereits einige Jahre auf der Zimtplantage Anjarakandy den Sklaven predigte und dem die weißen Herren große Schwierigkeiten machten. Anjarakandy war bereits vor einem halben Jahrhundert von einem Engländer namens Brown im Auftrag der Regierung gegründet worden. Brown hatte Sklaven an der ganzen Malabarküste zusammengekauft und nach Anjarakandy verpflanzt. Arm und ihrer Herrschaft ausgeliefert, galten sie als die niedrigste Kaste überhaupt. Jeder Hindu, dem sie sich auf mehr als vierzig Schritt nähern, muß ein Bad nehmen, bevor er sich zur nächsten Mahlzeit niederlassen darf. Nach dem Tode des alten Brown hatte sein Sohn die Plantage geerbt. Er hatte von den Bemühungen gehört, die Carl Rhenius in Tirunelveli unternommen hatte, den niedrigsten Kasten Bildung und Selbstbewußtsein durch das Evangelium nahezubringen, und wollte dies auch auf seiner Plantage verwirklichen. Leider hatte er auch einige indische Halbbrüder, die auf der Farm lebten und dies als einen Einbruch in ihre bisher unbeschränkte Herrschaft ansahen. Rhenius suchte unter seinen Katechisten einen, der bereit war, mit seiner Familie an die Malabarküste zu ziehen. Es meldete sich nur Michael, ein ruhiger, sehr ausgeglichener Mann.

Hermann Gundert sah sich in der Umgebung Cannanores um, besuchte Familien und ritt südwärts ins zwanzig Kilometer entfernte Thalassery, eine alte Moslemsiedlung an der Malabarküste. Moplas wurden die strenggläubigen, sehr auf Tradition setzenden Nachkommen arabischer Händler in Malabar genannt, ihre Häuser prägten das Stadtbild, der Bazar wirkte orientalischer als in irgendeiner anderen Stadt, die Gundert gesehen hatte. Freundliche Aufnahme fand er im Hause des Richters Anderson, hier mußte er einige Tage auf George Brown, den Besitzer Anjarakandys, warten. Gundert nutzte die Zeit, um Besuche bei christlichen Familien zu machen. Er wurde überall herzlich aufgenommen, die meisten hofften, er würde sich ganz in Thalassery niederlassen, denn sie warteten schon lange auf eine Missionsstation. Gundert war überwältigt von dem positiven Echo, der Wunsch der Menschen, mehr von der guten Botschaft zu hören, berührte ihn tief. Endlich am Wochenende konnte er sich auf der Plantage von den Mißständen, die Michael bei ihrer ersten Unterredung schon angedeutet hatte, überzeugen: *„Die Schulstunden wurden von drei auf zwei, von zwei auf eineinhalb, von eineinhalb zuletzt auf die Mittagsstunde von zwölf bis ein Uhr beschränkt, die Arbeit in der übrigen Zeit noch drückender geschärft."*

Besonders die Kinder waren begeistert von Gundert. Wo immer er auftauchte, war er von einem ganzen Rudel umgeben. Sie antworteten bereitwillig auf seine Fragen und ließen sich examinieren. Ihr Wissensstand war gemessen an dem, wieviel Zeit für die Schule zur Verfügung stand, sehr hoch. Eigentlich hätte Gundert am Sonntag eine englische Predigt vor den Besitzern der Plantage halten sollen, aber als er pünktlich um elf eintraf, waren die Herren immer noch mit Vertragsabschlüssen, Bilanzen und dem Abwikkeln alter und neuer Geschäfte beschäftigt. Schweigend stand Gundert eine Weile dabei, dann ging er hinunter ins Sklavendorf, wo er Michael im Gespräch mit einigen Sklaven, die von anderen Plantagen gekommen waren, fand. Die meisten von ihnen hatten einen Fußweg von vier Meilen hinter sich und einen ebenso langen Rückweg vor sich. Dazwischen lag, wie an jedem Sonntag, für sie ein Stückchen Hoffnung in Form des Evangeliums. Es schien Gundert vernünftig und eigentlich unerläßlich, eine Missionsstation auf einem so günstig vorbereiteten Boden einzurichten.

Schon seit ihrer Durchreise hatten Julie und Hermann Gundert eine eigenartige Liebe zu dem Land an der Malabarküste verspürt. Hermann Gundert entwickelte bald eine Vorliebe für das Malayalam. Durch die Ankunft der neuen Brüder war es auch wünschenswert, neue Stationen zu eröffnen, denn es war nicht gut, daß zu viele Missionare am selben Ort zusammen waren. Das schaffte Schwierigkeiten und Streit, Gundert und auch Mögling hatten das in vielen Situationen am eigenen Leib zu spüren bekommen. Sofort nach der Rückkehr Gunderts schrieb Herrmann Mögling nach Basel und bat um die Zustimmung des Komitees, im Malayalam-Sprachgebiet eine Missionsstation eröffnen zu dürfen. Aber noch bevor eine Antwort aus Europa eintreffen konnte, überstürzten sich die Ereignisse in Mangalore. Richter T. L. Strange schenkte sein schönes Haus in Thalassery der Basler Mission, mit der Maßgabe, dort eine Missionsstation zu errichten. Die Zeit drängte, Strange wollte schon einige Tage nach seinem mehr als großzügigen Angebot nach England zurückkehren.

Mögling und Gundert handelten sofort und beschlossen, das Angebot anzunehmen. Die neue Station sollte von Gundert und Dehlinger betreut werden, aber zuerst sollte Hermann Gundert das Anwesen in Augenschein nehmen.

Ende März traf Gundert in Thalassery ein, um das Haus für die Basler in Besitz zu nehmen. Fast eine Stunde brauchte er von der Anlegestelle des Pattimars bis zum Haus auf dem Hügel Illikunnu. Er war überwältigt von der traumhaft schönen Lage des Hauses und der Aussicht über die wo-

Typisches Missionshaus der Basler Mission in Malabar

genden Palmwipfel hinweg auf das Arabische Meer: „*Das ganze Haus ist voll von Möbeln und wertvollen Büchern, für die neue Missionsstation zurückgelassen! Ich war ganz verwirrt und mußte eine ernste Miene machen, um nicht meine Verwunderung über alle diese Dinge zu verraten. Ich kam mir selbst wie einer, der soeben zum Ritter geschlagen wurde, vor und konnte das alles noch nicht fassen.*"

Nicht fassen konnte er auch, daß das leere Haus schon eine Menge fremder Besucher angezogen hatte, bei seinem Eintreffen mußten sie ihm erst in aller Eile ein Zimmer freimachen. Nüchtern und überlegt plante Gundert die neue Missionsstation. Ställe und Scheuern boten Platz für die Schulen oder könnten in Wohnräume umgebaut werden. Die reiche Ausstattung und die Freude, die anscheinend auch andere daran hatten, ließ Gundert überlegen, ob er nicht besser gleich auf Illikunnu bleiben und dort die

Ankunft seiner Frau und Johann Jakob Dehlingers abwarten sollte. Schließlich rang er sich zu dem Gedanken durch, *„daß sicherlich nichts von dem, was Gott für uns bestimmt hat, verlorengehen kann. Deshalb will ich auch nicht begierig auf Sattel und Zaumzeug sein, nachdem uns das schöne junge Rennpferd gegeben wurde."*

Rechtzeitig zur von Mögling einberufenen Generalkonferenz der Basler Missionare traf Gundert wieder im Missionshaus ein. Bereits am ersten Tag beschlossen die dreizehn anwesenden Brüder unter dem Vorsitz von Samuel Hebich die Gründung einer Missionsstation in Thalassery. Einmütig bestätigten sie die Notwendigkeit dieses Schrittes, *„da schon seit der Ankunft der ersten deutschen Brüder auf der Westküste von Indien Anfragen über die Arbeit unter dem Malayalam-Volk an sie gekommen sind"*. Auch die Generalkonferenz war mit der Aussendung Gunderts und Dehlingers einverstanden. Sobald als möglich sollten sie nach Thalassery abreisen. Bereits zehn Tage nach diesem Beschluß waren alle Koffer, Kisten und Bücherballen, die für die neue Missionsstation bestimmt sind, gepackt und auf den abreisebereiten Pattimar verladen.

Kapitel 9
Das Haus auf dem Hügel Illukunnu

Gundert wollte das Haus nicht unnötig lange leer stehen lassen, aber noch aus anderen Gründen drängte er zur Eile. Die Einrichtung des Hauses würde zum größten Teil seiner Frau überlassen bleiben – Julie aber erwartete die Geburt ihres ersten Kindes für den Beginn des Monats Mai. Sie wollte für das Kind ein Zuhause haben, ein eigenes Heim, aus dem sie so schnell nicht wieder abreisen mußte. Ihr Mann hatte ihr das neue Haus so prächtig und schön beschrieben, daß sie kaum glauben konnte, künftig darin zu wohnen. Ein weiterer Grund, warum Hermann Gundert seine Mitreisenden zur Eile drängte, waren die heftigen Regengüsse, die das Einsetzen des Monsuns ankündigten. Vorher wollte Gundert in Thalassery sein und das Haus eingerichtet haben, und sie hatten Glück: *„Am 12. Freitag abends, langten wir vor Thalassery im Ankerplatz an. Dehlinger ging mit meiner Frau an Land und in Palankinen dem Haus zu. Ich ordnete das Auspacken der Effekten in fünf kleinen Booten und fuhr im fünften um das Eck herum bis an den Fuß des Missionshügels. Noch vor Einbruch der Nacht hatten wir alles unter Dach gebracht, dann fing es an zu regnen. Wir hatten schon gewaltige Regen, doch soll das alles nichts sein, verglichen mit dem Monsun auf dieser Küste, dessen Anbruch jetzt täglich erwartet wird.“*

Julie arbeitete wie besessen, das Haus wohnlich zu gestalten. Daneben traf sie sofort erste Vorbereitungen für ein

Mädcheninstitut. Es war ihr sehr schwergefallen, die acht Mädchen in Mangalore unter der Obhut der jungen Frau von Missionar Lehner zurückzulassen, denn diese war niemand anders als Emma Groves. Aber die Generalkonferenz der Mission hatte nun einmal so entschieden. Mit Mühe war es Hermann Gundert gelungen, das älteste der Mädchen, das sehr an Julie hing, für den Umzug mit nach Thalassery nehmen zu dürfen. Immer wieder hieß es Abschied nehmen, etwas hergeben, loslassen. Julie war keine sanfte Dulderin, es fiel ihr, wie schon als Kind, auch jetzt noch schwer, sich in den Willen Gottes zu fügen. Obendrein hatte sie ein Brief von Hermanns Vater sehr beunruhigt und in Gewissensnöte gestürzt. Konnte es sein, daß ihre Heirat Unrecht gewesen war, daß er erst in Württemberg hätte anfragen müssen, ob er sie heiraten dürfe? Hatte er nun sein Heimatrecht verwirkt, wie sein Vater befürchtete? Woher sollten sie das Geld nehmen, wenn es dann zu einer Rückzahlung der Seminar- und Stiftskosten käme? Hier hatte ihr Mann sie beruhigt und auf einen reichen Freund verwiesen, der dann sicher einspringen würde. Außerdem hatte der Schwiegervater als echter Schwabe angefragt, ob die Schwiegertochter vermögend sei. Wahrheitsgemäß beantwortete Hermann diese Frage: „Julie weiß selbst nicht, ob sie Vermögen hat." Hatte sie ihren Mann in Schwierigkeiten gebracht? Der Gedanke verfolgte sie bis in den Schlaf. Besser war es erst geworden, nachdem ein weiterer Brief aus Stuttgart mit sehr herzlichen Glück- und Segenswünschen eingetroffen war. Hermann Gundert hatte kein Wort über den ersten Brief verloren, aber seinen Reaktionen jetzt und seiner stillvergnügten Heiterkeit merkte Julie seine Erleichterung an. Der Vater bat ihn, bei der Landeskirche und beim König um weitere Freistellung vom Kirchendienst und um Genehmigung seiner Heirat einzukommen. Hermann sah das zwar nicht ganz ein, schließlich aber fügte er sich in diesen Bürokratismus. Bald darauf zeigte sich, daß alle Befürchtungen des Vaters unnötig gewesen waren: Sechs weitere Jahre Urlaub bewilligte die Landeskirche, und die Heirat wurde genehmigt, niemand wollte das Studiengeld zurück. So waren wenigstens diese Sorgen unberechtigt gewesen.

Julie atmete auf, immer noch schreckte sie nachts aus Alpträumen auf: War sie überhaupt die richtige Frau für ihren Mann? Der wollte davon nichts hören, er lächelte meistens dazu und sagte, daß jeder Tag eine Bestätigung für die Richtigkeit seiner Wahl sei. Jetzt war er bereits wieder unten in der Stadt. Johann Jakob Dehlinger, dessen schwache Gesundheit schon in Mangalore Anlaß zur Sorge gegeben hatte, war schwer an Ruhr erkrankt. Der herbeigerufene Arzt hatte größte Bedenken, den Kranken in Thalassery zu lassen. Mit Sicherheit würde er die klimatischen Bedingungen der Regenzeit nicht überstehen, ein Aufenthalt auf den Nilgiris, der bevorzugten Erholungsregion der Briten, sei dringend erforderlich. Julie pflegte Dehlinger aufopferungsvoll, jeder Schritt war ihr jetzt beschwerlich, die Luft war heiß und drückend, kaum konnte sie einen Fuß vor den anderen setzen. Wo nur ihr Mann blieb? Da, endlich ritt er in den Hof, müde und abgespannt von der heißen Mittagssonne ließ er sich vom Pferd gleiten. Julie fühlte sich nicht gut. Ob das Kind kam? Sie schüttelte den Kopf, so ein Unsinn, das Kind sollte doch erst Anfang Mai kommen! Sie lachte. Bis dahin war auch die Ausstattung fertig. Hartnäckig blieb Hermann Gundert dabei, daß ihre Mattigkeit das erste Anzeichen für die bevorstehende Geburt sei. Der Nachmittag verlief träge und langsam, nachts um drei Uhr setzten die Wehen ein. Hermann Gundert sprang aus dem Bett und schrieb dem Doktor eine Nachricht, die einer der Jungen hinunter in die Stadt tragen sollte. „Und beeil dich!" rief ihm Gundert noch nach. Der Doktor war längst da, als am anderen Morgen um neun Julies erster Sohn das Licht der Welt erblickte und nicht schreien wollte. „Das Kind ist tot", murmelte der Doktor, noch müde von der durchwachten Nacht. Erschrocken trat Gundert näher an das Kind heran, plötzlich begann es zu schreien. „Höchst musikalisch in meinen Ohren", wie der junge Vater zufrieden in seinem Tagebuch vermerkt.

Wenige Tage später traf Herrmann Mögling in Thalassery ein und taufte den Kleinen auf den Namen Hermann, es war die erste Taufe auf der neuen Missionsstation. Julie gönnte sich keine Ruhe. Kurz nach der Entbindung war sie schon wieder voll im Dienst. Als sie sich einmal bei ihrem Mann darüber beklagte, daß der kleine Hermann so unruhig und immer in Bewegung sei, entgegnete er nur lachend: „Er hat das wohl von seiner Mutter, die kommt ja auch den ganzen Tag nicht zur Ruhe." Trotz ihrer äußerlichen Zufriedenheit war Julie von einer schwer erklärbaren inneren Hektik erfaßt. Der Monsun hatte mit aller Macht eingesetzt. Die Wassermassen, die sich vom Himmel ergossen, überschwemmten alles. Sie stürzten über die neu angelegten Terrassen hinab in die Scheunen und Ställe. Das Dach des Hauses war jeden Tag an einer neuen Stelle undicht, alles rostete und schimmelte. Julie kämpfte einen verzweifelten Kampf gegen die Unordnung. Zum ersten Mal in ihrem Leben merkte sie, daß es Dinge gab, die sich auch mit noch so großen Kraftanstrengungen nicht bewältigen ließen.

Bereits wenige Wochen nach ihrer Ankunft war die englische Freischule, die bisher von Frau Anderson geleitet worden war, in die Obhut der Missionsstation übergeben worden. Julie erteilte den Mädchen Handarbeitsunterricht, eine Aufgabe, die ihr doch sonst viel Spaß gemacht hatte. Aber der unendliche Regen, der mit ungebrochener Gewalt über das Land strömte, schlug ihr aufs Gemüt. So hatte sie die Regenzeit in Madras und Chittoor nie erlebt. Die vielen gebildeten Besucher, die hohen englischen Beamten, die bei ihnen aus und ein gingen, machten ihr Angst. Wie hatte ihr Mann nur sie heiraten können, eine Frau, die es an Bildung und Wissen niemals mit ihm aufnehmen konnte! Tagelang schleppte sie sich mit schweren Depressionen mühsam zur Arbeit. Sie glaubte, ihrem Mann niemals die Hilfe sein zu können, die er so nötig brauchte in diesem Land.

Es waren schlimme Tage, die auch Hermann Gundert angriffen; schließlich ging es Julie wieder etwas besser, das gemeinsame Besprechen ihrer Ängste hatte ihr doch geholfen. War sie denn nicht von Anfang an bereit gewesen, Missionsfrau zu sein und hatte es bleiben wollen – nichts anderes hatte ihr Mann gewollt. Und der Kleine – war er nicht schon als „Missionskind" auf die Welt gekommen? Mittlerweile gedieh das Missionskind ungeachtet der Sorgen seiner Eltern ganz prächtig. Seinem Vater in Stuttgart beschrieb Hermann Gundert das Enkelkind als *„Saufaus, Schlafhaub, Eigensinn mit blauen Augen – wie irgendein Gundert"*.

So schön das Haus auch war, so richtig fühlte sich Hermann Gundert nicht zu Hause. Die prächtige Ausstattung ließ eher auf einen Kolonialherrn, einen der vielen „Gentlemen", als Benutzer schließen denn auf einen Missionar, dessen höchstes Ideal es war, so zu leben wie die Einheimischen. Bevor Herrmann Mögling mit dem kranken Dehlinger abgereist war, hatte er mit Hermann Gundert diese Frage immer wieder diskutiert. Gundert war nun allein auf sich gestellt, dabei hätte es Arbeit für einige Missionare gegeben. Das zum Haus gehörende Gelände hätte man mit Leichtigkeit von christlich gewordenen Eingeborenen landwirtschaftlich nutzen lassen können. Sie hätten dort ihr Auskommen gefunden. Aber Gundert, der schon mit den Schulen und der Missionsarbeit nicht nachkam, wußte nicht, woher er auch dafür noch die Zeit nehmen sollte. Er war entschlossen, das herrschaftliche Haus an einen Kolonialbeamten zu vermieten und dann selber hinunter in den Ort zu ziehen. Dort könnte er ein passendes Haus für viel weniger Geld, als man für das Haus auf dem Hügel erlösen würde, mieten.

Betroffen von einigen Nachrichten aus Mangalore schreibt er: *„Ich hörte von Mögling, daß die alten Brüder gern einen aus ihrer Zahl hierher gestellt hätten, wenn sie nur früher daran gedacht hätten. Mir war der Einfall nicht gekommen, da ich sie für zu gescheit hielt, den Vorteil, den sie in Kenntnis der nördlicheren Landessprachen haben, um solcher Nichtsnutzigkeiten wegen aufzugeben. Jetzt aber wäre es mir nachträglich noch recht lieb, wenn irgend jemand Besitz vom Haus und schönen Gut mit all der Arbeit darauf übernehmen und mich dadurch freistellen würde, in die untere Stadt in ein Häuslein zu ziehen, wo ich ohne weitere Verantwortlichkeit nur mit den Leuten um mich zu tun hätte.“* Gundert lernte eifrig Malayalam, diese Sprache, die ihn von Anfang an in ihren Bann geschlagen hatte. Aber die viele Arbeit ließ ihn kaum mit seinen Studien weiterkommen. Am liebsten hätte er sein Tamil ganz vergessen und nur noch Malayalam gehört und gesprochen. *„Malayalam“*, so schrieb er den Eltern, *„verhält sich zu Tamil wie Holländisch zu Deutsch; Kanaresisch und Tulu etwa wie Dänisch und Schwedisch.“*

Mehr und mehr füllte sich das Missionshaus mit Leben. Bereits am frühen Morgen trafen sich die Anstaltskinder, die im Hause wohnten, auf der großen Veranda. Danach sammelten sich die Tagesschüler. Montag, Mittwoch und Freitag nachmittag kamen die Jungen der Freischule, Dienstag, Donnerstag und Samstag die Mädchen. Die Knaben wurden von einem eingeborenen Lehrer unterrichtet, die Mädchen von Julie in biblischer Geschichte, Lesen, Schreiben, Rechnen und Handarbeit unterwiesen.

Hermann Gundert selbst predigte den Heiden, arbeitete

an seinen Übersetzungen, erteilte den Unterricht in einigen Fächern und war verantwortlich für alles. Mittags um ein Uhr gab es Mittagessen für alle Mitarbeiter, für Schüler, Lehrer, anwesende Besucher und Diener. Julie hatte tagtäglich eine Vielzahl von großen und kleinen Mäulern zu stopfen, dazu unterstanden ihr die Vorratshaltung, das Besorgen der Einkäufe und die Küche. Bei der Mittagstafel saßen die Jungen auf der einen Seite, die Mädchen auf der anderen auf dem Fußboden. In der Mitte des Saales saß die Missionsfamilie am Tisch. Die Schülerinnen und Schüler aßen Reis mit Pfefferbrühe nach Hindusitte ohne Besteck mit den Fingern. Für die Missionsfamilie und ihre Gäste gab es Suppe, sonst aber auch Reis mit Früchten, mit Curry und anderen Gewürzen des Landes. Manchmal, wenn englische Freunde etwas schickten, gab es auch Wildbret, Geflügel und anderes Fleisch. Gegen Abend machte die ganze Schar einen Ausflug hinunter ans Meer, danach gab es Tee, wenig später hielt Gundert die Abendandacht, zu der auch Freunde und Nachbarn kamen. Manchmal waren es an die dreißig Personen. Sie sangen Malayalam-Lieder, die Hermann Gundert auf deutsche Melodien komponiert hatte. Es waren stimmungsvolle Andachten von tiefer Gläubigkeit.

Später leerte sich das Haus, jeder ging seiner eigenen Beschäftigung nach. Gundert schrieb und las, beantwortete Briefe, arbeitete an der Malayalam-Grammatik, die er begonnen hatte. Seine Frau machte Handarbeiten oder spielte mit dem Kind. Jetzt endlich fand auch Hermann Gundert Zeit, sich mit dem kleinen Sohn zu beschäftigen.

Julies Tag begann morgens um sechs, um sieben hielt ihr Mann die Morgenandacht, eine Stunde später versammelte sich die Hausgemeinschaft zum gemeinsamen Kaffee unter dem großen Kaffeebaum vor dem Haus. Um neun Uhr war Unterrichtsbeginn in der Schule. Das Arbeitspensum, das bei diesem engmaschigen Tagesablauf allein auf Julies Schultern lag, war ungeheuer. Sie mußte überall zugleich sein, aufpassen, anordnen, zuweisen, Entzweite versöhnen und Weinende trösten.

Als Gottfried Weigle, ein Freund Hermann Gunderts, eine Weile auf Illikunnu zu Gast war, beeindruckte ihn Julies Arbeitsleistung tief: *„Frau Gunderts Arbeit ist für eine Europäerin in diesem Klima übermächtig. Ihre Anspruchslosigkeit, Sparsamkeit und namentlich ihre Klugheit zum Führen des großen Hauswesens, in dem sie vorn und hinten ist, aber auch ihre ernstliche Liebe zum Heiland und ihre Geradheit, ihr Mut in der Predigt des Evangeliums sind seltene Züge. Nimmt man noch dazu, wie sie die Schwierigkeiten von drei Sprachen, welche sie fertig spricht, überwunden hat, soll man nur den Herrn preisen für eine so unscheinbare und doch so herrliche Darlegung seiner Gnade.“*

Im Oktober zogen Gunderts vom Haus auf dem Hügel hinunter in die Stadt, nachdem es günstig hatte vermietet werden können. Julie war froh. So schön das Haus auch war, es war doch von vornherein auf eine große Dienerschaft und damit für einen reichen Besitzer geschaffen. Besuchern gefiel der Aufenthalt meistens so gut, daß sie viel länger als eigentlich vorgesehen blieben und für sie oft wochenlang mitgekocht und mitgewaschen werden mußte. Für die Schüler war es schwierig, von der Stadt auf den Hügel zu kommen, viele Eltern hatten deshalb gezögert, ihre Kinder in die Schule gehen zu lassen. Freunde und Bekannte wunderten sich zwar über den Umzug, aber insgesamt überwogen die Vorteile für Gunderts. Nur die heiße und drückende Luft war eine unerwartete Verschlechterung, jetzt erst begriffen sie, wie erfrischend der leichte Meerwind auf dem Hügel Illikunnu gewesen war.

Hermann Gundert hatte das Buggysche Haus direkt am Bazar gemietet, es war viel billiger zu unterhalten als das große Haus auf dem Hügel, das Gundert liebevoll „Missionspalast" nannte. Einkäufe, Erledigungen und Visiten ließen sich jetzt viel schneller und einfacher erledigen. Für Julie wurde die Stadt, die auf sieben Hügeln breit angelegt war und von sieben Flüssen durchflossen wurde, jetzt zur eigentlichen Heimat. Der Umzug war einer jener schnellen Entschlüsse, von denen es in ihrem Leben so viele gab. Kaum eine Woche lag zwischen dem endgültigen Entschluß und dem Umzugstermin. Direkt neben ihrem neuen Domizil, vor dessen Eingang ein riesiger Brotfruchtbaum prangte, wurde die Schule untergebracht. Von seiner Frau gedrängt, predigte Gundert an den Abenden auf dem Bazar, gab es aber bald wieder auf. Es störte ihn, wenn er von Pöbeleien und dröhnendem Gelächter unterbrochen wurde. Er spürte, daß dann auch die Wohlmeinenden sich nicht trauten, ihn anzusprechen. Später, als alle ihn kannten, ging er öfter über den Bazar, verteilte Traktate und lud zu Hausbesuchen ein.

Bereits wenige Monate nach ihrem Eintreffen in Thalassery betrieben Julie und Hermann Gundert mehrere Schulen. In dieser schwierigen Anfangszeit waren die Institute ein fester Bestandteil im Gundertschen Familienleben. Für Gundert war Carl Rhenius mit seiner Station Tirunelveli immer ein Vorbild gewesen, unverkennbar war jetzt auch Rhenius' Einfluß auf seine eigene Station. In den Schulen und ihrem Unterrichtsprogramm orientierte sich Gundert stark am württembergischen Schulsystem, paßte es aber geschickt an die indischen Verhältnisse an. Gundert beschreibt den Betrieb rund um das Buggysche Haus mit liebevoller Genauigkeit: „*Wir stehen morgens vor sechs auf, die Kinder jedes einzeln waschen, repetieren ihre Lektionen in diesem und jenem Winkel, und um sieben Uhr ist Morgengebet in Malayalam, an welchem zunächst sechs oder sieben der besser studierten Kinder ihre Lektionen hersagen und der Inhalt des gestern Gelesenen kurz rekapituliert, dann ein neu-*

es, ganzes oder halbes Kapitel gelesen wird; damit lassen sich Erklärungen, Anwendungen auf persönliche Fälle usw. verbinden. Gebet zum Schluß, Frühstück . . . hier gepflanzter Kaffee, etliche Bohnen von einem am Haus stehenden Baum und Brot, nicht teuer, etwa zwanzig Doppelwecken für eine Rupie = 66 Kreuzer, mit Butter (die ich seit 1836 nicht mehr vertragen kann) und Früchten, jetzt gerade Mango, Bananen und Ananas, alles Geschenke von der Gentlemen Gärten. Dann (acht Uhr) habe ich meine jungen Leute, Schulmeister etc. und lese Paulinische Briefe, sie haben Lektionen herzusagen und lernen Zusammenhang und historisch-geographische Anmerkungen bis neuneinhalb Uhr. Um neun Uhr kommen die Mädchen aus der Stadt, Portugiesen, Indobriten, katholische Konkanis von Goa, Parsi und Malayalen, zusammen sechsundzwanzig, und lernen mit meiner Frau vormittags bis zwölf Uhr Bibel, Lesen, Schreiben, mit einem der jungen Männer Rechnen, bei Frau Harris Geographie und Geschichte, nachmittags von zwei bis fünf Uhr meist weibliche Arbeiten. Indessen habe ich von neun Uhr den Munschi (Sprachlehrer), der meinen Lektionen halb beiwohnt, etliche der älteren Knaben Sanskrit-Grammatik lehrt, mit mir eigene oder von den jungen Tirunelveli-Christen gefertigte Übersetzungen oder Briefe durchgeht. Mein Lesen ist unterbrochen vom Nachsehen bei den Knaben, die neben mir unter einem christlichen Schulmeister lernen, von Besuchen, die ich in der großen Malayalam-Schule (fünfzig Schüler) draußen abstatte oder von Eingeborenen erhalte. Um ein Uhr Essen . . .

Von zwei Uhr an eigentliches Lehren bei Knaben und Mädchen, wo es gerade nottut, und Unterricht von Tauf- oder Abendmahlkandidaten. Um sechs Uhr Spaziergang zum Seeufer mit den Kindern, der kleine Prinz (Sohn Hermann) tummelt sich im Sand herum und läuft bis um den Bauch in die anschwellende Flut. Nichts geht ihm über dies

Seebaden. An sehr heißen Tagen bade ich auch manchmal
nach Sonnenuntergang . . . Kleider?? – Alles Baumwolle,
Hosen (außer für Besucher) gefärbtes indisches Zeug, mit
Zeug überzogener Strohhut, Schuhe, leicht und schlicht und
wohlfeil (kaum gegerbt). Der Kleine etwas wie Bettkittel,
streift's aber immer ab, wenn er kann. Die Mädchen hin-
tenschließende Jacken und Schürzen, die Knaben nichts als
ein zwei Ellen langes Stück Zeug um den Gürtel herumzu-
schlingen. Besuche in der Umgebung mache ich meistens am
Morgen, sehr früh, bei fremdtuenden Engländern um Mit-
tag, bei befreundeten abends. Ich habe noch immer das von
Groves gegebene Gäule und habe im vorigen Haus der
weiten Entfernung wegen ein Chais'chen (um 90 Rupien)
gekauft, wozu Frau Anderson das Geschirr schenkte. In der
großen Eiferperiode wollten wir's oft wieder verkaufen, es
tat sich aber keine Tür auf, und ist zu alt für englische
Herren: seither bin ich getroste worden, es zu behalten, da
es meiner Frau und mir den Palankin (Palankinträger ko-
sten für einen Besuch eine Rupie) erspart."

Den durch die vielen Besucher unübersichtlich großen
Haushalt mit dem wenigen zur Verfügung stehenden Geld
zu führen, erforderte Tag für Tag nicht nur einen enormen
Sparwillen, sondern auch Findigkeit im Entdecken von Ein-
sparungsmöglichkeiten und vor allem auch von Spendern
unter der wohlhabenden englischen Beamtenschaft und den
anderen Europäern. Sehr froh war Julie, daß auch die Gemeinde in Rolle noch immer mit Spenden an sie dachte und
so oft es die wenigen Mittel zuließen, einen Wechsel über-
sandte. Und das, obwohl August Rochat keinen Hehl daraus gemacht hatte, daß er nicht sehr begeistert über ihren
Eintritt in eine Missionsgesellschaft war. Es schien ihm wie
so vielen anderen gefährlich, sich an eine Gesellschaft zu
binden. Missionare sollten allein auf sich gestellt arbeiten,
sich wie der Apostel Paulus ihr Geld verdienen und dane-

ben missionieren. Eine Erfahrung, die auch Hermann Gundert machte: Spendenquellen, die für den freien Missionar in Chittoor bereitwillig geflossen waren, blieben dem Mitarbeiter der Basler Mission verschlossen. Dabei verschlang die größer werdende Mission mit den immer vielfältiger werdenden Aufgaben eine Unsumme Geld.

Auf ihrer großen Reise von Chittoor nach Mangalore hatte Julie Gundert viele verschiedene Mädchenschulen und auch Institute zu sehen bekommen, einige davon hatten ihr sehr gut gefallen. Von Anfang an war es ihr klargewesen, daß ein Großteil der Ausgaben von den Mädchen selber durch Handarbeiten erwirtschaftet werden mußten, um die Kosten möglichst gering zu halten. Die meisten Mädchen waren Waisen, buchstäblich von „den Straßen und Zäunen" gesammelt. Einige Eltern hatten ihre Töchter zur Erziehung Julie anvertraut, ihre Beiträge waren höchst willkommen, aber sie nahmen bei jeder sich abzeichnenden Schwierigkeit ihre Kinder wieder aus der Schule, so daß Julie lieber Waisenkinder aufnahm. Eine Ausnahme war und blieb Flora Brennen, die kleine, uneheliche Tochter des Hafenmeisters von Thalassery, die Julie von ihrem Vater zur Erziehung übergeben worden war. Eine schwierige Neunjährige, die ihren englischen Vater nicht ausstehen konnte.

Ziel des Unterrichts war es, den alleinstehenden Mädchen zu einem Stück Unabhängigkeit zu verhelfen. So lernten die Kinder Spitzenklöppeln, Sticken und Stricken. Diese Handarbeiten ließen sich gut verkaufen; Julie nahm die Einnahmen zur Finanzierung der Schule. Wenn die Klöppelarbeiten fein und kostbar ausgeführt waren, zahlten die Frauen der Gentlemen sehr gut dafür. Wer fleißig war, konnte sich seinen Lebensunterhalt mit der neuerworbenen Kunst verdienen. Gunderts versuchten so, dem allgegenwärtigen Kastenwesen entgegenzuwirken. Warum sollte eine Frau ihrem Mann nicht die Jacke nähen, wenn sie dazu imstande war. Die männlichen Schneider, der Kaste der Kleidermacher angehörend, waren teuer und ihre Arbeiten für die einfacheren Leute unerschwinglich. Auch Wäschewaschen wurde in der Schule gelehrt, eine Arbeit, die bisher die Kaste der Waschleute besorgt hatte, während die Frauen traditionell für Aufzucht und Erziehung der Kinder und die Küche zuständig waren. Für Julie Gundert keine Aufgabe, die eine Frau den ganzen Tag beschäftigen konnte.

Neben dem Mädcheninstitut gab es auch eines für Knaben; die ersten Schüler kamen aus Cochin. Die meisten von ihnen waren Nazaranis, Nachkommen der Nestorianer oder Thomaschristen der Westküste. Nach der Eroberung Malabars durch die Portugiesen wurden sie hart verfolgt und in die römisch-katholische Kirche gepreßt. Als die Holländer die Portugiesen besiegten, erklärten sich die Nazaranis für kirchenunabhängig und bildeten die altsyrische Kirche. Die Jungen aus dem Einflußbereich dieser alten christlichen Kirche waren mit ihren Sprachkenntnissen und ihrem Wissen um Land und Leute Malabars sehr wichtig für Hermann Gundert, sie schlossen sich eng an ihn an, und er verbrachte viel Zeit mit ihnen. Er hoffte, die Klügsten und Begabtesten unter ihnen würden einmal das Seminar in Mangalore besuchen können.

Anfangs hatte sich Julie Gundert gegen die frühen Eheschließungen der Schülerinnen gewehrt. Je länger sie in Indien war, desto mehr begriff sie, daß die Mädchen, sobald sie der Schule entwachsen waren, verheiratet werden mußten, wollte man sie nicht den Einflüssen, aus denen man sie herausgeholt hatte, erneut aussetzen. Anders war nicht daran zu denken, die Herrschaft der Kasten zu brechen und eine neue Gesellschaftsschicht zu formen. Als Julies älteste Schülerin, Martha, den Schulmeister Chinappen heiratete, war diese erste Hochzeit in der Missionsstation Thalassery ein fröhliches und vergnügtes Fest, an dem alle teilhatten, egal, welcher Kaste sie angehörten. Julie bemühte sich, die ihr anvertrauten Mädchen zur Selbständigkeit zu erziehen, immer wieder stieß sie dabei an die engen Grenzen, die Herkunft und Können der einzelnen setzten.

Bereits seit seinen ersten Tagen in Tirunelveli störte sich Gundert daran, daß Männer und Frauen in Indien voneinander getrennt aßen. Er war der Meinung, es könne so lange keine dauerhafte Gemeinsamkeit zwischen Mann und Frau geben, solange dieser Brauch nicht besiegt war. Es dauerte einige Jahre, bis er ein Paar fand, das sich bei der Hochzeit bereit erklärte, nach der Hochzeit am gleichen Tisch zur gleichen Zeit zu essen. Für Gundert bedeutete dieser kleine Schritt einen Meilenstein: *„Eine wirkliche Tochter in Christo, Lydia, gaben wir nach Chombala an einen Verwandten Pauls ab; mit ihrem Eintritt soll in den dortigen Familien die Frau mit dem Mann zu essen anfangen dürfen. Dies ist eine Bedingung, die ich Paul machte. Heute ist – glaube ich – die Hochzeit, und ich hoffe, er führt dies durch, der verschämten Abneigung der Weiber zum Trotz. So geht es eben langsam vorwärts, aber doch vorwärts!"*

Wo Hermann Gundert behutsam abwarten konnte, da litt seine Frau körperlich und seelisch unter dem schleppenden Fortgang der Dinge. Oftmals war es ihr unerträglich, wie ihr Mann, schweigend, eine Situation gründlich analysierend, geduldig die Fakten zusammentrug und dann erst seine Entscheidung traf. Für Julie war dies besonders in den ersten Jahren ihrer Ehe oft eine harte Geduldsprobe. Wieviel näher stand ihrem Wesen und ihrem Temperament ein Missionar wie der 1803 in Nellingen geborene Samuel Hebich, der als der Senior unter den Basler Missionaren galt. Zusammen mit Lehner, Layer und Greiner war er 1834 in Calicut an Land gegangen, gemeinsam hatten sie die Missionsstationen in Mangalore und Dharwar gegründet und aufgebaut. Über Samuel Hebich kursierten unzählige Geschichten und Anekdoten in den Häusern der Engländer und auf den Bazaren.

So soll der hünenhafte „Bartmann" bei einem Regimentsessen, an dem er als Militärpfarrer teilnehmen mußte, von einem neben ihm sitzenden jungen Leutnant verspottet worden sein. Immer wieder provozierte Leutnant Parker seinen Tischnachbarn: „Herr Pfarrer, Sie wissen ja selbst, daß Ihre Predigten nicht wahr sind. Es gibt weder einen Gott, noch gibt es eine Seele, bestimmt auch kein Jenseits. Alles ist Stoff, und Stoff ist alles. Ob wir stehen oder fallen – das kann uns ganz egal sein." Hebich hörte schweigend zu, dann legte er sein Besteck hin, erhob sich und ergriff einen Stuhl, hob ihn auf, legte ihn hin und stellte ihn wieder an seinen Platz. Dann trat der bärtige Riese neben den Offizier, hob ihn hoch, legte ihn auf den Boden, hob ihn wieder auf und setzte ihn auf den Stuhl zurück. Der Leutnant sprang auf, zog seinen Degen und forderte Hebich sofort zum Duell. Ein ungeheurer Tumult brach los, nur mit Mühe konnten Parkers Kameraden ihn zurückhalten. Hebich aber blieb ganz ruhig und antwortete: „Leutnant Parker hat diese Auseinandersetzung gewollt, das war meine Antwort. Er behauptet, ein Mensch sei Stoff, sei auch nur eine Sache wie ein Stück Holz oder Stein. Wenn das wahr ist, wieso behauptet er dann, ich hätte mit der Tat seine Ehre angegriffen? Ich habe diesen Stuhl aufgehoben, auf den Fußboden gelegt und wieder auf die Beine gestellt. Der Stuhl hatte nichts dagegen, er protestierte nicht, wurde auch nicht wütend. Wenn dieser junge Mann keinen Geist hat und wirklich nichts als eine Sache ist, warum protestiert er dann und will mich angreifen – nur weil ich ihn behandle wie einen Stuhl? Oder ist er vielleicht doch nicht ganz so davon überzeugt, keinen Geist zu haben? Könnte er sonst so wütend reagieren? Eine Sache kann doch nicht wütend werden und zum Duell herausfordern!" Es war ganz still geworden in der Runde. Sehr nachdenklich ging Leutnant Parker nach Hause und hat später noch oft mit Hebich gesprochen.

Schon bei seiner ersten Begegnung mit Hebich hatte Gundert an den Vater geschrieben: *„Hebich, den ich jetzt das erstemal sah, ist ein Staatscharakter, aber immer auf dem Theater. Wo sein Wille und Kraft begrenzt sind, fängt in seinen Gedanken Satans Reich an. Darum ist er erstaunlich eifrig, schmeißt aber manchen guten Mitfechter über den Haufen. Er liebt nichts Stationäres, fühlt sich auch nur zu den Engländern hingezogen."*

Nach den anfänglichen Schwierigkeiten, die mit der Vergabe der neuen Station und dem schönen Haus in Thalassery zusammenhingen, hatten Hebich und Gundert ein herzliches Verhältnis zueinander entwickelt. Als Hermann Gundert nun die viele Arbeit über den Kopf zu wachsen drohte und er dringend um Hilfe bat, kam Samuel Hebich und ließ sich im zwanzig Kilometer nördlich von Thalassery gelegenen Cannanore nieder. In dieser Garnisonstadt arbeitete er mit großem Erfolg, und Gundert stand immer wieder fassungslos vor dem Eifer und der Kraft dieses so wenig sprachbegabten, aber so sehr auf die Tat bedachten Freundes. Staunend vermerkt er: *„Hebich ging auf die Seelen los wie ein brüllender Löwe auf seine Beute; wir waren dagegen wie stumme Hunde."*

In diese Zeit fielen auch die ersten Taufen in Thalassery, unter den Täuflingen war Manni, eine alte Frau aus der Palmbauerkaste. Julie Gundert hatte mit ihrer Tochter, die Englisch, Portugiesisch und Malayalam sprach, begonnen, die Bibel auf Portugiesisch zu lesen. Bald brachte die Tochter die alte Mutter mit, zuerst hatte sie nur langsam mitgemacht, später, nach einer schweren Krankheit, bezeichnete sie das Lesen der Bibel als ihre zweite Jugend. Nach ihrer Taufe trug sie den Namen Hanna. Für Julie und Hermann Gundert war ihre Bekehrung und Taufe eine der bleibenden

156

Erinnerungen aus der ersten Zeit in Thalassery. Indessen gab es auch Enttäuschungen und Rückschläge. Es kamen viele Hindus und wollten getauft werden. Doch wenn sie dann erst lernen und arbeiten sollten, dann schüttelten sie die schwarzen Köpfe. Lernen wollten sie schon und Lehrer werden, aber arbeiten? Wenn ihnen dann klargemacht wurde, daß es Reis, Unterkunft und Lernen nur gegen Arbeit geben würde, dann verschwanden sie meistens über Nacht wieder.

Mitten in der Regenzeit, am 4. August 1840, brachte Julie ihren zweiten Sohn zur Welt, ein stabiles Kind, das aussah wie Hermann, nur dicker und fetter. Es war eine leichte Geburt, Julie nahm schon wenige Tage danach ihre Arbeit wieder auf, als wenn nichts gewesen wäre. Als Samuel Hebich zwei Wochen später auf Besuch kam, taufte er den kleinen Sohn des Freundes auf den Namen Samuel. Wie erleichtert der junge Vater über die gutverlaufene Niederkunft war – viele Missionarsfrauen starben auf den abgelegenen und schlechtversorgten Stationen bei Geburten –, schreibt er am Tauftag seinen Eltern:

„Alles ging wunderbar gut; ich konnte im Ernst dem lieben Herrn sagen: Er wisse ja, ich könnte jetzt mein Weib nicht abgeben; wenn ich's auch für mich wohl vermöchte, doch nicht des Werkes halber. Am 18. taufte Hebich das Kind, nachdem wir mit Andersons und Harris das Abendmahl gefeiert. Samuel hat recht andächtig dreingesehen und nicht gemuckst, und Hebich, ein strenger Lutheraner, ist der festen Überzeugung, der Kleine sei nun auch ins Lebensbuch eingeschrieben. Es wäre eine Schande, wenn ich weniger Glauben für meinen Sohn hätte als er."

Die wachsende Belastung machte Julie zu schaffen, zwar tat ihr die Bewunderung ihres Mannes gut, der nicht begreifen konnte, wie sie in der größten Mittagshitze arbeitete, immer die Mädchen und die eigenen Kinder um sich haben

konnte, ihr Arbeitswille schien allen Belastungen standzu-
halten. Wie immer in der Regenzeit verstärkten sich ihre
nervösen Depressionen, der kleine Hermann erkrankte an
einer lebensgefährlichen Halsentzündung. Die Nächte, an
seinem Bett verbracht, zehrten ebenso an ihren Nerven wie
der unendliche, niemals aufhörende Regen. Während Hermann Gundert am Fenster stand und in die grüne, vor Leben strotzende Landschaft hinaussah, sagte er: „Es ist, als
ob die See in die Luft aufgestiegen sei und jetzt mal gemäch-
lich, mal aufgeregt, mal ärgerlich einen schier unerschöpfli-
chen Wasservorrat über uns ausschütte." Julie konnte die
ständige Feuchtigkeit kaum ertragen, selbst die Bücher-
deckel in Hermann Gunderts Arbeitszimmer begannen zu
schimmeln. Wege, die am Tag vorher von einigen Arbeitern
gesäubert worden waren, hatten sich heute schon wieder in
grün bewachsene Dschungelpfade verwandelt. Hebich hatte
erzählt, daß die Straße nach Cannanore an einer Stelle zwei
Schuh unter Wasser läge, und das dreißig Fuß weit. Auch
das Dach war wieder undicht. Je mehr Arbeiter sich den
Schaden besahen, desto schlimmer rann das Wasser die
Wände herab. Manchmal hatte Julie das Gefühl, je mehr sie
arbeitete, desto mehr Arbeit bliebe liegen.

Wie gerne hätte sie manchmal mit den Kindern gespielt,
mit dem wieder gesunden Hermann, der so drollige Sachen
sagte, und mit dem kleinen Samuel, um den sich die Schulmädchen rissen, sie nannten ihn „Maha raja" – „großer
König", was dem dicken Kerl ganz ausnehmend gut zu
gefallen schien. Hermann, mit seinem etwas nervösen Temperament, begann ihr nachzuschlagen, während der Kleine
die gutmütige Ruhe des Vaters ausstrahlte. Aber diese
mütterlichen Gefühle erlaubte sie sich nie lange – wie
konnte sie es zulassen, daß ihre eigenen Kinder sie von der
Arbeit abhielten! Sie war in erster Linie Missionarin, und
das wollte sie bleiben. Mit fast übermenschlicher Anstren-

gung riß sie sich los und hielt wie gewohnt ihre Schulstunden ab.

Mit Besorgnis sah sie, daß ihr Mann, anders als in Chittoor und Tirunelveli, nicht mehr so gerne auf der offenen Straße predigte. Dagegen saß er im Studierzimmer, lernte Sanskrit und Malayalam mit seinem Munschi und befaßte sich mit altindischer Geschichte. Seine Malayalam-Grammatik machte Fortschritte, daneben verfaßte er Schulbücher und Traktate für die Schulen. Bücher hatten sie überhaupt zuwenig. Julie hatte ihre bildungsarme Kindheit und Jugend nicht vergessen. Sie sah die Notwendigkeit, die zwischen Lernen und Sein-Leben-meistern-können bestand, so klar wie kaum eine andere Missionsfrau. Wie gerne hätte sie damals in Corcelles mehr gelernt! Trotzdem, es gab soviel anderes zu tun. Die Lage besserte sich, als zwei weitere Missionare nach Thalassery entsandt wurden und Hebich, dem es in Cannanore sehr gut gefiel, ständig dortbleiben wollte. Dieser bärtige Riese mit der gewaltigen Stimme und dem sanften Herzen brachte Knaben und Mädchen aus Cannanore in die Schulen nach Thalassery. Daneben suchte er für die christlichen jungen Männer in seiner Nebenstation von Julie erzogene Mädchen im heiratsfähigen Alter in der Schule aus. Die in allen Haushaltsdingen erfahrenen Mädchen, die überdurchschnittlich gute Kenntnisse in allen Handarbeiten hatten, waren gesuchte Heiratskandidatinnen. Von diesen jungen Frauen wurde Julie zu den Entbindungen gerufen, sie half und beriet, sie tröstete und ersetzte den Arzt bei vielen Gelegenheiten. Auch ihr Mann war ein gesuchter Doktor, der in Basel darauf drang, daß die ausgesendeten Missionare wenigstens Minimalkenntnisse in der Heilbehandlung haben sollten.

Julie erwartete wieder ein Kind, diesmal wünschten sich die Eltern ein Mädchen. In der heißen Zeit im April und Mai wurde sie von einer geradezu krankhaften Unruhe erfaßt, wieder und wieder quälten sie Selbstvorwürfe, nichts von dem, was sie sich vornahm, gelang ihr, und ihrem Mann, der Hilfe so dringend nötig hatte, war sie auch keine Stütze. Ihr Körper rebellierte gegen die andauernde Überbeanspruchung, wochenlang konnte sie nicht aufstehen. Als im Juni die Nachricht vom Tod der Frau des Missionars Greiner eintraf, verschlimmerte sich Julies Zustand erschreckend. Nachbarn und Freunde versuchten zu helfen, auf schlimme, wachend verbrachte Nächte folgten einige ruhige Tage, dann steigerte sich ihre Nervosität wieder zu einem Zusammenbruch.

Als der Gouverneur der kleinen französischen Kolonie Mahé, wenige Kilometer südlich von Thalassery, Julie einlud, einige Tage in seinem Haus zu verbringen, sagte sie zu. Sie nahm den kleinen Hermann mit, endlich hatte sie einmal ein Kind für sich alleine und fand den Sohn ziemlich verzogen. Gouverneur Baret war Herr über die einzige französische Kolonie an der Westküste Indiens, ein hübscher Ort, der Julie sehr gut gefiel. Wohl fühlte sie sich allerdings nicht in dem luxuriösen Haus des Gouverneurs. Seine Frau wiederum, eine vornehme Pariserin, war schockiert über die ernsthafte Christlichkeit Julies. Beide konnten nicht viel miteinander anfangen, und Julie begann, sich nach Hause zu sehnen. Als ihr Mann kam, sie abzuholen, stimmte er Madame Baret noch ihr Klavier, damit die Musikfreundin sich die Zeit wieder angenehm musikalisch vertreiben konnte. Ins Haus zurückgekehrt, konnte Julie jetzt wenigstens wieder, auf dem Sofa liegend, unterrichten.

Aber auch ihr Mann war ernsthaft krank. Fast ein Jahr hatte er keinen Brief seiner Eltern erhalten, was mochte zu Hause los sein? Die ständigen Rempeleien und Pöbeleien der aggressiven Moplas setzten ihm innerlich mehr zu, als er wahrhaben wollte. Die Tuscheleien, er habe vier Nebenfrauen, hörten nicht auf. Die Schulkinder, so hieß es, konnten nur mit Gewalt im Schulhaus zurückgehalten werden. Gerüchte, die ein englischer Beamter so ernst nahm, daß er eine Untersuchung anstrengte. Gundert entschloß sich, einige Tage auf dem Lande zuzubringen, in völliger Ruhe an seiner Bibelübersetzung zu arbeiten, weit weg von seinem überlaufenen Missionshaus, in dem Besucher sich die Klinke in die Hand gaben und wo er keine Minute Ruhe hatte. Aber sein Zufluchtsort hatte sich bald herumgesprochen, und der Strom der Besucher ergoß sich nun in das stille Haus in Kuttaparambu. Zurückgekehrt nach Thalassery, fand er Unterschlupf im Haus des Richters Anderson und seiner Frau. Hier, im Haus direkt am Meer, ging es ihm endlich wieder besser, er begann aufzuleben. Seine Frau sandte ihm einen Zettel, auf dem stand „Komm". So schnell er konnte eilte er nach Hause, um zwölf Uhr mittags war es soweit: Gunderts dritter Sohn erblickte das Licht der Welt, vierzehn Tage später wurde er von dem Missionar Georg Friedrich Sutter auf den Namen Ludwig Friedrich getauft.

Kapitel 10
Familienzuwachs und Glück und Leid in Thalassery

Bei der Geburt hatte außer dem Vater niemand geholfen, wie Hermann Gundert stolz seinem Tagebuch anvertraute. Wie sehr seine Frau und ihn die Zukunft ihrer Kinder beschäftigte, geht aus einer eiligen Mitteilung an Samuel Hebich in Cannanore hervor: *„Ist nur kurz anzukündigen, daß meine liebe Frau wieder einen Dienstag (diesmal 12 Uhr) zur Übermachung eines Sohnes gewählt oder besser gekriegt hat. Beide sind wohl. Was soll aber aus diesem Kindlein werden! – Sag es eben auch dem Bruder Mögling und Sutter – und bei Gelegenheit dem Caplan und Millinger und Frau Bell. Ich bin heute morgen von meiner Patmos mit den Andersons zurück in mein lärmendes Haus eingekehrt, und zwar ziemlich besser in Gesundheit."*

Flora Brennen, die kleine Tochter des Hafenmeisters von Thalassery, seit einigen Jahren Schülerin im Mädcheninstitut, war schwer erkrankt. Sie vertrug die feuchte, heiße Luft nicht und sollte im Mädcheninstitut von Miss Hale in Ootacamund auf den Nilgiris gesund werden und ihre Erziehung fortsetzen. Floras Vater bezahlte die Reise, und so brachte Hermann Gundert die nun Zwölfjährige auf die legendären „Blauen Berge", dem nach dem Himalaja höchsten Gebirgszug in Indien.

Schon einige Zeit hatten Berichte über die fortschreitende Besiedlung und über das angenehme Klima auf den Höhen der Nilgiris zu Diskussionen bei den Brüdern der Basler Mission geführt, ob es nicht zweckmäßig sei, dort oben eine Station zu eröffnen. Hermann Gundert vermerkt in seinem Tagebuch: *„Nach Berichten von Mangalore bereitet sich eine neue Station auf den Nilgiris vor."* Aber noch etwas anderes beschäftigte Gundert: Richter Lascelles war unter nicht ganz eindeutigen Umständen von Chittoor nach Ootacamund versetzt worden und hatte bei ihm angefragt, ob er nicht als Hauslehrer für seine drei Kinder zu ihm kommen wolle. Nach reiflicher Überlegung sagte Gundert ab, er wollte in Thalassery bleiben, das einmal Begonnene nicht im Stich lassen. Jedoch machte er Lascelles auf die Erziehungsanstalt, die Henry und Frank Groves seit einiger Zeit ganz in der Nähe von Ootacamund auf den Nilgiris betrieben, aufmerksam.

Erst im Jahre 1818 hatte sich eine kleine Gruppe von Engländern aufgemacht, den gewaltigen Gebirgsstock der Nilgiris zu besteigen. Unfälle und Naturkatastrophen reduzierten die Expedition schließlich auf zwei Mann, die einfach weitergingen, weil sie den Rückweg nicht mehr fanden. Sie erreichten schließlich völlig erschöpft die Hochfläche und bekamen einen gewaltigen Schrecken, als sie sich plötzlich Menschen gegenübersahen. Die Nilgiris galten bei den frommen Hindus der Niederungen als Wohnung der Götter. Geschickt hatten es die Brahmanen jahrhundertelang verhindern können, daß die Eroberer sich zum Sitz der Götter aufmachten. Noch heute ist auf den Nilgiris das Grabmal des ersten Europäers, der den Aufstieg in Angriff nahm, zu sehen; der neugierige Ire wurde von einer Boa erwürgt. Solche und ähnliche Unglücksfälle, dazu das unwegsame Gelände der Sümpfe am Gebirgsfuß, in dem Stechmücken und Malaria wüteten, hielten die Zahl der „Entdecker" für die Brahmanen erfreulich gering.

„Blaue Berge" hatten die Hindus ehrfurchtsvoll die aus dem nebligen Dunst ragenden bläulich schimmernden Gipfel der Berge genannt. Eine Legende erzählt, daß die Götter ihre Heimstatt verließen, als die Engländer eine Straße zur Hochfläche hinauf anlegten und dabei fast alle der bizarren Felsformationen sprengten.

Fünf Bergstämme lebten einst auf der Hochfläche, die Todas waren der interessanteste unter ihnen. Schöne, stolze Menschen, voller Selbstbewußtsein, mit einer eigenen Sprache und Kultur, die kunstvollen Silberschmuck anfertigten. Ihre Frauen waren von herber Schönheit, die schwarzen Haare trugen sie zu langen Locken gedreht. Ihre Kleidung bestand aus weißen Baumwolltüchern mit einer schwarz-roten Borte verziert, die sie wie römische Togen um den Körper schlangen. Ihre Herkunft war immer noch mit einem Geheimnis umgeben. Vor der Ankunft der Briten hatten die anderen Stämme für sie gearbeitet, die Landwirtschaft auf dem großen Landbesitz der Todas betrieben. Jetzt verpachteten oder verkauften die Todas ihr Land an die Briten.

Bereits ein Jahr nach der Entdeckung wurde das erste Haus in Ootacamund gebaut, Alleen und Seen angelegt. Die Briten waren begeistert, aus den Fieberhöhlen der Niederungen so dicht am Äquator in eine Region hinaufsteigen zu können, deren Klima fast so angenehm war wie das englische. Sanatorien, Schulen und Pensionen entstanden. Die Provinzverwaltung verlegte ihre Sommerresidenz von Madras nach Ootacamund, nirgends war England in Indien britischer als hier oben, wo sich im Sommer die Gentlemen und ihre Familien aufzuhalten pflegten, wo junge Abenteurer die gelangweilten Frauen hoher englischer Beamter über die Abwesenheit der fernen Gatten hinwegtrösteten und sie vergessen machten, wie langweilig das Leben in Madras, Bombay oder Kalkutta sonst sein mochte.

Zusammen mit Titus und Rawunni, zwei neubekehrten jungen Christen, machte sich Gundert mit Flora Brennen auf den Weg, ein Stück ihm noch unbekanntes Indien zu entdecken. Er hatte sich gut erholt, war fast fieberfrei und brannte darauf, alte Freunde und Bekannte wiederzusehen. Dazu kam die Vorfreude auf die Reise. Aus dieser Stimmung heraus entstand der launige Bericht, den er seiner Frau aus Calicut schickte, der Hauptstadt Malabars, dem ersten großen Etappenziel. Um das Geheimnis noch größer zu machen, hatte er ihn mit „Notification of the supreme Government" überschrieben: „*Hiermit wird bescheinigt, daß zwei Reisende in mysteriösem Aufzug – der eine offensichtlich ein methodistischer Pfarrer mit langem schwarzem Umhang und ein weibliches Wesen in unanständigem Gewand, ja, sogar ohne Kopfbedeckung – am Abend gesehen wurden, als sie, gefolgt von einigen Kulis, durch die Straßen Calicuts gingen. Ihre Eile, die trübe Laterne und die ungewöhnliche Verkleidung machten sie sogleich des Schmuggels oder auf alle Fälle als verdachterregende Personen kenntlich. Da die Mannsperson sehr schrecklich aussah und es so dunkel war, daß irgendeiner ihrer Kumpanen sie von hinter den Bäumen her hätte unterstützen können – ohne jegliche Furcht, entdeckt zu werden – die Regierung wird hiermit vorgewarnt, und bei Tageslicht werden geeignete Schritte unternommen, die Person zu verhaften. Sie scheinen sich nun sehr ruhig und zuversichtlich zu verhalten im Reisebungalow.*

PS. Nach weiterer Untersuchung wurde der Platz, an dem sie landeten (nahe dem Zillahof), gefunden und ebenso ein großes Boot, das schlau hinter einer Sandbank versteckt war. Der Eifer der Polizeidiener, das herauszufinden, ist über alles Lob erhaben. Im Nu wurde das Boot bestiegen, es blieb keine Zeit, heimlich wegzukommen. Eine weitere Untersuchung ergab, daß die meisten Waren an Land gebracht wurden – ohne die Zollbehörde zu benachrichtigen. Ein Palankin und eine Kiste – dem Geräusch nach zu schlie-

ßen, mit verbotenen Büchern gefüllt, blieben an Bord – wahrscheinlich nur, um die Untersuchenden irrezuleiten. Zur Entschuldigung für ihr Verhalten bringen sie vor, daß die Reisenden Kleider und Nahrung brauchten, da sie seekrank gewesen waren – zumindest die Dame und der Diener – und von einem unbarmherzigen, langen und heftigen Regen durchnäßt. Aber alle Feinde eines guten Verhaltens haben himmlische Entschuldigungen!

PS. zum PS. Ein Polizeidiener beobachtete die Reisenden im Bungalow durch die Fenster und überzeugte sich, daß der an Land gebrachte Koffer und der Korb nichts außer ihrem Notwendigsten enthielten und da sich der Mann, so spät es war (11 Uhr), offensichtlich deshalb so angezogen hatte, weil er durch und durch naß war. Die Dame und er tranken Kokosmilch und aßen Rindfleisch, Kuchen und Brot. Schließlich tranken sie Tee ohne Milch. Da der Mann endlich so etwas wie ein Kirchenlied sang, kann er nicht viel Geld oder Schmuggelware haben."

Für Julie war dieser lange, sorglose Brief ihres Mannes ein Zeichen, daß er sich gut erholt hatte. Besonders in der letzten Zeit war die stickige Luft in der durch die Ausweitung der Schulen immer enger werdenden Behausung in der Stadt für ihn nicht gut gewesen, er war ständig erkältet, und sein Husten wurde immer schlimmer. Auch die Kinder waren krank und wurden ihre Bronchitis kaum noch los. Für Julie bedeutete das, fast jede Nacht an einem anderen Bett zu sitzen und weinende und jammernde Kinder zu trösten. Sie fand heraus, daß Umschläge mit Kölnisch Wasser wenigstens zeitweise Linderung brachten. Für sie war es daher eine große Erleichterung, als sie hörte, daß der Provinzialgerichtshof in Thalassery zum Herbst 1841 aufgelöst wurde. Da die hohen Beamten nun abgezogen wurden, fanden sich keine neuen Mieter mehr für das Haus auf dem Hügel Illikunnu. So blieb gar nichts anderes übrig, als die Missionsstation wieder hinaufzuverlegen. Jetzt, da mit Johann Michael Fritz ein zuverlässiger Mitstreiter nach Thalassery gekommen war, konnte das große Haus mit seinen weitläufigen Ländereien auch viel besser bewirtschaftet werden.

Wenn Julie geglaubt hatte, sich nach der Abreise ihres Mannes ein wenig von den vorhergegangenen Strapazen erholen zu können, dann irrte sie gewaltig. In ihrem Antwortbrief an ihren Mann bewunderte sie ihn zuerst einmal für seine Energie, trotz der Müdigkeit in so vorgerückter Stunde noch einen so langen Brief zu Papier gebracht zu haben. Sie meinte, sie könnte das nicht, vielleicht ein anderes Mal, denn:

„Stell Dir vor, welchen Tag ich gestern hatte, zuerst gingen zwei bis drei Briefe zwischen Madame Anderson und Madame Baret hin und her. Die letztere entschloß sich dann, den Tag von 11 Uhr vormittags bis 4 Uhr nachmittags bei uns zu verbringen. Madame Anderson kam ebenfalls, ihre Mädchen zu unterrichten. Mr. Brennen war hier, ohne zu sagen, was er wollte. Endlich kamen auch noch die Freunde West, um den Tee mit uns zu nehmen, sie blieben zum Dinner. Es gab nichts, was sie nicht von den Christen in Ootacamund wußten und was sie nicht an jenem Ort und 19 Meilen im Umkreis gesehen hätten. Sie haben einen ganzen Monat lang eine Vergnügungsreise durch die Berge gemacht, davon erzählten sie mir. Ich weiß noch nicht, wie lange sie bleiben wollen, aber sicherlich werde ich für sie tun, was ich kann, haben sie Dich doch gern und oft bewirtet und Dir ihre Liebe gezeigt." Ein wenig genervt fügt sie hinzu: *„Ich habe die ganze Familie hier, und alle Kinder zusammengenommen machen einen unerträglichen Lärm. Das junge Mädchen von Cannanore ist angekommen, es ist klein und ziemlich dunkel und hat sich mit den Westschen Kindern angefreundet."*

Während der Reise ihres Mannes plante Julie den Umzug

in das Haus auf dem Hügel, aber so sehr sie versuchte, sich Zeit dafür zu nehmen, es gelang ihr kaum. Zu viele Besucher sagten sich an und blieben meistens länger, als sie vorgehabt hatten.

Hermann Gundert lieferte Flora in der Schule von Miss Hale ab und sah sich dann in dem vielgepriesenen „Ooty" der englischen Gentlemen um. Was er zu sehen bekam, freute ihn nicht unbedingt: Die Angehörigen des Stammes der Toda lebten von den Pachten oder dem Erlös ihres Grundbesitzes. Sie tranken viel von dem ihnen einst gänzlich unbekannten Alkohol. War das Geld alle, verkauften sie ihre Frauen an die reichen Engländer.

Allerdings war er hingerissen von der Schönheit der Natur und dem angenehmen, kühlen Klima. Freude machte ihm auch das Wiedersehen mit den Lascelles, wenn auch ihre Andeutungen über Schwierigkeiten innerhalb der englischen Hierarchie und wohl auch der Ehepartner miteinander ihm das Herz schwer werden ließen. Auch einige der Eingeborenen, die er in Chittoor unterrichtet hatte, waren mit den Lascelles auf die Nilgiris gegangen. Sogar eine von ihm getaufte Wasserträgerin sah er wieder; durch ihre bescheidene Gläubigkeit machte sie ihm viel Freude. Mit den gepflegten Gärten und den schönen Häusern gefiel ihm die Stadt Ootacamund außerordentlich gut. Richter, Gouverneure und selbst Bischöfe bevorzugten „Ooty" als ihren Feriensitz, hier konnte einfach jeder jeden treffen. Fast alle christlichen Bekenntnisse waren hier vertreten, aber Gundert kam zu der bitteren Erkenntnis, daß fast keinem der Anwesenden der Glauben wirklich am Herzen lag, obwohl alle leidenschaftlich darüber stritten. Er sehnte sich nach Thalassery: *„Endlich siehst Du, liebe Frau, daß ich hier angekommen bin – nicht ohne Mühe, aber auch nicht ohne Furcht. Wenigstens ist meine Gesundheit ein gutes Stück besser – ich ging beinahe den ganzen Bergweg zu Fuß. In*

*Coimbatore machte ich doch keinen Besuch – auch will ich
nicht auf diesem Weg zurückkehren. Ich habe genug vom
Regen und vom Tamilland und sehne mich wieder nach dem
gottgegebenen Malayalam."*

Auf dem schnellsten Wege kehrte Gundert nach Hause
zurück. So zufrieden er darüber war, daß die vielen kleinen
Provinzialgerichtshöfe aufgelöst wurden – welche Intrigen
und Machenschaften durch sie entstanden, hatte er bei den
Lascelles hautnah erfahren –, so betrüblich war der Verlust
für ihn privat, wie auch für die Missionsstation. Richter
Anderson und seine Frau hatten mit größeren und kleineren
Spenden immer dann freundschaftlich geholfen, wenn der
Geldmangel besonders drückend war. Jetzt ging er in Pen-
sion und kehrte zusammen mit seiner Frau nach England
zurück. Richter Harris wurde nach Mangalore versetzt,
auch von ihm war jeden Monat ein nicht unbedeutender
Betrag eingegangen, ganz zu schweigen von dem Verlust an
Freundschaft und Umgang, der besonders Julie, die durch
die Kinder viel mehr an die Station gefesselt war als ihr
Mann, treffen würde.

Volle fünf Tage dauerte es diesmal, die gesamte Missionsstation mit allem, was dazugehörte, aus Thalassery hinaus
wieder auf dem Hügel zu installieren. Bis jeder wieder wußte, wo sein Platz war, bis alle Dinge in Küche, Keller und
Zimmern an ihrem Platz waren, ging es chaotisch zu. Fast
bereuten Gunderts schon, den Schritt gemacht zu haben,
aber die Luft war hier durch die ständige frische Brise vom
Arabischen Meer her so viel besser als in der Stadt, daß sie
die längeren Wege in Kauf nahmen.

Auf seiner letzten Reise hatte Hermann Gundert gesehen, wie nötig es wäre, in der Hauptstadt der Provinz, in
Calicut, eine Station zu eröffnen. Diese neue Station würde
nicht nur die Reihe der Stationen die Küste hinunter sinnvoll ergänzen, sie würde auch im Sinne der Regierung sein,

da bisher keine der anderen Missionsgesellschaften Anstalten gemacht hatte, Calicut für sich zu beanspruchen. Aber die schwachen Kräfte, die zur Verfügung standen, reichten nicht aus, einen weiteren Platz zu besetzen. Immer wieder versuchte Hermann Gundert, hier eine Lösung zu finden.

Im Februar 1842 klopfte es gegen Mitternacht stürmisch an die Fenster der Missionsstation, alles schlief fest. Gundert erwachte, stürzte ans Fenster und sah hinaus. Vor der Tür stand der junge Christian Irion, der eben zu Fuß aus Mangalore angekommen war. Damit es schneller ging und Gundert nicht erst den Schlüssel holen mußte, kletterte Irion durchs Fenster. Jetzt war auch Johann Michael Fritz aufgewacht und neugierig hereingekommen. *„Ich weiß nicht"*, schreibt Irion später, *„welche Freude größer war, die meine, daß ich nun endlich bei ihnen war, oder die ihre, daß sie mich bei sich hatten. Wir saßen noch lange beisammen, und kein Schlaf wollte kommen, obgleich es stark gegen Morgen ging."*

Johann Michael Fritz übernahm bald darauf die neue Station in Calicut, während Friedrich und Christian Müller Thalassery verstärken halfen. Der neugegründete Basler Frauenverein schickte als Entlastung für Julie Gundert die Lehrerin Katharina Mook. Die wachsende Station brachte aber nicht nur Freuden, sie zog auch immer mehr Leute an, die die Gutmütigkeit der Missionare nur ausnutzen wollten. So nahm Gundert einen jungen Brahmanen aus Madurai auf, der die Regenzeit in der Knabenanstalt verbrachte und mit dem ersten schönen Tag auf Nimmerwiedersehen verschwand. Genauso erging es Julie mit einigen Familien aus der Vettuver-Kaste (Jäger-Kaste), die monatelang am Unterricht teilnahmen und beköstigt wurden. Als es aber nichts mehr zu essen gab, bevor nicht gearbeitet worden war, verschwanden sie alle zusammen über Nacht. Besonders schmerzlich war es für Gundert, daß der junge Nayer

(Gutsbesitzer-Kaste) Ravunni, der ihn bei seiner Reise nach Ootacamund begleitet und ihm durch seine Bescheidenheit so viel Freude gemacht hatte, nun *„völlig vom Herrn abgefallen ist, voll Trunkenheit, Unreinigkeit und Betrugs, mit anderen aus der Kirche ausgestoßen; der kälteste Fatalismus hat ihn verhärtet".* Auf alle Vorhaltungen zuckte er nur die Achseln und meinte, es sei alles gegangen, wie es haben gehen müssen, Reue nütze ja sowieso nichts. Hermann Gundert mußte sich, wie schon so oft, damit abfinden, daß alle aufgewendete Mühe und Liebe umsonst gewesen war und daß Ravunni zu seiner Kaste zurückkehrte.

Schon nach seiner ersten Reise auf die Plantage Anjarakandy hatte Gundert sich ein Urteil über die Lage der Sklaven an der Malabarküste zu bilden versucht. Er hatte Verbindung mit hohen englischen Beamten aufgenommen und über die Lebensbedingungen dieser untersten Kaste diskutiert und gesprochen. Jetzt stand er mit dem Collector Connelly von Calicut in Verbindung. Gundert war klar, daß nach der offiziellen Aufhebung der Sklaverei durch das englische Parlament die Riesenaufgabe, den Entrechteten zu ihren Menschenrechten zu verhelfen, an den einzelnen Provinzregierungen hängenblieb. Gundert sah hier einen Ansatz für eine wirkungsvolle Arbeit der Mission in Indien.

Aber die eingeborenen indischen Beamten verheimlichten den Sklaven den Regierungserlaß. Sie waren aus Eigeninteresse viel eher am Erhalt der ursprünglichen Verhältnisse interessiert. Endlich reagierten die Briten auf ihre Weise: Sie ließen die Anführer der Sklavenkaste zu sich kommen und erklärten ihnen, daß sie nun frei seien und gehen könnten, wohin sie wollten. Die Sklaven staunten nicht schlecht. Als Angehörige der niedrigsten Kaste hatten sie sich Menschen der höheren Kasten nur bis auf 40 Schritte nähern dürfen. Sie konnten nicht glauben, was sie da zu hören bekamen. Doch der britische Collector machte ernst mit der

Gleichstellung: Er ließ die Sklaven, begleitet von Soldaten, in der ganzen Stadt herumführen, auch in der Nähe der Tempel und Heiligtümer.

Der Haß der Brahmanen und Nayer richtete sich nicht gegen die Regierung, sondern gegen die Christen. Hatten sie nicht damit angefangen, den Sklaven Mut zu machen und sie zu lehren, wollten sie nicht allen Unterschied zwischen hoch und niedrig aufheben? Die Christen waren an allem schuld. Ein schlimmer Tumult brach los, in dessen Folge die Christen auf den Plantagen verfolgt und von Tijern (Kokosbauernkaste) zusammengeschlagen wurden, ihre Frauen wurden brutal mißhandelt. Die Regierung griff hart durch und trug den Sieg davon, aber die Stimmung wurde zunehmend antibritisch und wendete sich gegen die einzelnen Missionsstationen.

In diese Zeit fiel auch die Flucht des reichen und verwöhnten Nayer Kunji Ramen vor seiner habgierigen Familie zu Hermann Gundert. Eine Flucht, die im weiten Umkreis ungeheures Aufsehen erregte. Kunji Ramen bat dringend um Unterricht und um die Taufe, er fürchtete sich vor seiner Familie, die ihn seines großen Vermögens wegen nicht ziehen lassen wollte. Immer wieder sprachen seine Verwandten bei Gundert vor, aber Kunji Ramen weigerte sich, mit ihnen zu gehen, und da er volljährig war, konnten sie nichts dagegen unternehmen. Die Familie stahl ihm einen großen Teil seines Vermögens aus einem versiegelten Zimmer. Gundert versuchte, dem jungen Mann sein Vermögen zu sichern, weil er merkte, daß der junge Mann niemals imstande war, sich mit seiner Hände Arbeit sein Brot zu verdienen, so labil und verzärtelt wie er war. Aber angesichts der Lage war kein englischer Beamter bereit, den Fall Kunji Ramens vor Gericht zu bringen. Hermann Gundert wiederum wollte nicht im Namen der Mission klagen, um nicht den Verdacht der Geldgier zu erwecken.

Die Wut der Hindus steigerte sich ins Unermeßliche, als sie sahen, daß nichts zu erreichen war und daß Kunji Ramen sogar am Tisch der Missionsfamilie aß. Dabei geschah das nur, um den jungen Mann vor den angedrohten Mordanschlägen der Familie zu schützen. Tagelang wurde das Missionshaus belagert, und niemand wußte, ob nicht ein Angriff erfolgen würde. Die Stimmung war gefährlich und explosiv.

Während Streit, Gezänk und Kampfeslärm das Missionshaus umtosten, brachte Julie drinnen ihre erste, so lang ersehnte Tochter zur Welt. Sie wurde, wie es sich die Eltern schon lange gewünscht hatten, auf den Namen Marie getauft, zur Erinnerung an eine besonders geliebte, früh verstorbene Schwester Hermann Gunderts, und natürlich an Marie Monnard, die Freundin Julies, die zu ihrem großen Kummer nach Rolle hatte zurückziehen müssen.

Diesmal mußte die junge Mutter nach der Entbindung einige Tage im Bett bleiben, die Angst und die andauernde Nervenbelastung hatten bei Julie zu nervösen Erschöpfungszuständen geführt, die nach der Entbindung regelrechte Zusammenbrüche zur Folge hatten. Hermann Gundert begann sich ernsthaft um die Gesundheit seiner Frau zu sorgen.

Kurz nach Maries Geburt konnte er eine Einigung zwischen Kunji Ramen und seiner Familie erzielen. Kunji überließ seiner Familie den größeren Teil seines Vermögens, und sie ließ ihn dafür in Ruhe. Anfang 1843 wurde er getauft. Endlich schien die Ruhe wiederhergestellt, nach der Gundert sich so sehnte, um seine literarischen Arbeiten fortsetzen zu können. Seinen Eltern schildert er den Fall in einem Brief: *„Welche liebe Not mir die Verteilung der Güter im Wert von etwa 50.000 Mark gemacht hat, kann ich kaum mir selbst sagen. Das ist der Mühe wert, einmal mit Heiden über derartige Geldgeschäfte zu tun gehabt zu haben; man* *weiß dann, was der ‚milde, liebe Hindu' ist! Ich wünschte nichts mehr, als daß alles friedlich ausgehen möchte. Es könnte aber wohl noch so kommen, daß ich für David ('Taufname Kunji Ramens) eher einen Prozeß an den Hals kriege, als ihn so gutmütig zum Bettler machen helfe. Daß wir so nachgeben, wundert alle Welt; wenn aber David nichts behält, ist's fast zu abschreckend für die, welche ihm vielleicht folgen wollten. Es ist tröstlich zu wissen, daß der Friede weder von dieser Welt noch von der Menschen Lippen abhängt. Der Herr wird's versehn! – Wie froh bin ich nun erst geworden, daß wir ein christlich durchsäuertes Vaterland haben. Es ist eben doch anders als in einem auch von christlichen Ausländern beherrschten Heidenland. Die Lüge kann doch nicht so gar triumphierend einherziehen."*

David Kunji Ramen verdiente Gunderts Vertrauen nicht, schwach und labil mußte er bald aus der Gemeinde ausgeschlossen werden. Gundert meinte bitter, der einzig meßbare Gewinn, den die Mission von dieser verwickelten Geschichte hatte, wäre, daß sie nun auch in das Bewußtsein derjenigen gedrungen war, die sonst niemals etwas vom Evangelium gehört hätten.

Ungeachtet dieses unerfreulichen Geschehens wuchs die Missionsstation unaufhörlich. Christian Irion, der die Knabenanstalt übernommen hatte, wußte bald nicht mehr, wo er die Aufnahmewilligen unterbringen sollte. Gunderts Übersetzungen konnten nun auf der neu angeschafften Presse in Mangalore gedruckt werden. Es hatte viel Anstrengung und Mühe gekostet, eine kleine Druckerei einzurichten. Aber jetzt, als sie lief, konnten sich die Ergebnisse sehen lassen!

Julie erholte sich nur schwer von der letzten Niederkunft, vier Geburten in vier Jahren waren zuviel für ihre Gesundheit gewesen. Die Kinder aber gediehen prächtig, bis auf Schnupfen und gelegentliche Kinderkrankheiten machten sie nur Freude. Dagegen setzte die niemals endende Arbeit der immer nervöser werdenden Hausfrau sehr zu. Schuldgefühle quälten sie, die selbstgewählte Aufgabe nicht bewältigen zu können. Bei ihrer inneren Unruhe und übernervösen Verfassung schlug keine Erholung an. Tagsüber wurden die drei kleinen Buben mit Feuereifer von den Mädchen des Instituts gehegt und gepflegt, nachts aber, wenn sie weinend erwachten, schreckten sie die Mutter auf.

Hermann Gundert versuchte, seiner Frau die nächtlichen Störungen abzunehmen, aber er wachte zu spät auf, sein Schlaf war zu fest. Liebevoll schildert er den Eltern das Familienleben auf Illikunnu: *„Hermann ist nun bald drei Jahre alt, scheint schlank und etwas französisch werden zu wollen: ist voll scharfer Einfälle und unvorbereiteten Wendungen, eitel in Kleidern und unabhängig (außer in der Nacht, wo er sich vor Hundegebell und dergleichen fürchtet). Seine Mutter hat ihm, weil er soviel zerreißt, ärmellose blaue, grobe Hemden statt alles andern machen lassen, die mag er nun gar nicht. Frau Groves hat ihm etliche schön gearbeitete Röcklein mit gelben und anderen Farben geschickt, da heißt es nun immer ‚magnya gown‘ (das gelbe gown). Schickt ihn die Mutter zu mir, so ist er stille. Letzthin aber war ich ausgegangen, und da hielt er nicht ein, bis sie ihn recht durchschlug. Nach einer Weile kam er weinerlich ‚sieh, wieviel Schmerzen ich habe‘ und zeigte seine Seite. Die Mutter konnte das Lachen nicht halten, da frug er: ‚Warum schlägst du mich denn so?‘ Als sie anfing, den Grund zu erklären, faßte er sich auf einmal: ‚Ich gehe nach Anjarakandy, ich bleibe nicht hier!‘ – ‚Ja, wen hast du denn dort, niemand wird dir zu essen geben!‘ – ‚Geht nicht der Vater dorthin? Dort gibt man auch mir zu essen und schlägt mich nicht so!‘ Mit dem Wort ‚Großpapa‘ hat er viel zu schaffen, will oft auf einmal fort und zu ihm. Dies Wort ist das einzige Deutsche, das er kennt. Er weiß aber auch, daß ich von*

Stuttgart bin und daß Papas Sprache German, der Mutter
ihre French ist, versteht Englisch, spricht aber meist nur
Malayalam. Mit unsern hohen Besuchern weiß er sich wür-
devoll zu benehmen, ohne Scheu und Zudringlichkeit. Hat
übrigens Flachs auf dem Kopf, blaue, kleine, scharfe Augen
und meine breiten Schultern. – Samuel ist viel deutscher,
mittelalterlicher möchte ich sagen. Große blaue Augen, klein
und viereckig, lernte erst 24. November laufen, spricht sehr
wenig und hört seines Bruders lange Reden andächtig an. Ich
bin sein alles, Hermann dagegen fürchtet mich mehr. Kom-
me ich von einem Reis'lein zurück, so ist er fast stumm nach
dem ersten Freudenausbruch, will aber dann von mir getra-
gen sein. Er hat einen merkwürdigen Kopf voll gall'scher
bumps; Hermann einen kleineren, glätteren. – Friedrich ge-
deiht über die Maßen, ist viel ruhiger in der Nacht, als die
zwei anderen waren, scheint seiner Bildung nach zwischen
den zwei andern zu stehen. Er ist unaussprechlich freundlich,
als wollte er jedermann ein Lächeln abzwingen. "

Julie dachte oft daran, ihre Schwester Uranie zu bitten,
zu ihr zu kommen. Was hätte sie an dieser stillen Arbeiterin
für eine Hilfe gehabt! Aber sie wagte nicht, ihre Bitte nach
Corcelles zu schreiben. Uranie hatte die alten Eltern zu
pflegen, die ohne diese letzte Tochter ganz alleine standen.
Die Lehrerin Katharina Mook war nicht die erwartete Hilfe, sie war viel zu sehr auf ihre eigenen Gefühle bedacht. Sie
konnte sich nur schwer anpassen und nahm alle gutgemein-
ten Ratschläge gleich als Vorwürfe auf.

Friedrich erkrankte schwer an der Ruhr, das Zahnen
machte ihm zu schaffen. Julie schlief keine Nacht. Mehr
denn je war sie beim Hüten der Kinder auf die Mädchen
angewiesen. Wie der Vater fand, ließen die schwarzen Mädchen sich viel zu viel von den rabiaten kleinen Blondschöp-
fen gefallen, die schnell heraushatten, wo man ihnen nicht
viel dreinredete. Besonders Hermann wickelte seine Hüte-

rinnen um den Finger, sein drolliges Malayalam versetzte die jungen Dinger in Entzücken. Als seine Mutter ihm einen Wunsch einmal kategorisch abschlug, baute er sich mit der ganzen Wichtigkeit seiner drei Jahre vor ihr auf und beschied ihr auf Malayalam: „Gott wird dich strafen, weil du mich so reizt!"

Natürlich war der kleine Friedrich mit seinen dreizehn Monaten der Liebling der Mädchen. Seit Maries Geburt begann er zu kränkeln. Das kleine Mädchen, das auf ihn aufpassen sollte, hatte ihn fallen lassen, und er war eine steinerne Treppe hinabgerollt. Niemand konnte sich erklären, warum das sonst so fröhliche und gesunde Kind plötzlich weinerlich und still wurde.

Um seiner Frau ein wenig Erholung zu verschaffen, reiste Hermann Gundert Julie im Frühjahr des Jahres 1843 mit allen vier Kindern nach Mangalore. Er hoffte, die Luftveränderung und der Abstand von der Arbeit würden ihr guttun. Auch zehn Institutsmädchen durften die Reise mitmachen. Aber schon auf dem Pattimar verschlimmerte sich Julies Zustand, ihre Angstzustände wandelten sich in regelrechte Todesvisionen. Sie glaubte, das Schiff ginge unter, dann wieder schalt sie sich wegen ihrer Kleingläubigkeit. Nach einigen Tagen ließ Gundert seine Familie in der Obhut Möglings und Weigles zurück. Vorher hatte er seine fertigen Übersetzungen in der Druckerei abgegeben.

Fast zwei Monate blieben Julie und die Kinder in Mangalore. Trotz aller Bemühungen der Freunde besserte sich Julies Zustand nur geringfügig, obwohl die beiden Junggesellen sich besonders herzlich um die Kinder kümmerten. Ende März kam Hermann Gundert, seine Familie vor Beginn der Regenzeit zurück nach Thalassery zu holen. Die Kinder waren überglücklich, den Vater zu sehen und wollten ihn gar nicht wieder loslassen. Julie sehnte sich nach Hause, aber sie fürchtete sich vor der Seefahrt.

Vorerst wollte auch Gundert noch einige Tage in Mangalore bleiben. Eine der ersten bei diesem Aufenthalt verbrachten Nächte ließ Gundert ein Leben lang nicht wieder los. Die Erinnerung daran machte ihm noch Jahre später zu schaffen und prägte sein Verhalten: „*In jener Zeit war die liebe Mutter sehr tief drunten, und Mögling und Weigle nahmen sich ihrer und der Kinder auf das Sorgfältigste an. Für die kleine Maria z. B. machte Weigle ein Memmele zurecht und Mögling applizierte es bei Nacht! Mir aber ist etwas besonders schwer in Erinnerung. Friedrich nämlich, anfangs unser stärkstes Kind, war von einem etwas leichtsinnigen Kindsmädchen fallen gelassen, eine steinerne Treppe heruntergerollt, seither kränkelte er. Erst nachher hat sie dies gestanden. Sein Gesicht erhielt einen alten Ausdruck, doch hatte er viel Kraft über sich und war gewöhnlich eher still als schreiig. Gar zu gern ließ er sich von mir tragen, weil ihm der Arm fester vorkam als bei anderen. In Mangalore wohnte ich auf der Balmatha mit den ledigen Brüdern, Mama unten bei Greiners – Samuel und Hermann schliefen neben mir. Eines Abends wollte auch Friedrich durchaus mit mir, so nahm ich ihn mit, obgleich Mama es nicht wünschte. Er lag neben mir; in der Nacht weckte er mich durch Schreien. Auf alle Fragen antwortete er nur mit ‚Mama‘. Ich durchsuchte seine Nachtkleidung und sah auf der Matte nach – wir lagen alle auf dem Boden –, fand aber nichts und wies ihn zur Ruhe. Er fuhr fort nach Mama zu schreien, und ich meinte, seinen Eigensinn brechen zu müssen, gab ihm erst einen Schlag, und als er um so mehr schrie, bald mehrere. Weigle wurde durch das Geräusch aufgeweckt und kam; ich blieb aber gegen seinen wohlgemeinten Rat auf meiner Erziehungsmethode bestehen. Nach langem Kampf erst brachte ich ihn durch Herumtragen und Baden etwas zur Ruhe. Am Morgen aber fand Mama in einer Falte des Leintuchs einen Tausendfüßler, der ihn wahrscheinlich durch seinen Stich geweckt hatte. Das ging mir nun ziemlich nahe.*"

Zurückgekehrt nach Thalassery nahm Julie ihre Arbeit wieder auf. Der Zustand des kleinen Friedrich blieb ein Anlaß zur Sorge, die beiden vor Gesundheit strotzenden Ältesten begannen voller Freude wieder ihre alten Streifzüge. Einmal machte Hermann Gundert seine Frau darauf aufmerksam, daß die beiden blonden Malayalam schwatzenden Kinder die Urenkel eines schwäbischen Schulmeistes seien. Er selber konnte es kaum glauben, und auch sie mußte hellauf lachen. Die kleine Marie entwickelte sich zu einem übernervösen Mädchen, dessen dunkle Augen vor Temperament sprühten. Nachts wachte sie aus Alpträumen auf und ließ sich nur mühsam mit Wiegenliedern in Malayalam beruhigen, die ihr Vater ihr vorsang, während er sie im Zimmer hin und her trug.

Erst im Herbst besserte sich Friedrichs Zustand etwas. Julie spürte, daß ihr Mann jene Nacht in Mangalore nicht vergessen konnte. Auch das Kind hatte sie nicht vergessen. Tagsüber war er nirgends lieber als bei seinem Vater, nachts aber schrie er sofort, wenn er neben ihn gelegt wurde. Ein einziger Akt der Ungerechtigkeit hatte einem geliebten Kind das Vertrauen genommen! Aber war nicht seine Strenge gegenüber dem Kind nicht nur ungerecht, sondern auch dumm gewesen? Wäre nicht mit Geduld viel mehr zu erreichen gewesen? Wäre nicht Geduld in fast jedem Fall besser als Strenge? War es nicht richtiger, zu wissen, warum etwas geschah, bevor man die Hand zum Schlag erhob? Für Julie wie für ihren Mann wurde dies zu einer der zentralen Fragen ihrer Arbeit in Indien. Geduld haben mit den Schwächen der anderen, auch mit den eigenen. Für die ungeduldige Julie eine ungeheure Herausforderung. Immer wieder bäumte sie sich gegen die Erkenntnis der Schwäche ihres überarbeiteten Körpers auf. Sie konnte nicht nachlassen. Aber sie versuche die großen und kleinen Vergehen der Mädchen in der Schule milder zu beurteilen, gelassener. Sie erinnerte sich an die Geburt des kleinen Friedrich, jenen Dienstagvormittag, nur ihr Mann war bei ihr gewesen. Keine fremden Menschen hatte sie um sich haben wollen damals, einmal allein. Sie wußte, dies freundlichste ihrer Kinder würde sie hergeben müssen, sie ahnte die Trennung voraus.

Hermann Gundert schreibt: *„Am 21. Dezember hatten wir eine Sonnenfinsternis, die war so völlig, daß morgens 9 Uhr die Sterne sichtbar wurden. Der kleine Friedrich sah sie recht aufmerksam an. Noch mehr freute ihn die Christbescherung am 24., doch war er oft auffallend wortarm. Nachdem viele Geschwüre aufgebrochen und durch sie aller Krankheitsstoff entleert schien, hatten wir uns endlich der Hoffnung hingegeben, daß er von seinem anderthalbjährigen Siechtum genesen werde. Er kriegte mehr Appetit, besonders löschte er seinen Durst an Wassermelonen mit unendlicher Lust. Am 31. Dezember saß er die ganze Predigt hindurch neben seiner Lydia, dem Kindsmädchen. Sehr oft legte er nach Art der Eingeborenen das Gesicht in seine Hände und sagte ‚pâtana (pârthana/Gebet): Papa, Mama, amen!' Besonders aber liebte er's, wenn Mama mit ihm betete, und er konnte nachher in ein Ecklein knieen und dasselbe Gebet zu wiederholen suchen. Am 2. Januar wurde die Mutter unruhig über Symptome, die auf die Ruhr zu deuten schienen, und nun wurde zum ersten Male der Doktor gerufen. Am 6. war das Erscheinungsfest und in Mangalore Taufe Kaundinjas (ein von Herrmann Mögling bekehrter Brahmane) nach gewaltigen Bewegungen. Abends, da die Mutter den Kleinen waschen wollte, erschrak er vor ihr und fing an zu delirieren – sein Gesicht wie verklärt, die ernsten Augen forschend auf uns gerichtet und dann mit plötzlicher Angst wieder abgewendet. Ich setzte ihm drei Blutegel, von denen er fast ohnmächtig wurde, doch allmäh-*

lich nahm die Hitze wieder zu; er fragte noch oft nach
Wasser, erkannte die Eltern und ließ sich noch einmal küs-
sen, – wieder bot ich ihm Wasser an, er hörte nicht mehr. Er
blickte immer wieder nach oben und entschlief morgens
7¹/₂ Uhr. – Nachmittags begruben wir ihn. Als beim Sarg-
verschließen alle Mädchen weinten, sagte Samuel: ,Jetzt
weinen die alle! Er ist ja beim Heiland!'"

Josephine, ein kleines Mädchen, war kurze Zeit vor
Friedrich gestorben, der Tod dieser beiden Kinder beschäftigte die Buben und Mädchen in den Schulen sehr. Wenig
später leuchteten Venus und Jupiter besonders hell am Himmel. Die Schüler, durch die Sonnenfinsternis besonders an
Himmelserscheinungen interessiert, flüsterten sich zu, daß
Friedrich und Josephine in den beiden Sternen glänzten.

In wenigen Jahren hatte sich das Missionswerk von Mangalore aus über Thalassery nach Cannanore und Calicut
ausgebreitet. Das Knabeninstitut in Mangalore blühte unter
Mögling und Weigle. Dharwar im Oberland hatte regen
Zulauf und weitete sich aus. Was wogen dagegen Intrigen
und Eifersüchteleien oder die Kämpfe der Lehrerin Katharina Mook, die immer wieder behauptete, weder Julie noch
Hermann Gundert könnten sie ausstehen und legten ihr bei
ihrer Arbeit nur Steine in den Weg. Ihre geradezu hysteri-
sche Angst vor Mäusen und anderem Getier, das Heraus-
posaunen ihrer Beziehung zu Christian Müller, das alles
führte zu heftigen Auseinandersetzungen und brachte
nichts als unnötige Unruhe in das Mädcheninstitut. Natürlich fühlten die Mädchen sich geschmeichelt, von ihrer Lehrerin in deren Herzensbeziehungen eingeweiht zu werden.
Es blieb Hermann Gundert nichts anderes übrig, als Christian Müller zu bitten, seine Hochzeit schneller als eigentlich geplant zu feiern. Aber auch der angesetzte Hochzeits-
termin am Montag war für Katharina Mook noch zu spät,

sie wollte sofort und auf der Stelle getraut werden. „*Also mußte ich herhalten*", vermerkt Gundert verdrießlich in seinem Tagebuch, der diese Trauung viel lieber Samuel Hebich überlassen hätte.

Viel Freude erlebte Gundert, als sich Mannen, ein Hindu-Lehrer, mit seiner Familie taufen ließ. Paul Tschandren, wie er danach hieß, wurde eine der Säulen der Missionsarbeit in Thalassery. Das Aufsehen, das seine Taufe bei der einheimischen Bevölkerung erregte, war ungeheuer. Gundert schreibt darüber: „*Einmal hieß es, die ganze wenig zahlreiche Kaste wollte Paul folgen, so schnell geht es aber nicht. Er war Arzt und Priester; andere haben jetzt seine früher beträchtlichen Einkünfte, und diese widerstreben. Hauptsächlich ist es aber ein Götze, von dem man wohl wenig weiß, der aber der Aufnahme des Wortes gewaltig im Wege steht. Dies ist weder Brahma noch Kali, sondern ein kleines Haarbüschel. Ein Hindu wird nämlich nur dann als aus seiner Kaste gefallen betrachtet, wenn er den Zopf verloren hat, und Paul, der doch von Natur einen überlegenen Geist hat und reichlich Zufluß vom oberen Geist genossen hatte, gestand, als er mir auf meine Bitten zwei Tage nach der Taufe den Zopf abtrat: Ja, es sei etwas Großes darum, um dieses elenden Dinges wegen werden ihm jetzt Land und Leute fremd, aber jetzt erst sei er auch ganz frei. Die Zöpfe, namentlich der Knaben, sind ein wirklich netter Schmuck; aber erst nach den paar Jahren Aufenthalt hier merkt man, welche Kastenteufelei in diesen Zieraten steckt. Es ist, als ob der ganze Hinduismus drin säße.*"

Lange schon hatte Gundert, besonders aus Sorge um seine völlig überarbeitete Frau, einen Europaaufenthalt erwogen. Immer wieder hatten Julie und er diesen Besuch in der Heimat verschoben. Waren sie nicht beide so in Indien verwurzelt, daß eine Reise zurück nur Probleme aufbrechen lassen könnte, von denen sie jetzt hier an ihrem Platz in

Thalassery überhaupt nichts ahnten? Unter keinen Umständen wollten sie, wie so manche vor ihnen, ungewollt in Europa „hängenbleiben".

In Corcelles war Julies Mutter gestorben. Corcelles, wie lange war das jetzt schon her, als sie dort als Kind durch die Straßen gerannt war und sich vor Hölle und Fegefeuer gefürchtet hatte! Einen Augenblick lang schien es ihr, als würde das weite Arabische Meer, das sie nun Tag für Tag vor Augen hatte, zum spiegelglatten Neuenburger See.

Mit schmerzlichem Erstaunen erkannte sie sich in ihrer kleinen Tochter Marie wieder, die so ganz anders war als ihre lärmenden, draufgängerischen Brüder. Ängstlich, am liebsten auf dem Arm ihrer Amme Rosine, die sie zärtlich Hossianah nannte, war das blasse, überempfindliche, ständig in Tränen aufgelöste Kind nicht die Spielpuppe, die sich die Mädchen des Instituts gewünscht hatten. Einmal hatte Julie beobachtet, wie einer der jungen Missionare, der gerade aus Mangalore eingetroffen war, vor lauter Freude darüber, endlich im Missionshaus angelangt zu sein, Marie hochhob und vergnügt ausrief: „Ei, wem gehört denn dieses prächtige Kind?" Die Umstehenden hatten laut losgelacht und ihn wegen seines mehr als schlechten Geschmackes gehänselt. Oft fand Julie es übertrieben, wenn ihr Mann die nun Zweijährige, die häufig von Alpträumen geplagt schreiend aufwachte, stundenlang Wiegenlieder singend im Zimmer hin und her trug.

Abends, bei den Spaziergängen des Vaters ans Meer hinunter, durfte auch Marie mit. Hermann und Samuel hatten mit Vergnügen Schwimmen gelernt. Marie aber grauste sich vor den anbrandenden Wellen und schrie, sobald ihr Vater sie ins Wasser heben wollte: „Sahive, jenne Mukikenda!" („Mein Herr, tunken Sie meinen Kopf nicht!") Sie sah lieber vom Ufer aus zu, wie sich Samuel, von der Hand des Vaters gestützt, auf den Wellen treiben ließ.

Kapitel 11
Die Reise in die Heimat

Nach Hause fahren! Julie war sich nicht sicher, wo sie zu Hause war. Was wäre, wenn das Komitee in Basel sie nicht wieder zurück nach Indien ließe? Mit Skepsis hatte Gundert vernommen, daß es eigentlich besser sei, nur junge, ungebundene Leute auszusenden und die erfahrenen alten Familien heimzuholen, der höheren Kosten, die sie verursachten, wegen. Er ärgerte sich über die Reden, die zurückgekehrte Missionare auf Missionsfesten hielten und die die sensationslüsternen Besucher ihnen abnahmen. Wütend schreibt er dem Vater: *„Es ist mir unbegreiflich, wie von zwölf Mohammedanern die Rede sein konnte! Anjarakandy ist eine ‚große Fabrikstadt‘, in Wirklichkeit eine einfache Pflanzung. Die Worte ‚groß, vornehm, Anprälle der Heidenwelt‘ und derg. sind alle aus einer anderen Sphäre als der, in welcher wir leben, aus welcher wir schreiben. Wenn ich zurückkäme, ich wüßte kaum, wie vor die neuigkeitsgierige Welt treten. Buße predigen und glauben, ja dazu habe ich Freudigkeit: Aber wie sind die Augen und Ohren gestaltet, denen alles so goldig vorkommt, was vom Heidenwesen handelt, als ob die Menschen hier anders wären als zu Hause! Missionieren ist dasselbe hier wie dort, etwas, das die Welt nicht leiden mag!"*

Julies Gesundheitszustand verschlechterte sich immer mehr, aber die nun fest ins Auge gefaßte Reise konnte mit Rücksicht auf eine weitere Schwangerschaft nicht angetreten werden. Und danach, so eine weite Reise mit einem Kleinkind? Gundert war ratlos. Am 26. Dezember 1844 wurde Christiane geboren, das zweite Töchterchen. Eine schwere Geburt, von der sich Julie nur mit Mühe erholte. Gundert überlegte, ob nicht die beiden kleinen Mädchen die Reise der Eltern in Thalassery bei Frau Irion abwarten sollten. Aber Julie konnte sich nicht dazu entschließen. Es galt die Zukunft der vier Kinder zu regeln, in Indien konnten sie auf die Dauer nicht bleiben. Doch wo sollte man sie in der Heimat lassen, und wer bezahlte den Aufenthalt? Konnte Gundert seinen Eltern, die drei Kinder im Alter seiner eigenen hatten, auch noch seine vier bringen? Kam die Missionsgesellschaft für die Kosten der Erziehung und der Ausbildung auf? Mit der Zahl der Missionare wuchs die Zahl der Ehefrauen und Kinder, es wuchs aber auch die Zahl derer, für die die Missionsgesellschaft verantwortlich war. Wer sollte diese Kosten aufbringen?

Fast trotzig schreibt er den Eltern: *„Dann weiß ich aber wohl, daß der Arbeiter seines Lohnes wert ist, und habe keine Scheu, die gläubige Christenheit mit meinen Kindern zu belasten, denn ich sehe es nicht als Gnadenbrot von ihr an, sondern als Gnade vom Herrn und lautere Schuldigkeit von denen, die den Heiden gepredigt haben wollen."*

Julie, die jetzt selbst bei geringen Anstrengungen in Ohnmacht fiel, deren Unterleibskrämpfe sich ständig verschlimmerten, wollte nicht nach Europa. Sie fürchtete sich vor der Reise, die sie sowieso nicht überleben würde! Warum dann nicht lieber gleich in Indien sterben und auf dem Begräbnisplatz neben dem kleinen Friedrich beerdigt werden! Es kamen Tage, an denen auch der Arzt die Kranke aufgab, die sich selber schon tot glaubte. Fassungslos weinend stand der kleine Hermann am Bett der Mutter.

Immer öfter nahm Gundert seine Buben mit nach Mangalore zu Mögling und Weigle und in die Garnisonstadt

Cannanore zu Samuel Hebich, der eine ungeheure Freude an den aufgeweckten Buben hatte. Herrmann Mögling überzeugte Gundert schließlich davon, daß er die Reise nun nicht mehr aufschieben durfte, um seiner Frau und auch um der Kinder willen. Er hielt nichts davon, die beiden Mädchen allein in Indien zurückzulassen. Es träfe sich ja auch gut: Zusammen mit Herrmann Kaundinya wollte er ja auch heimreisen. War er nicht immer eine zuverlässige Kindsmagd gewesen? Gundert willigte endlich ein, und auch das Komitee in Basel stimmte zu: *„Wenn Gundert sich genötigt sieht, 1846 nach Europa zu kommen, so wird er uns willkommen sein!"*

Ende November trafen Gunderts in Mangalore ein. Julie war so geschwächt, daß sie sich kaum auf den Beinen halten konnte. Die Kinder waren springlebendig, ausgelassen und aufgeregt von der Vorfreude auf die große Reise. Die hektische Betriebsamkeit um sie her setzte Julie noch mehr zu als die letzten Tage in Thalassery mit ihren Abschiedsbesuchen. Nur mit Grausen dachte Hermann Gundert an die Abfahrt des Küstenbootes zurück. Laut weinend hatten die Mädchen des Instituts ihre Arme nach der Lehrerin ausgestreckt, die langsam auf dem Boot zum Hafen hinausglitt. Er hatte seine Frau in den Arm genommen und sie festgehalten, weil er fürchtete, sie würde sonst über Brod springen und an Land zurückzukehren versuchen.

Während der ganzen Reise hatte sie immer wieder über ihre große Schwäche geklagt, lieber wollte sie in Indien sterben als unterwegs auf dem Schiff! Die Reisenden feierten noch die Hochzeit der Missionare Fritz und Ammann, der junge Missionar Mörike hatte Bräute für sie mitgebracht, aber selbst dieses heitere Fest brachte Julie keine Entspannung. Im Gegenteil, die fröhliche Aufbruchsstimmung der jungen Paare hinderte sie nur, ihrer düsteren, von Todesahnungen beherrschten Stimmung nachzugeben.

Fast erleichtert ließ sie sich auf das Schiff, das sie über Goa nach Bombay bringen sollte, tragen. Herrmann Möglings Schüler, der bekehrte Brahmane Herrmann Kaundinya, würde mit ihnen reisen, im Missionshaus in Basel sollte er zum Missionar ausgebildet werden. Zuerst hatte die Missionsgesellschaft diesen Wunsch Möglings entschieden abgelehnt, schließlich aber doch zugestimmt. Gedankenverloren stand Gottfried Weigle an der Anlegestelle und sah dem langsam am Horizont untertauchenden Schiff nach. „Wenn nur die Kinder ihre Mutter noch haben, wenn sie in Europa ankommen", murmelte er vor sich hin.

Am 1. Januar 1846 bestiegen die Reisenden den Regierungsdampfer „Victoria" im Hafen von Bombay, der endlich am späten Abend des 4. ablegte. Er hatte noch auf Kriegsnachrichten aus dem Pandschab, wo die Engländer gegen die Sikhs kämpften, warten müssen. Herrmann Mögling stand an der Reling, die einjährige Christiane auf dem Arm, die vor Vergnügen kreischte, und brüllte gegen das Stampfen des Motors an: „Es ist das erste Mal in der Geschichte der Mission in Indien, daß ein Schiff mir vier Herrmännern an Bord den Hafen von Bombay verläßt!" Fürsorglich hatte Hermann Gundert für seine Frau auf dem Achterdeck einen Liegestuhl aufgestellt; hier lag sie bei schönem Wetter und bei ruhiger See und erholte sich trotz der guten Luft und der rührenden Sorge nur mit quälender Langsamkeit. Meistens krabbelte Christiane um sie herum, oft aber holte Mögling die immer lachende, quicklebendige Einjährige und trug sie auf dem Schiff herum. Der kleine Hermann und sein Schatten Samuel trieben sich zum Entsetzen der mitreisenden vornehmen Engländer – auch der Bischof von Malakka zählte zu den Passagieren – am liebsten bei den Matrosen auf dem Vorschiff herum. Hier konnte man klettern, rennen und alles mögliche anstellen, ohne daß es sogleich einem der lästigen Erwachsenen auffiel.

Nur Marie war trotzig und ein wenig verzweifelt, sie fühlte sich allein, sie hielt ihr „Memmele", das Püppchen, das ihr Weigle und Mögling in Mangalore gebastelt hatten, fest an sich gedrückt. Immer wieder rief sie nach ihrem Kindermädchen Rosine und bockte und schrie, daß es selbst ihrem geduldigen Vater zuviel wurde. Im Zorn warf sie Scheren und andere Dinge einfach zum Kajütenfenster hinaus.

Die Zeit an Bord verging wie im Flug, schon am 19. Januar war Suez erreicht. Von dort ging es in einem ungefederten Wagen nach Kairo. Die Nacht war bitterkalt, achtmal mußten die Pferde gewechselt werden, die kleinen Mädchen zitterten vor Kälte. Von Kairo aus ging es dann auf einem Boot den Nil hinunter nach Alexandrien. Hier wartete schon der österreichische Dampfer „Erzherzogin Ludovica", der sich trotz seines vornehmen Namens als ein übler Seelenverkäufer erwies. Nicht nur die bockige kleine Marie, von zu Hause an viel Service rund um die Uhr gewöhnt, beklagte sich bitter über die schlechte Bedienung. Der Kapitän war anmaßend und frech. Vor Syra wurde das Schiff noch einmal gewechselt. Julie hatte gehofft, der stolze „Imperator" hätte eine bessere Mannschaft an Bord, aber es wurde eher noch schrecklicher. Es gab fast nichts zu essen, und die an indische Wärme gewöhnten Kinder maulten und quengelten, wollten auf der Stelle wieder nach Hause.

Endlich, am 16. Februar, trafen sie in Triest ein. Behutsam führte Hermann Gundert seine Frau von Bord. Mit staunenden Augen betrachtete Herrmann Kaundinya zum ersten Mal die Silhouette einer europäischen Stadt. Der württembergische Geschäftsträger in Triest versorgte die Ankömmlinge mit den neuesten Stuttgarter Nachrichten, Mögling und Gundert wollten auch noch die allerkleinsten Einzelheiten erfahren.

Noch war die Reise nicht beendet. Sobald wie möglich

188

fuhren die Heimkehrer im Omnibus nach Laibach. Die Kinder weinten und jammerten in der Kälte. Als der Vater sie aufforderte, sich doch noch einmal nach dem Meer umzusehen, dem Begleiter ihrer ganzen bisherigen Kindheit, schüttelten sie nur die Köpfe: Sie hatten genug davon und wollten es nicht mehr sehen.

Starr blickten sie nach vorne. Im offenen Pferdeschlitten fuhren sie, die Füße in Strohballen gepackt, durch die schneebedeckten Tauern. Staunend betrachteten sie den allerersten Schnee ihres Lebens, dauernd wollten sie Schneebälle formen, sich im Schnee wälzen, aber Julie erlaubte es nicht. Sie hatte die Kälte unterschätzt, die Kleider der Kinder erschienen ihr dafür nicht warm genug.

Seit Triest war Julie von einer eigenartigen Spannung erfaßt. Alles erschien ihr wie ein unwirklicher Traum. Sie, die in einer schneereichen Gegend aufgewachsen war, hatte Kinder, die Eis und Schnee mit weit aufgerissenen Augen betrachteten wie ein Wunder. Nachts schrie Samuel im Schlaf auf, er hatte vorwitzig den Fuß aus dem Stroh heraushängen lassen. Er konnte nicht begreifen, warum ihn die Mutter schalt. War es denn möglich, daß ein Bein erfrieren konnte?

Hermann Gundert wurde angesteckt von der unwirklichen Stimmung, er schreibt: *„Es war eine schöne, sternhelle Nacht, kein Wind, keine Lawine, und dankbar stiegen wir am Morgen vor dem ‚Hirsch‘ in Salzburg aus. Dort trennten wir uns von Mögling und Kaundinya, die mit der Post schneller reisen konnten, während wir den Bayern nicht für sechs Köpfe (ohne Altersunterschied) zahlen wollten und also mit einem Lohnkutscher nach München fuhren. Ich glaube, daß diese Salzburger Seele, obgleich katholisch, des Herrn ist. Es war eine nette Fahrt im Frühlingswetter, immer eins oder das andere auf dem Bock beim Kutscher, – zuweilen Schnee geballt, wo der tiefere Straßengraben das*

Tauen verhindert hatte. In München waren wir nur drei Stunden, dann ging's auf der Eisenbahn nach Augsburg und mit einem Kutscher nach Ulm, wo ich in Eile die alte Frau Hebich mit ihren scharfen Augen und ziemlich scharfen Reden sah, – und der letzte Februar führte mich die Geislinger Steige hinab endlich in bekannte Gegenden, – dort stand der Hohenstaufen; – der indische Aufenthalt war wie zum Traum geworden, doch welschten wir genug Malayalam zusammen zum Wunder aller Mitreisenden. Schnell ging's durch Göppingen und Plochingen, wo wir Freunde und Verwandte von Mitarbeitern sahen – endlich nachts nach Stuttgart."

Hermann Gundert konnte es nicht erwarten, durch die vertrauten Gassen nach Hause zu gehen, schon beim „Bären" in der Esslinger Straße verließ er mit seiner Familie die Postkutsche, machte die munter vorauslaufenden Buben auf die Leonhardskirche aufmerksam, behutsam die schlafende Christiane im Arm haltend, während Julie die maulende Marie mit ihrem Memmele hinter sich herzog.

Schön gedeckt war der Tisch in der Christophstraße, aber nur die alte blinde Großmutter ist da, wo waren die Eltern? Sie haben es nicht ausgehalten, den Sohn zu sehen, und sind zur Poststation gegangen, die Erwarteten abzuholen. Jetzt standen sie enttäuscht neben der Kutsche. Dreimal schon hatte die Mutter gefragt: „Hast du auch wirklich richtig nachgesehen?" Kopfschüttelnd hatte der Vater gebrummelt: „Werd' doch noch den eigenen Sohn unter Fremden herauskennen!" Da fühlte er sich plötzlich am Arm gepackt, beim Umdrehen sah er in die lachenden Augen seines Hermann.

Da waren die Kinder und eine stille, blasse Frau mit tiefblickenden dunklen Augen, die seltsam brennend die Eintretenden fixierten. Freundlich begrüßte die Mutter die vermeintliche indische Aya der Kinder und wandte sich

dann fragend an den Sohn: „Aber wo ist denn deine Frau?"
Der legte den Arm um Julie: „Aber hier ist sie doch – ich
habe nur die eine!" Neugierig hatten sich der fast zehnjährige Adolph und der achtjährige Gustav, die beiden Söhne
Ludwig Gunderts aus seiner zweiten Ehe, dem kleinen Hermann und Samuel genähert, die deutschen Onkel fanden
augenblicklich Gefallen an ihren indischen Neffen. Während die vierjährige „Tante" Emma sich ebenso augenblicklich mit ihrer dreijährigen Nichte Marie in den Haaren lag!
Die beiden stritten sich ständig um eine große Puppe, die
Marie ehrfürchtig betrachtete, während Emma sich über das
abgeliebte Memmele Maries lustig machte, so daß Marie
schließlich erbittert mit den Fäusten auf „das böse Tante
Jemma" losging. Christiane war auch in der Christophstraße der konkurrenzlose Liebling aller, ein immer heiteres,
vergnügtes und zufriedenes Kind.

Besorgt betrachtete Gundert seine Frau. Am liebsten wäre er sofort mit ihr nach Corcelles weitergefahren, damit
auch sie zu Hause wäre. So liebevoll man Julie im Haus der
Schwiegereltern aufgenommen hatte, sie fühlte sich nicht
wohl. Das lag vor allem an der Sprache, niemand sprach
Französisch und Julie außer wenigen Brocken kein
Deutsch. Es verlangte sie nun mit der ganzen Macht ihres
ungeduldigen, so oft zur Geduld gezwungenen Herzens
nach Corcelles, nach dem Haus am Marktplatz, den alten
Gassen und der frischen Luft der Weinberge. Wie schön
mußte es sein, jetzt im beginnenden Frühjahr hinüberzuge-
hen nach Cormondrêche, das Haus der Großmutter zu sehen und ihr Grab auf dem Friedhof zu besuchen. Was der
Vater wohl zu ihren Kindern sagen würde, Kinder, die kein
Wort Französisch sprachen! Und dann Uranie, ob sie sich
mit der Schwester wohl noch so gut wie einst verstehen
würde? Ob der Uhrenkasten noch an seinem Platz stand?
Morgen, morgen schon würde sie fahren!

Am nächsten Tag fieberte Marie, die Temperatur stieg, alle Hausmittel versagten. Der Arzt stellte Scharlach fest, Scharlach in einem Haus mit sieben Kindern, das jüngste noch nicht zwei und das älteste noch nicht zehn Jahre alt! Die Großeltern boten an, Marie zu pflegen, da erkrankten auch die Brüder. Mit jeder Faser zog es Julie heim. Aber sie konnte und durfte die Kinder nicht im Stich lassen! Sie mußte ihren Egoismus besiegen, mußte bleiben und sich fügen in die Krankheit der Kinder! Ihre Nerven waren zum Zerreißen gespannt von diesem Kampf. Über zehn Jahre war sie jetzt fort, aber ein Recht heimzukehren hatte sie nicht, nicht solange sie andere Aufgaben darüber vernachlässigte. Hermann Gundert kannte seine Frau zu genau, um nicht zu wissen, wie sehr nicht nur die Pflege, sondern auch die fast übermenschliche Willensanstrengung die ohnehin geschwächten Kräfte seiner Frau belasten würde.

Als es den Kindern endlich wieder besser ging, brachte er seine Frau zu dem alten Freund seiner Maulbronner Seminaristenzeit, Johann Christoph Blumhardt, der nun schon seit einigen Jahren Pfarrer in Möttlingen war.

Der 1805 in Stuttgart geborene Blumhardt hatte durch die Heilung der von einer langwierigen und rätselhaften Krankheit befallenen Gottliebin Dittus ungeheures Aufsehen nicht nur in seiner Gemeinde, sondern auch weit darüber hinaus erregt. Schließlich waren die dunklen, unheimlichen Mächte dem Gebet gewichen, Blumhardt selber stellt darüber nüchtern fest: *„Das war ein persönlicher Kampf mit den Persönlichkeiten der Finsternis, da wir miteinander eindreiviertel Jahre gerungen haben, um zu sehen, wer der Herr würde, ich im Namen des Herrn Jesu oder sie in ihrer alten Widersetzlichkeit gegen den lebendigen Gott. Ich war mutig geblieben auf den Herrn Jesus hin, und wenn es gleich durch herbe Dinge durch ging, da es oft fast nicht mehr durchzumachen zu sein schien und ich aufs äußerste getrie-*

ben wurde, so hat der Gedanke an Jesus, den Anfänger und
Vollender des Glaubens, der nach blutigem Kreuzestod zur
Rechten Gottes erhöht worden ist, mich stark erhalten, und
zuletzt hat, ohne daß ich recht wußte, um was es sich han-
delte und wie es stand, auch die Finsternis müssen, vielleicht
zum ersten Mal, ausrufen: Jesus ist Sieger!"

Vierzehn Tage blieb Julie im Möttlinger Pfarrhaus.
Blumhardt und seine Frau Doris hatten den Freund mit
Tränen in den Augen willkommen geheißen und nicht eher
geruht, als bis Hermann Gundert seine Frau bei ihnen, und
nicht wie eigentlich geplant beim Schultheißen, einquartiert
hatte. Julie schlief im Wohnzimmer auf der Couch, das
ganze Pfarrhaus war voller Gäste. Allein im Eßzimmer spei-
sten mehr als zwanzig Personen, in einem Nebenzimmer
war für Kinder und Kranke ein weiterer Tisch gedeckt.
Alles Menschen, die bei Blumhardt Heilung und Trost
suchten, mit denen er sprach und betete. Dabei hielt er sich
mit nüchterner Sachlichkeit an die Bibel. Sein Wort *„Der*
Mensch muß sich zweimal bekehren, einmal vom natürli-
chen Menschen zum geistlichen und dann wieder vom geist-
lichen Menschen zum natürlichen" konnte Julie verstehen
und von Herzen nachvollziehen.

Das einfache, vom Glauben bestimmte Leben im Möttlinger Pfarrhaus tat ihr wohl. Sie, die doch schon seit einiger
Zeit unter den vielen Menschen, die sie ständig umgaben,
und an dem Fehlen jeglicher Privatsphäre körperlich und
seelisch gelitten hatte, fand sich unter den vielen Gästen
Blumhardts gut zurecht, im Gegenteil, sie genoß die anre-
genden Gespräche und langen Spaziergänge mit Blumhardt
und seiner Frau. Als Gundert kam, seine Frau heimzuholen,
hatte sie viel von ihrer alten Lebhaftigkeit und Schnelligkeit
wiedererlangt, sie betonte, daß es ihr schon seit Maries Geburt nicht mehr so gutgegangen sei, und schmiedete sogar
Zukunftspläne.

Samuel und sein Bruder Hermann besuchten in Stuttgart die Kleinkinderschule, um Deutsch zu lernen. Besonders der ältere schien die Sprachbegabung seines Vaters geerbt zu haben. Er lernte Deutsch mit einer Schnelligkeit, die alle verblüffte, und gewöhnte sich daran, als Dolmetscher für die ganze Familie zu fungieren. Lehrer Bauzenberger versuchte den kleinen „Indern" feines Stuttgarter Benehmen beizubringen, was von Samuel nicht gewürdigt wurde. Er murrte seufzend vor sich hin: „Bauzenberger Pisatschu ana!" – „Was sagt er?" wandte sich der strenge Lehrer an den älteren Bruder, der ungerührt übersetzte: „Bauzenberger Teufel sein!" Es spricht für den Pädagogen, daß er „das arme Kind, das unter den wilden Heiden" aufgewachsen war, nicht mit Tatzenhieben verschreckte. Vielmehr bat er den Vater zum Gespräch, das er mit den Worten „Samuel ist ein böser Knabe" einleitete.

Im April und Mai besuchte Julie zusammen mit ihrem Mann einige Missionsfeste. Zu ihrem eigenen Erstaunen erregte sie größeres Aufsehen als ihr Mann, dem diese Art der Darstellung von Herzen zuwider war. Wenn Julie in ihrer schlichten Art von den Aufgaben und Pflichten in Indien erzählte, dann klang das so natürlich, daß die Gläubigen, die sich vorher von einigen hochgestochen daherkommenden englischen Missionarsfrauen abgestoßen gefühlt hatten, ihr vertrauten. Julie spürte das Interesse, das man ihr entgegenbrachte, und versuchte Brücke zu sein zwischen dem Werk in Indien und den Menschen, deren Spenden die Missionsgesellschaft so dringend brauchte, um alle Aufgaben lösen zu können.

Am 24. Mai 1846 endlich reisten Julie und Hermann Gundert, begleitet von den beiden kleinen Mädchen, in die Schweiz. Während seines insgesamt zehnmonatigen Aufenthalts in Europa hielt Hermann Gundert über achtzig Vorträge auf Missionsfesten, in Gemeinden, im Missionshaus und überall dort, wohin man ihn einlud. Angesichts dieser Fülle an Auftritten von einem Erholungsaufenthalt zu sprechen, wäre übertrieben. Julie begleitete ihn, so oft sie konnte. Wie gehetzt es dabei zuging, schildert Gundert selbst: „*1. Juni früh, zum Inspektor zur Audienz ... ich mit Frau und Kindern im Verdeck des Postwagens staubbedeckt nach Neuchâtel, wo wir abends ankamen, suchte Schaffters Kinder in Moutiers, sie waren aber in Locle. In Neuchâtel nichts für uns bereit; da ich den nächsten Abend in Genf sein mußte, packte ich die Frau und die zwei schlafenden Kleinen in eine Droschke und schickte sie so nach Corcelles, habe also meinen Schwiegervater noch nicht gesehen; schlief noch ein paar Stunden.*" Dazu mußten Briefe geschrieben, Artikel redigiert und Besprechungen im Komitee abgehalten werden. Es gelang Gundert, für die Druckerei in Mangalore zwei gebrauchte Druckmaschinen billig zu beschaffen. Für den Transport müssen sie völlig auseinandergenommen werden. Wer aber soll sie in Indien wieder zusammensetzen? Für die ungeübten Arbeiter machte Gundert genaue Pläne, wo welches Teil hingehörte. Es wäre zu riskant, den teuren Transport zu bezahlen und hinterher doch nicht mit den Maschinen arbeiten zu können.

Als die Kutsche am späten Abend vor Julies Elternhaus in Corcelles hielt und Julie den Schlag öffnete, wurde schon die Haustür aufgerissen, und Uranie stürzte heraus. Wortlos hielten sich die beiden Schwestern umschlungen. Langsam war der Vater zu ihnen getreten. Vorsichtig legte ihm Julie die schlafende Christiane in die Arme, während sie selber die im Halbschlaf blinzelnde Marie ins Haus trug. Nachdem sie die kleinen Mädchen in ihrer alten Kammer zur Ruhe gebracht hatte, ging Julie hinunter in die Küche. Uranie stellte gerade Brot, Butter und Käse auf den Tisch, dazu einen Krug Wein. Die Zeit schien hier im Haus stillgestanden zu sein. Als sie sich nach dem Essen in die gute

Stube setzten, war es so, als wäre Julie niemals weggewesen. In der Vitrine standen Tassen und Teller so wie damals, als noch die Mutter ihres Vaters hier hantierte. Da war das Kissen, das sich die Großmutter abends in den wehen Rücken geschoben hatte, da das Fußbänkchen, das Uranie als Kind für die Mutter mit Perlen bestickt hatte. Unvermittelt brach Julie in Tränen aus. Wie gerne hätte sie mit der Mutter gesprochen, ihr die kleinen Töchter gezeigt, von den Sorgen mit der trotzigen Marie erzählt. Der Vater streichelte ihre Hände. Plötzlich fiel ihr Blick auf die alte Uhr, die jetzt schon ein halbes Jahrhundert lang die Zeit anzeigte. Mit einem Male war der Bann gebrochen. Julie begann zu erzählen. Von Thalassery und ihrer Arbeit, von dem Geräusch, mit dem das anbrandende Meer Tag und Nacht die Missionsstation auf dem Hügel Illikunnu begleitete, von der Reise zurück nach Hause, von den Söhnen, die in Stuttgart zurückgeblieben waren. Die halbe Nacht erzählte sie in wildem Durcheinander, was in den vergangenen zehn Jahren auf sie eingestürmt war. Plötzlich war ihr, als sei sie wieder die „Kleine", die ihrer Familie am Nachmittag das Vesper hinaus in den Weinberg brachte, und die nicht schnell genug auf Straßen und Wegen vorankam.

Marie und Christiane eroberten nicht nur das Herz ihres Großvaters, sondern auch das ihrer Tante Uranie im Sturm. Besonders Marie, dem schwierigen Kind, galt ihre ganze Liebe. Obwohl beide Kinder wieder husteten und leicht fieberten, überredete Uranie die Schwester, nach Rolle zu fahren. Nichts leichter, als auf zwei liebe kleine Mädchen aufzupassen! Julie genoß die sommerliche Landschaft ihrer Kindheit. Wie oft war sie diesen Weg schon gefahren, sie konnte sich nicht satt sehen an der spiegelglatten Fläche des Neuenburger Sees. Das Wiedersehen mit Marie Monnard war so herzlich, als seien die beiden Freundinnen nie getrennt gewesen. August Rochat wartete im Gemeindehaus schon auf sie. Julie war gerührt, wie viele dieser Menschen, die sie jetzt umringten, hatten nicht über Jahre hinweg immer wieder für ihr Institut in Thalassery gespendet. Eigentlich war alles noch so, wie sie es in Erinnerung hatte. Woher kam es nur, daß sie manchmal eine merkwürdige Enge empfand, ein Eingesponnensein? Hatte sich die Welt nicht verändert, seit sie nach Indien ging? Hier in Rolle in August Rochats kleiner Gemeinde spürte man nichts davon.

Endlich findet sie Zeit, an ihren Mann zu schreiben: *„Sicher denkst du schon, was ist los mit Mama, warum schreibt sie so selten. Erst vor acht Tagen habe ich Dir einen langen Brief geschrieben, den Du inzwischen erhalten haben müßtest. Meine Schwester hat mir heute morgen geschrieben, daß es den kleinen Mädchen sehr gut geht. Marie singt: ,Mama kommt und bringt mir eine schöne Puppe, Christianely, wenn du nicht brav bist, dann bekommst du keine!' Sobald sie irgendwo ein Stück Papier herumliegen sieht, sagt sie: ,Voilà, ein Brief von Mama, da steht, daß sie mir eine Puppe mitbringt!' Sie geht viel mit ihrem Großvater spazieren, liebt den Weinberg und ißt ohne zu murren alle Arten von Gemüse, was sie doch bis jetzt nicht getan hat.“* Hierüber konnte sich Julie nicht genug wundern, denn in Stuttgart hatte Marie ihren Großvater dazu gebracht, die Rute zu holen, als sie einen Teller mit Spinat gegen die Wand warf und brüllte: „In Indien fressen Kühe grünes Gras!“ Die übrigen Kinder am Tisch hatten die Szene fassungslos betrachtet und waren dann in johlendes Gelächter ausgebrochen. Was war dem guten Großvater da übriggeblieben, als Marie ein paar überzuziehen! Julie schreibt weiter: *„Morgen, am Mittwoch, mache ich mit Monsieur Rochat und anderen Freunden einen Ausflug nach Genf, wir fahren schon in aller Frühe ab und verbringen den Tag bei Frau von Watville . . . Donnerstag bin ich mit den Schwestern zusammen, die hier zu einer Versammlung eingeladen ha-*

ben, *die Alten und die entfernt Wohnenden werden mit Kutschen abgeholt. Den Freitag verbringe ich mit Genfer Freunden in ihrem Landhaus. Wenn Gott es will, bin ich am Montag bei Madame May de Blonay, die heute von ihrer Kur zurückkommt. Dorthin adressiere bitte auch Deinen nächsten Brief. Bitte schreibe mir, ob Du glaubst, daß ich den Winter hier verbringen kann, damit ich meinen Aufenthalt im Waadtland planen kann. Bevor Du endgültige Entscheidungen triffst, mußt Du mit Deiner Mutter sprechen und ihr etwas sagen. Ich erwarte Familienzuwachs im März. Die Zeit bis dahin möchte ich so ruhig wie möglich verbringen. Und wenn Gott alles gut verlaufen läßt, dann sollte ich hinterher längere Zeit im Bett bleiben. Du weißt, daß das notwendig ist. Glaubst Du nicht auch, daß der Umtrieb im Haus zuviel wird für Deine Mutter und Deine Großmutter? Bestimmt wird es viel einfacher sein, ein Kindermädchen auf dem Lande zu finden. Über all das sollten wir miteinander sprechen.*" Energisch schob sie Tinte und Papier beiseite. Sie stützte den Kopf in die Hände. Wie schön wäre es, noch ein Jahr hierbleiben zu können. Aber ihr Mann drängte nach Indien zurück. Sie wußte, daß sie morgen schon – genau wie er – Heimweh nach Indien bekommen würde. Es war fast so, als hätte er Angst, in Deutschland zurückgehalten zu werden. Wieviel leichter wäre es, einfach hierzubleiben, zusammen mit den Kindern. Plötzlich wußte sie, daß sie lieber heute als morgen fahren würde, zurück in dieses schöne Land mit seiner Wärme, nach Thalassery mit seinen Menschen, die sie brauchten und die sie liebte, trotz all der Enttäuschungen und Sorgen, die sie dort schon erlebt hatten. Langsam zog sie das Papier wieder zu sich heran und schrieb: „*Wenn ich eine reiche Frau wäre, dann wäre ich sicher schon seit Wochen wieder unterwegs in das liebe, warme Land!*" So aber schüttelte es sie genauso vor der winterlichen Kälte in Europa wie vor ungefederten Kutschen, die durch Wüsten fuhren, und vor unverschämten Kapitänen auf Schiffen, die fast so löchrig waren wie der gute Greyerzer Käse!

Gerade als die Trauben reif waren, Mitte September, brachte Hermann Gundert die beiden Buben nach Corcelles. Endlich war die Familie einmal vereint. Julie, die wußte, daß es das letzte Mal für lange Zeit sein würde, brach fast das Herz. Hermann und Samuel, die zusammen durch die Weinberge tobten, als hätten sie ihr Leben lang nichts anderes getan, würden zusammen mit der kleinen Christiane in Stuttgart bei den Großeltern aufwachsen. Für Marie den richtigen Platz zu finden, war am schwersten gewesen. Dr. Albrecht Ostertag, der in seinem schönen Landhaus in Gundeldingen schon die kleine Tochter des Missionars Kruse aufgenommen hatte, würde auch Marie ein Heim bieten. Anfang Oktober brachten die Eltern die Vierjährige dorthin.

Marie hat dieses wohl einschneidendste Erlebnis ihrer Kindheit nie vergessen: *„Unvergeßlich ist sie mir geblieben, jene herbe Stunde, da es galt, mich von meinen Eltern zu trennen. Noch sehe ich, wie ich weinend im Hofe stand und meine Mutter mit Gewalt festhalten wollte, indem ich mich an den Zipfel ihres Schales hing. Man riß mich weg von ihr und trug mich ins Kinderzimmer, wo man mich mit Liebkosungen und Zuckerwerk trösten wollte. Allein mein Innerstes war empört, mir war's, als hätte sich die ganze Welt verschworen gegen mich, als hätten meine Eltern selbst mich verstoßen. Unvergeßlich rührend ist mir heute noch die liebliche Sanftmut, das zarte Mitgefühl meiner einzigen Gespielin Emilie, Tochter des Missionars Kruse, die mir ihre schönsten Spielsachen vorstellte und dann still ihre Tränen zerdrückte, als ich ihre Kleinodien in meinem Wutanfall zertrümmerte!"*

Die robusten großen Brüder waren inzwischen in Stuttgart ganz zu Hause, sie genossen ihre Sonderstellung, wurden überall verwöhnt. Besonders der dicke und gemütliche Samuel war deutschem Kuchen und Naschwerk verfallen. Als man ihn fragte, ob er lieber dableiben oder nach Indien zurückkehren wolle, schrie er leidenschaftlich auf: *„Nein, nein, Europa Kaiserkuchen und Kirschenkuchen! Ich dableiben!"* Aber jetzt, als sie begriffen, daß die Trennung von den Eltern endgültig war, empörten sie sich. Hermann war fassungslos: *„Das ist doch schrecklich, wenn man die Kinder so verläßt. So macht's niemand wie ihr!"*

Hermann Gundert beschwor seine Frau, noch einmal mit nach Stuttgart zu kommen, so hätten wenigstens die dortigen Kinder noch eine Familie. Er glaubte, daß es auch für Marie ohne die Mutter leichter sein würde, sich ganz bei Ostertags einzuleben. Aber Julie wehrte ab. Sie wollte die beiden letzten Monate des Aufenthaltes in Corcelles bleiben, sie brauchte Ruhe und Stille mehr als das lärmende Zentrum einer Großfamilie. Sie brauchte die Abgeschiedenheit, um die Trennung von den Kindern verkraften zu können, um sich auf die Reise vorzubereiten.

Am 10. Oktober fuhr Hermann Gundert mit den Söhnen und Christiane nach Stuttgart zurück. Im Tagebuch notiert er: *„Endlich der Abschiedsmorgen. Mutter war mit Christiane zu mir gezogen; rüstete sie morgens, ging mit zur Eisenbahn, bis man zum Scheiden blies. ‚Arevoir, Mama', sagte Christiane, und wir gingen auseinander. Ich suchte soviel Zeit, als ich von den Kindern abbringen konnte, dem Gebet für sie zu widmen. 10¹/₄ Uhr Straßburg, 12 von Kehl fort – Hermann, der gestern bitterlich geweint, will nur immer Geschichten hören (Genovefa, Heinrich von Eichenfels)"* –

Auch für Julie kam dieser Abschied einer Zerreißprobe gleich. Die erwünschte Erholung stellte sich nicht ein, ihre Gedanken kreisten immer nur um die Kinder, um die, die sie in Europa zurücklassen mußte, und um die, die sie noch bekommen würde. Kinder, um sie herzugeben. So schwer hatte sie sich den Abschied nicht vorgestellt, wie sollte das erst werden, wenn Meere zwischen ihnen liegen würden? An ihre Schwiegermutter schreibt sie: *„Ich hoffte Deinen Brief mündlich zu beantworten, aber Du weißt, was mich daran hindert und der Freude beraubt, Euch alle wiederzusehen. Das ist eine große Entbehrung für mich, allein ich glaube, daß es der Wille Gottes ist und unterwerfe mich ihm. Ich muß mich auch darein ergeben, meine liebe Marie nicht mehr zu sehen, denn die paar Besuche, die ich bei ihr machte, haben jedesmal solches Heimweh bei ihr erregt, daß es mir weiser schien, nicht mehr hinzugehen. Im Glauben kann ich alle unsere Kinder vertrauensvoll meinem lieben himmlischen Vater übergeben, und ich bin den lieben Eltern und den Freunden, die uns bei ihnen vertreten wollen, von Herzen dankbar. Denke aber nicht, daß mein armes, schwaches Herz nichts dabei gefühlt habe. Oh, es hat gelitten und blutet noch immer von Zeit zu Zeit, aber Er, der Balsam hat für Wunden, weiß sie auch zu verbinden, und Er tut es treulich. Lob und Preis sei ihm dafür!"*

Am 23. Dezember traf Hermann Gundert in Basel wieder mit seiner Frau zusammen. In den vergangenen Monaten hatte Julie versucht, jeden Gedanken an den Abschied weit von sich zu schieben und nur an die Aufgabe zu denken, die vor ihr lag. Als sie ihrem Mann gegenüberstand, wußte sie, wie sehr auch er darunter litt, die Kinder in Europa lassen zu müssen. Einmal noch besuchten sie Marie bei Ostertags in Gundeldingen. Die kleine Tochter sprach inzwischen perfekt Baseldeutsch und sagte Papa und Mama zu den Pflegeeltern. Obwohl der Verstand ihr sagte, daß sie darüber glücklich sei müsse, krampfte sich Julies Herz zusammen. So schnell vergaß also ein Kind! Fast schien es ihr, daß es besser gewesen wäre, ohne Abschied abzureisen. Bei einem schnellen Blick auf ihren Mann erkannte sie, daß es ihm genauso ging wie ihr.

Drei Tage später reisten Gunderts zusammen mit der Lehrerin Viktoria Kegel und drei für Mangalore bestimmten Missionsbräuten über Besançon nach Lyon. Die winterliche Kälte machte Julie zu schaffen. Aber sie waren allein in der Kutsche und konnten es sich so einrichten, wie es für sie bequem war, bis sich *„in Macon ein dicker Herr Canonge zu uns setzte, der uns heiß und bös machte, doch halfen wir uns am Ende mit Lachen durch. Es war entsetzlich, wie wir zu viert auf der Bank saßen."*

In Lyon legten sie einen Ruhetag ein. Als Hermann Gundert mit seiner Frau durch die Straßen schlenderte, entdeckte er das Schild eines Daguerretypisten. Vergnügt schlug er seiner Frau vor, dort Bilder machen zu lassen. Den Söhnen in Stuttgart schreibt er: *„Ich habe in Lyon Deine liebe Mutter und mich noch zweimal daguerrotypieren lassen. Davon soll ein Bild nach Gundeldingen kommen, daß Marie uns nicht ganz vergesse. Der liebe Bruder des Herrn Schaffert, der ihm sehr gleichsieht, nur hat er einen Schnurrbart, schickt die zwei Bilder nach Basel. Der Herr Ostertag, den Marie ‚Papa Ostertag' heißt, schickt Euch dann das andere zu. Wir mußten neun Treppen hoch hinaufsteigen, um uns machen zu lassen. Da hat Deine liebe Mutter viel geschnauft und gesagt, wie sie wieder unten war, wenn man mich jetzt auch umsonst machte, ginge ich nicht wieder hinauf."*

Als Gunderts gutgelaunt ins Hotel zurückkehrten, trat ihnen Viktoria Kegel aufgeregt entgegen. Schon vor Stunden seien die drei Missionsbräute ausgegangen, nur einen kurzen Ausflug hatten sie machen wollen, und noch immer seien sie nicht zurückgekehrt. „Man muß doch etwas unternehmen!" verlangte sie energisch. Gundert zuckte die Achseln: „Was denn?" Schmunzelnd fügte er nach einem Blick auf die aufgeregte Lehrerin hinzu: „Unkraut vergeht

Hermann und Julie Gundert
Ende 1846 in Lyon

nicht. Altes deutsches Sprichwort." Dabei packte er die beiden ihm verbliebenen Damen galant am Ellenbogen und führte sie zu Tisch. Fieberhaft überlegte die junge Frau, was zu tun sei, aber bevor sie sich einen Plan zurechtlegen konnte, trafen die drei Vermißten vollkommen erschöpft und ermattet im Hotel ein. Sie hatten sich in der für sie unvorstellbar großen fremden Stadt verlaufen, zu allem Unglück fiel ihnen auch der Name des Hotels nicht mehr ein. Lange waren sie ziellos durch die Gassen geirrt, bis sie endlich „dem dicken Mann aus Macon" durch Zufall in die Arme gelaufen seien. Der hatte sie ungeachtet ihres Gelächters am Tag vorher hierher ins Hotel geführt. Er war sogar den ganzen weiten Weg mit ihnen gegangen, um sicher zu sein, daß ihnen auch nichts passieren würde.

Julie spürte, daß Viktoria Kegel ihren Mann bereits den ganzen Abend immer wieder voller Mißtrauen betrachtete. Hatte sie einst seinem ihr so merkwürdig vorkommenden Humor nicht genauso ablehnend gegenübergestanden? Damals, als sie sich in Bristol kennenlernten? Und wie dankbar war sie ihm heute, wenn er ihr wieder einmal zeigte, wie klein der angebliche Felsblock war, der auf ihrer Seele lastete.

Eigentlich hatte Julie nach den Turbulenzen mit Katharina Mook gar keine Lehrerin aus Basel mehr für das Mädcheninstitut haben wollen. Aber der Missionsfrauenverein und auch das Komitee hatten darauf bestanden. Nachdem Hermann Gundert die junge Frau kennengelernt hatte, war auch er dafür gewesen.

Die Tochter eines bayerischen Metzgers hatte genug Ausdauer und Energie, sich in Indien durchzusetzen. Nach dem frühen Tod der Mutter hatte das kleine Mädchen nicht viel Liebe von seinem Vater erfahren. Viktoria glaubte, er wäre sie am liebsten losgewesen, und einmal, bei einem Ausflug in den Wald, war er dem Kind einfach davongerannt. Zwar hatte sie alleine wieder heimgefunden, aber ein tiefes Mißtrauen dem Vater gegenüber war geblieben und hatte sich allmählich auf alle Männer übertragen. Als einziges evangelisches Kind unter lauter Katholiken hatte sie sich von klein an behaupten müssen. Als man ihr im Missionshaus in Basel dringend ans Herz gelegt hatte, Julie Gundert zu unterstützen, hatte man dabei wohl weniger den Schutz vor dem Ehemann im Auge gehabt, aber Viktoria Kegel hatte es so ausgelegt.

Jetzt wandte sie sich an Hermann Gundert: „Was hätten Sie gemacht, wenn die drei nicht wieder aufgetaucht wären?" Gundert lachte auf: „Dann hätten wir die Reise eben ohne sie machen müssen!" Viktoria Kegel zuckte zusammen. Sie hatte es ja geahnt, dieser Mann war ein Wolf im Schafspelz! Sie nahm sich vor, noch mehr als bisher auf der Hut zu sein.

Kapitel 12
Erholung in den „Blauen Bergen"

Am nächsten Morgen ging es weiter nach Marseille. Julie atmete auf: Nun wurde es wärmer. Erleichtert rief sie aus: „Endlich braucht man kein Feuer mehr – die Hände und Füße werden nicht mehr steif, wir stehen nur noch mit halbem Fuß auf europäischem Boden!" Von Marseille ging es mit einem englischen Dampfer übers Mittelmeer nach Alexandrien. Der majestätisch aus der Brandung ragende Leuchtturm erregte das Staunen der mitreisenden Damen. Fassungslos wandte sich eine von ihnen an Hermann Gundert: „Wie kann man auch nur einen solchen Bau mitten in die schäumende Brandung stellen!" Gundert, gerade mit dem Zählen und Ordnen der Gepäckstücke beschäftigt, sah flüchtig auf und sagte leichthin: „Wahrscheinlich wirft man die Kerne ins Meer, aus denen ist er dann emporgewachsen!" Beleidigt wandte sich die Fragerin ab, Viktoria Kegel aber, die die Szene beobachtet hatte, preßte die schmalen Lippen aufeinander und murmelte vor sich hin: „Was für eine geschmacklose, eines Missionars unwürdige Antwort!"

Jetzt, auf der Rückreise, war der Gedanke an die Kinder allgegenwärtig, vor genau einem Jahr waren Gunderts mit ihnen zusammen in Kairo angekommen. Obwohl sie beide daran dachten, sprach kaum einer von ihnen seine Gedanken einmal aus. Diesmal aber fuhren die Reisenden nicht in einer ungefederten Kutsche durch die Wüste, sondern sie mieteten sich einige Esel als Reittiere. Zuerst schien es, als bekäme Julie das Reiten sehr gut, aber die Nächte in den schlechten Herbergen am Wegesrand auf den durchgelegenen Matratzen waren voller Schmerzen. Mehr als einmal fürchtete Julie, das Kind werde hier, mitten in der Wüste geboren. Jeden Morgen, wenn seine Frau wieder auf dem Esel saß, schickte Gundert ein Dankgebet zum Himmel und war froh, daß sie die Reise fortsetzen konnten. Als sie trotz allem planmäßig am 20. Januar in Suez eintrafen, bezogen die sechs Reisenden sofort ihre Kabinen an Bord des englischen Dampfers, der sie nach Bombay bringen sollte.

In Aden mußte das Schiff die Fahrt noch einmal unterbrechen, um die für Bombay bestimmte Post an Bord zu nehmen. Gundert ging an Land, um mit einigen englischen Offizieren, die er von Madras her kannte, alte Erinnerungen aufzufrischen. Die Wachstation lag dem Postgebäude genau gegenüber, und solange das Postkamel die Post nicht an Bord gebracht hatte, durfte der Dampfer nicht auslaufen. Gundert verbrachte also einen angenehmen Tag mit freundschaftlichen Gesprächen, immer bereit, bei der geringsten Bewegung im Postgebäude sofort ein schon bereitstehendes Pferd zu besteigen und an Bord zu gehen. Hätte er allerdings geahnt, welche Sorgen sich seine Frau um ihn machte, er wäre sofort in den Hafen hinuntergeeilt.

Der Kapitän war wütend über die ihm unerklärliche Verzögerung der Post und schimpfte ein ums andere Mal: „Wenn sie jetzt nicht sofort kommt, dann laufe ich ohne sie aus!" Julie war außer sich, und ihr Hermann war noch nicht an Bord, was sollte sie bloß ohne ihn machen. Immer wieder stöhnte sie auf: „Er will nicht kommen, oh, er will nicht kommen!" Viktoria Kegel, die nicht begriff, wie mangelhaft Julies Deutsch war und sich nicht vorstellen konnte, daß jemand etwas so Simples wie „will" und „wird" miteinander verwechselte, nickte ergrimmt. Das sah diesem Mann ähnlich, fünf hilflose Frauen alleine nach Indien fahren zu lassen und selber in Arabien unterzutauchen. Am meisten aber gab ihr zu denken, daß die eigene Frau dem Argen so etwas zutraute. Da – endlich tauchte er doch noch auf und lachte nur über die Vorhaltungen, die ihm nun von allen Seiten gemacht wurden.

Am 14. Februar legte das Schiff in Bombay an, Julie drängte auf eine schnelle Weiterfahrt, und so trafen sie schon vierzehn Tage später in Thalassery ein. *„Als wir über den Fluß fuhren"*, schreibt Gundert, *„wurde es lebendig auf dem Hügel; die Knaben mit Irion hatten uns von weitem gesehen und rannten entgegen. Das war ein lustiger Willkomm! Ich sagte allen alsbald Grüße von den Kindern, wobei sie vor Freude lachten und tanzten. Die Weiber und Mädchen harrten oben und kamen dann mit Frau Müller nach. Es war ein Jubel, und alles verwundert, uns so bald, so dick und stark zu sehen."*

Kaum eine Woche nach der glücklichen Heimkehr, am 7. März 1847, kam Julies sechstes Kind auf die Welt, ein Sohn, der von Friedrich Müller auf den Namen Ludwig Friedrich getauft wurde. Julie erholte sich nicht von der schweren Geburt. Die Strapazen der letzten Monate waren zuviel gewesen für ihren geschwächten Körper. Sie fieberte hoch, in wirren Träumen verschmolz das Babygesicht des kleinen Friedrich mit den Gesichtern seiner Brüder, die immer wieder fragten: „Warum macht ihr das? Andere machen das nicht mit ihren Kindern!" Auch dieses Kind würde einmal zu wildfremden Leuten Mama und Papa sagen müssen. Unruhig warf sie sich hin und her. Es war zuviel, vielleicht ging es doch nicht, Missionarin sein und Mutter? Aber es mußte gehen, und wenn es sie das Leben kosten würde!

Ihr Mann saß an ihrem Bett, bleich und verhärmt. Eine andere Frau wäre ihm eine Stütze bei seiner Arbeit, sie aber lag hier, weinte um ihre Kinder, die sie nicht bei sich haben konnte, und das eine, das sie hatte, konnte sie nicht einmal versorgen. Manchmal glaubte sie, ihr Tod würde alle Probleme lösen und wäre für jeden in der Familie besser als diese Schwäche, die sie in den Klauen hielt und nicht weichen wollte, sondern immer stärker wurde, je mehr sie dagegen ankämpfte.

Längst hatte Viktoria Kegel die Arbeit in der Schule aufgenommen und sich gut eingelebt, zusammen mit Christian Irions Frau betreute sie das Mädcheninstitut. Liebevoll umsorgte sie den kleinen Friedrich, dessen Mutter bei seinem Anblick in Tränen ausbrach. Als nach fast sechs Wochen das Fieber immer noch nicht nachließ und der hinzugezogene Arzt nur ratlos den Kopf schüttelte, stand für Hermann Gundert fest: Seine Frau brauchte dringend einen Erholungsaufenthalt auf den Nilgiris, um nicht nur körperlich, sondern auch seelisch wieder gesund zu werden.

Vor zwei Jahren war Gottfried Weigle mit seiner jungen Frau Pauline auf die Nilgiris gezogen, um dort oben nach einem geeigneten Ort für eine Missionsstation Ausschau zu halten. Durch einen glücklichen Zufall hatte Weigle den inzwischen pensionierten Richter Casamajor, den Hermann Gundert schon von Chittoor her kannte, kennengelernt. Casamajor, reich, unverheiratet und unabhängig, hatte sich in einem schönen Tal am Fuße des Dotabeta ein Landhaus gekauft. Er war in den Dörfern der eingeborenen Badagas nicht nur ein willkommener Gast, er hatte ihnen ein Hospital bauen lassen, in dem er die kranken und verwundeten Eingeborenen selbst pflegte und verarztete.

Seit Jahren schon wünschte er, daß sich hier Missionare ansiedeln und Schulen und Seminare für „seine" Badagas errichten und das Wort Gottes in der näheren und weiteren Umgebung verkünden würden. Er hatte sich bereits an einige Missionsgesellschaften gewandt, aber sie hatten alle abgewunken. Casamajor erklärte sich bereit, die Hälfte des

Lebensunterhalts für einen Missionar zu übernehmen und auch das Missionshaus zu bauen. In dem Haus sollte auf Wunsch von Pauline Weigle auch eine Wohnung für kranke Missionare, die zur Erholung auf die Nilgiris gebracht werden mußten, eingerichtet werden. Mögling hatte zugestimmt, bestimmt war es die letzte Gelegenheit, hier oben vor den anderen Gesellschaften Fuß zu fassen. Für Weigle, der die heiße Luft in Mangalore nie gut vertragen hatte, war der Aufenthalt im gemäßigten Klima der Blauen Berge gesundheitlich sehr wünschenswert. Wieviel besser würde er dort oben an seiner kanaresischen Bibelübersetzung arbeiten können! Die zusätzliche Wohnung für die Kranken schließlich war in einer Zeit, in der es auf fast jeder Station schwere und langwierige Krankheitsfälle gab, ein Geschenk des Himmels.

Dort oben in den Bergen, in Kotagiri bei Weigles, sollte Julie von der schweren Geburt genesen und auch ihren seelischen Frieden wiederfinden. Die Reise war für die apathische, immer noch fiebernde Kranke eine Strapaze, nicht einmal die Schönheit der sich verändernden Landschaft schien Julie zu erfreuen. Gundert notiert in sein Tagebuch: *„Fünf Uhr morgens am 1. Mai durch Dschungel vom Bambus und Waldhölzern an viel Affen vorbei nach Cholakal, bleiben dort bis elf Uhr, es ist ein bloßer Ruheplatz, mit großen Balken gegen Elefanten eingehegt. Schlafen darf man dort nicht wegen Fieberfurcht. Nun geht es, zum Teil unter Regen, durch Zickezacke (ich zählte dreißig) hinter Palakkad hinauf 4000 Fuß hoch. Wir ruhten dort einen Augenblick ... dann ging es noch weitere 2000 Fuß hinauf. Eine Stunde vor der Frau kam ich dort an und weckte Weigle, der schon auf mich wartete ... Am 3. Mai nahmen wir Abschied. Weigle bringt Julie in zwei Tagreisen nach Kotagiri.“*

Erleichtert atmete Julie auf, als die Träger den Palankin

endlich vor Weigles Haus in Kotagiri absetzten. Sie spürte jeden einzelnen Knochen, konnte sich kaum bewegen. Vorsichtig hob Gottfried Weigle die Frau des Freundes aus der Sänfte und schob sie seiner Frau Pauline zu, die mit ausgebreiteten Armen auf die beiden zukam. Julie sah sich um, wie ruhig es hier oben war und wie klar die Luft. Pauline deutete lachend auf das kleine, eher bescheidene Missionshaus: „Herzlich willkommen in unserer Gesundheitsstation! Du wirst sehen, nach ein paar Tagen wird es dir hier schon besser gehen." Sie nahm Julies Gepäck und ging zum Haus, dessen Fenster teilweise mit in Öl getränktem Papier verschlossen waren. Staunend betrachtete Julie den üppigen Rosengarten, der das Haus umgab. Bevor sie etwas sagen konnte, drehte Pauline sie ein wenig nach rechts und lachte: „Nicht unser Haus, sondern der Wasserfall da drüben ist das echte Wunder unseres Tals. Ich werde mich niemals satt sehen können an der Schönheit der hinabstürzenden Wassermassen, und wenn ich hundert Jahre hier leben darf. Und warte nur, wenn morgens und abends die Tiere zur Tränke kommen, dann glaubst du wirklich, du bist im Paradies!" Erschrocken blickte sie auf Julie, die plötzlich aschfahl geworden war: „Ach, ich rede und rede, komm erst einmal in dein Zimmer und ruhe dich aus von den Strapazen der Reise!"

Die ersten Wochen konnte Julie kaum aufstehen, meistens lag sie mit geschlossenen Augen auf ihrem Bett und wollte mit niemandem sprechen. Pauline Weigle versuchte immer, die Kranke aufzumuntern und las ihr aus den Briefen ihres Mannes vor, in denen er schrieb, wie gut es dem kleinen Friedrich unter der Fuchtel von Viktoria Kegel ging. Nicht einmal er, der Vater, dürfe sich dem Kleinen nähern, „Machen Sie das nicht noch einmal", hatte sie gedroht, als er seinen kleinen Sohn spätabends aus dem Bettchen genommen hatte, um ihn mit hinaus auf die Veranda zu nehmen. Gegen ihren Willen mußte Julie lachen, sie konnte sich die Empörung der energischen Lehrerin gut vorstellen.

Mit zäher Beharrlichkeit gelang es Pauline, Julie zu den ersten Spaziergängen zu überreden. Wenig später ging Julie auch allein aus dem Haus, immer wieder angezogen von dem Wasserfall, der tief hinunter in die Schlucht stürzte. Oft stellte sie sich vor, so hinunterzufallen in die Unendlichkeit und sich unten in der Tiefe zu verlieren wie das Wasser, dessen Lauf doch niemals endete, sondern immer wieder von neuem begann. Manchmal sah sie in diesen Augenblikken den seltsam verrenkten Körper ihres Bruders Henri in der Scheune liegen. Sie erschrak. Niemals wieder durfte sie diese Gedanken an sich heranlassen! Sie zwang sich, den Wasserfall zu meiden, andere Wege zu gehen, aber am Ende stand sie doch wieder auf der Anhöhe, und ihre Gedanken drehten sich im Kreis. Wäre es nicht besser für alle, wenn sie tot wäre? Die großen Kinder waren weit fort, sie würden den Tod der Mutter schnell verschmerzen. Ihrem Mann würde eine fröhliche, gesunde Frau die Arbeit erleichtern, eine Frau wie Pauline, die vergnügt mit den drei ihr anvertrauten Waisenkindern spielte, die ihrem Mann bei seinen Übersetzungen half und die sich wenig daraus machte, wie ihr Haushalt aussah, die Flicken und Putzen als Zumutung empfand, dafür in der Morgenkühle Korrektur las und ihrem Gottfried Anregungen für seine kanaresische Bibel gab.

Sie seufzte. Und erst der kleine Friedrich, ihm würde eine neue Mutter gar nichts ausmachen, kannte er sie doch überhaupt nicht. Sie versuchte ihn sich vorzustellen, aber sein Säuglingsgesicht verschwamm mit dem der anderen Kinder. Wenn es ihr besserging, dann ärgerte sie sich über sich selber, daß sie ihre Ängste nicht überwinden konnte. Aber warum ging es ihr trotz der aufmerksamen Pflege in der Ruhe und Abgeschiedenheit Kotagiris nicht schon viel besser? Neue Ängste traten auf, ließen sich nicht so einfach beschwichtigen. Sie fühlte ihre Knie und Beine von einem Augenblick zum anderen eiskalt werden, gleichzeitig schoß ihr die Hitze in Kopf und Arme, ihr Herz raste, sie konnte kaum Luft bekommen. Waren das die Medikamente, die sie nicht vertrug, oder verschwieg man ihr eine unheilbare, tödliche Krankheit?

Bald ergriffen diese Ängste so sehr Besitz von ihr, daß sie ihrem Mann schrieb: „*Manchmal habe ich auch eine andere Idee, die ich geradezu für eine Erlaubnis für meine Mattigkeit halte, vielleicht hast Du ja noch etwas Geduld mit mir, bete für mich und sage mir etwas Tröstendes! Ich glaube nämlich, daß ich ein Krebsgeschwür habe, das dabei ist, bösartig zu werden. Während es mich niederzwingt, quält es mich mit Mutlosigkeit und Trauer. Das, was meiner Gesundheit vor allem anderen schadet, sind diese Ängste, die von Mal zu Mal schlimmer werden. Und dennoch hat Gott nichts für mich getan in diesen beiden Jahren voller Verzweiflung und Trauer. Verzeihe mir, daß ich so etwas sage. Ich wünsche mir so sehr, froher Stimmung zu sein und Gott zu loben und zu preisen, der meine Seele gerettet hat und alles, was er tut, aus Liebe tut, ja, aus Liebe. Die Leiden, die ich hatte, und vor allem die Schwäche des Magens, sind nun vorbei. Ich habe schon einige sehr gute Tage gehabt, an denen ich mich völlig geheilt fühlte. Wenn Du schlechte Nachrichten von meinem Vater oder von unseren anderen Eltern erhältst, bitte ich Dich inständig, sie mir im Augenblick nicht zu schicken, sondern damit zu warten, bis ich noch ein bißchen ruhiger geworden bin.*

Jeder von uns hat etwas, das es zu besiegen gilt. Manchmal glaube ich, bei mir ist das vor allem anderen die Angst. Vor allem Deine Gebete sind es, die mir helfen, fest und sicher zu werden. Manchmal ist es mir so, als sei die Zeit der Befreiung nahe – aber im gleichen Augenblick kommen die Zweifel wieder."

Der Arzt verhehlte nicht, daß er die „unvernünftige Reise" für ihren Zustand verantwortlich machte. Julie, die gehofft hatte, nach wenigen Monaten ihre Arbeit in Thalassery wiederaufnehmen zu können, gewöhnte sich an den Gedanken, ein ganzes Jahr auf den Nilgiris zu verbringen. Besuche bei den Groves und bei Lascelles in Ootacamund verdrängten die quälenden Gedanken, ganz allmählich kreisten ihre Briefe nicht mehr um die Krankheit, sondern befaßten sich mit den Tagesereignissen und der Landschaft: *„In Ootacamund ist es kälter, die Luft ist reiner, heilsamer als hier in Kotagiri bei den Freunden Weigle ... Fast jeden Tag regnet es, aber die Sonne kommt doch heraus, so daß man spazierengehen und die gute Luft genießen kann. Manchmal ist es jetzt im Oktober schon ziemlich kühl. Die Gegend um Ootacamund hat mich stark an die Schweizer Berge erinnert, aber die landwirtschaftliche Produktion ist sehr verschieden. Hier gedeiht alles nur mit unendlicher Sorgfalt und Pflege, und oft, wenn man glaubt, es geschafft zu haben, kommen die Stachelschweine, der Fuchs, ein Bär oder ein Tiger und zerstören alles, auf das man so große Hoffnungen gesetzt hat. Auch bei uns haben die Stachelschweine die Kartoffeln und das Gemüse gefressen."*

„Ich freue mich sehr, daß es Tante Emma wieder bessergeht und sie keine Angst mehr um ihre Augen haben muß. Ich danke ihr ganz herzlich, daß sie die Güte hatte, unseren lieben Ludwig Friedrich als ihr Patenkind genauso anzunehmen wie der liebe Bruder Theodor. Was macht die Großmutter Mohl? Manchmal setze ich mich in Gedanken neben sie auf das Kanapee und sehe zu, wie die brave Christiane ihr ein Fußschemelchen bringt. Mit einem zärtlichen Kuß schicke ich ihr meine ganze Freundschaft. Ich hoffe, meine Kinder machen nicht gar so viel Lärm, und ich wünsche mir, daß sie immer gehorsam sind. Ich schicke Euch allen viele Küsse, auch der kleinen Schwester Emma und den Brüdern."

Missionshaus in den Nilgiris

Am 28. April 1848 kehrte Julie nach Thalassery zurück. Das Jahr hatte ihr gutgetan. Obwohl sie ihren Mann davor warnte, nun „zu glauben, daß ihre Gesundheit ganz wiederhergestellt ist", kam sie ihm so vergnügt und tatkräftig vor, wie die letzten fünf Jahre nicht mehr.

Thalassery hatte sich während ihrer Abwesenheit verändert. Noch während seines Europaaufenthaltes hatte sich Hermann Gundert immer wieder über den schleppenden Fortgang bei der Christianisierung, die vielen Enttäuschungen und Rückschläge beklagt. Jetzt hatte eine Erweckungsbewegung stattgefunden, die endlich die lange ersehnten Früchte der vielen Arbeit offenbar werden ließ. Für Hermann Gundert war diese, von Cannanore auf Thalassery übergreifende Bewegung ein ungeheures Erlebnis: *„Heute, Mittwoch, kam Hebich herüber und erzählte von den Gnadengaben, die Gott während der vergangenen vierzehn Ta-*

ge in der Gemeinde der Einheimischen begonnen hat, wovon ich teilweise selbst Zeuge wurde. Er wünschte uns seine Sünden von Jugend an zu bekennen. Den ganzen Morgen taten wir dasselbe im Gebet. Nach dem Mittagessen sprach er zu unseren Leuten, die wir versammelt hatten, und erzählte, wie die Bewegung bei ihnen in Cannanore begonnen hatte: Bekennen der Sünden – Wahrheit – dann gebrochener Geist – Furcht vor Gottes Wort und das Wohnen Gottes bei solchen.*

Hebichs Worte beeindruckten die Gemeinde tief. Nur eine kleine Weile später fiel Mark, einer der größten Sünder, auf die Knie, betete und bekannte seine Sünden. Viele der Versammelten taten es ihm nach. Es war für die ganze Gemeinde ein bewegender, ein aufrüttelnder Tag, den keiner so schnell vergessen konnte.

Gundert versuchte, das gemeinsame Erleben zum festen Band für die ganze Gemeinde werden zu lassen: *„Ein anderes, auf der Hand liegendes Resultat ist, daß wir den Leuten näher und niedriger geworden sind. Von oben an gesehen schien manches schon recht ordentlich. Jetzt, mitten hineingestellt, sehn wir, wie sehr es bei uns oft am Nötigsten fehlte. Den meisten waren wir eben auf Moses Stuhl thronende Vorgesetzte: Wir mußten mit Strafworten inquirieren, und taten wir es sanft, so erschien es den pfiffigen Herzen als Pfiff. Jetzt aber haben doch viele erfahren, daß wir sie lieben und ihr Bestes suchen, daß wir uns ihrer nicht schämen, sondern in ihrer Armut unsere eigene erst recht erkennen und hassen lernen.*

Für Julie bedeutete diese Aufbruchsstimmung der ganzen Gemeinde, die sich auch im Mädcheninstitut niederschlug, großen Trost und eine Bestätigung für die Richtigkeit ihrer Arbeit und ihres Glaubens. Als bald darauf aus Stuttgart die Nachricht vom Tode der kleinen dreijährigen Christiane eintraf, suchte sie zusammen mit ihrem Mann

Halt im Gebet. Hatte sich damit nicht der letzte Gruß der Kleinen, dies „A revoir, Mama" beim Abschied auf dem Basler Bahnhof erfüllt, und zwar schneller, als es das sonst könnte? *„Keine Träne will mir kommen"*, schreibt Gundert, *„wir beteten und dankten zusammen und rüsteten uns aufs gleiche Ende."*

Julie schob den Gedanken an den blondlockigen Liebling aller beiseite. Es war ihre Pflicht, sich um die Lebenden zu kümmern und nicht um die Toten zu weinen. Diesmal hielt der Schutzwall, den sie um sich her errichtet hatte. Sie überstand die Erschütterung nicht nur ohne nach außen erkennbare Nervenkrise, sondern die Ruhe und Heiterkeit, die sie ausstrahlte, übertrug sich auch auf die Anstaltsmädchen.

Am 29. Januar 1849 wurde Julies siebtes Kind, wieder ein Sohn, geboren. Sein Vater fand, der kleine Paul sei ein so heiteres und zufriedenes Kind, wie es eigentlich von den anderen nur noch Christiane gewesen sei. Diesmal erholte sich Julie schnell von der Geburt, auch ein Zeichen für ihre gute seelische und körperliche Verfassung.

Sorgen bereiteten ihr und ihrem Mann aber Veränderungen, die sich in der Haltung des Komitees der Basler Mission gegenüber den einzelnen Stationen abzuzeichnen begannen. Schon lange hatte man in Basel versucht, Samuel Hebich, der in Cannanore immer noch alleine wirkte, durch einen weiteren Bruder zu entlasten. Der Einzelgänger Hebich aber hatte sich bisher allen Bemühungen, ihm einen zweiten Missionar zuzuteilen, erfolgreich widersetzt. Selbst als die Basler daraufhin andeuteten, diesen Missionar „in der Umgebung" Cannanores arbeiten zu lassen, konterte Hebich mit dem Satz: „Cannanore hat überhaupt keine Umgebung!" Erst als Basel vorsichtig eine Zusammenarbeit mit Gundert andeutete, war Hebich Feuer und Flamme. Plötzlich konnte er sich eine Nebenstation sehr gut in dem

Weberdorf Chirakkal, nur wenige Kilometer nördlich von Cannanore gelegen, vorstellen.

Christian Irion, die beiden Müllers und auch Mögling protestierten in Basel gegen diese Entscheidung. Es sei nicht gut, Gunderts von Thalassery wegzunehmen. Die literarischen Arbeiten Gunderts seien schließlich die Grundlage für die gerade mit soviel Erfolg begonnene Druckerei der Station. Das Komitee blieb hart und war entschlossen, sich durchzusetzen. Samuel Hebich machte schließlich selbst einen Bittgang zu seinem immer noch zögernden Freund: *„Am 21. Februar kam Bruder Hebich nach Thalassery und hielt förmlich um mich an. Unsere Entscheidung blieb auf dem Komitee-Entschluß ausgesetzt, den wir im Lauf des März erwarten zu können glaubten . . . Nun hatten wir beide noch eine weitere Beratung: Bruder Hebich war sehr bereit, irgend etwas zu tun, falls ich z. B. um meiner lieben Frau willen in Cannanore selbst zu wohnen vorziehen sollte. Ich sah aber darin nicht hinaus – Platz oder Haus kaufen? Woher das Geld? Zu Miete wohnen, das kostete 50 Rupien für einen Haufen, wie der unsere ist, zum wenigsten?! Warum überhaupt unter das Mischvolk hineinsitzen, da ich meine Arbeit seit zehn Jahren unter den Malayalis hatte?"*

Julie Gundert hatte sich längst für Chirakkal entschieden, und auch Herrmann Mögling sah hier den geeigneten Platz für eine Nebenstation. Da das von Julie geleitete Mädcheninstitut mit umziehen sollte, reisten Julie Gundert und Victoria Kegel Mitte März nach Chirakkal, um den von der Missionsgesellschaft gepachteten Bauernhof anzusehen. Die Gebäude entsprachen aber – anders als Hebich sich das vorgestellt hatte – nicht den Erfordernissen des Mädcheninstituts. Nach Julies Meinung waren erhebliche Umbauten erforderlich, um so viele Mädchen ordentlich unterzubringen und auch einen geregelten Unterricht zu gewährleisten.

Zuerst wehrte sich Hebich gegen die Mehrarbeiten, aber schließlich gelang es Julie, den Junggesellen Hebich von der Richtigkeit ihrer Wünsche zu überzeugen. Mit Feuereifer begann er ihre Pläne in die Tat umzusetzen, und zwar so genau, daß Hermann Gundert sich nicht genug wundern konnte: *„Vom Ostermontag (9. April) an war Bruder Hebich bis zum 22. Mai, die Sonntage ausgenommen, in Chirakkal und betrieb die Arbeit in der heißesten und zugleich gewitterreichsten Zeit. Oft drohte den Erdmauern Erweichung und Einsturz – mit ungemeiner Anstrengung kam aber am 25. April das Dach aufs erhöhte alte Haus, am 3. Mai über das Schulgebäude. Heiße Tage kamen und trockneten die überkalkten Wände, den aus Erde festgestampften Boden."*

Das fast 130 Kilometer südlich von Mangalore gelegene Chirakkal gehörte zu einem alten indischen Edelgut, die Familie des Rajas war aber mit der Zeit so verarmt, daß sie sogar ihre Reisfelder hatten verkaufen oder verpachten müssen. Der Raja selbst wohnte in einem alten Palast, die Söhne seiner Schwestern hatten eigene Häuser.

Am 16. Mai endlich konnte der Umzug der gesamten Schule und der Familie Gundert in das Dorf Chirakkal durchgeführt werden. Der Monsun hatte sich schon tagelang mit heftigen Gewittern und kräftigen Güssen angekündigt, so daß Eile geboten war. Julie wurde der Abschied von Thalassery schwerer, als sie sich das vorgestellt hatte. Hier im luftigen Haus auf dem Hügel mit der weiten Sicht über das Arabische Meer waren alle ihre Kinder zur Welt gekommen. Thalassery, das war der eigentliche Beginn ihrer Ehe und ihres Zusammenlebens. Dazu war es ein Stück weit ihrer beider Lebenswerk. Alle literarischen und linguistischen Werke ihres Mannes waren hier entstanden. Für beide war dieses Haus ihre eigentliche Heimat.

Julie nahm den vier Monate alten Paul auf den Arm – der

kleine Friedrich war mit Victoria Kegel und den Mädchen schon seit dem frühen Morgen auf dem Wege nach Cannanore, wo sie alle die Nacht verbringen wollten – und legte sich in den Palankin. Die erste Nacht waren Paul und sie die einzigen Bewohner auf dem Missionsgehöft, ein merkwürdiges Gefühl für Julie, die es gewohnt war, niemals allein zu sein. Aber bereits am nächsten Morgen trafen die dreißig Mädchen aus Thalassery ein, denen die vierzehn aus Cannanore wenig später folgten. Innerhalb weniger Wochen stieg die Zahl der Mädchen durch Neuaufnahmen auf über fünfzig.

Für Hermann Gundert war diese Versetzung, die er nicht gewollt hatte und die ihm schließlich aufgezwungen worden war, eine Enttäuschung, die er nicht so schnell verkraften konnte. Besser als jeder andere wußte er, wie schwierig die Zusammenarbeit mit Samuel Hebich sein konnte. Seinem Tagebuch vertraut er an: *„Der Herr segne auch diesen Abschied, und alles, was er von Verleugnung nach sich zieht, zu seines Namens Ehre! Mir ist umso wohler dabei zu Mut, je weniger ich das Resultat herbeigeführt habe. Auf den Eintritt ist mir noch etwas bange, denn dazu gehört, daß wir uns in die Hebichsche Art und Gemeindeordnung in einem Grad schicken lernen, der weit über das uns nötig Scheinende hinausgeht. Ist aber diese Taufe einmal vorbei, dann werden wir auch die Pflicht und Gnade haben, unsere eigenen Elemente wirken zu lassen, und wolle der Heilige Geist selbst seinem Amte die Verschmelzung in einen Leib zustande bringen. Ich wollte, Preußen und Österreich hätten soviel Aussicht darauf, zu einer wahren Einheit zu gelangen, als wir."*

Kapitel 13
„Der stumme Herr".
Jahre in Chirakkal

Nach dem Wunsch des Komitees sollte Hermann Gundert Hebich in der Gemeindearbeit und bei der Katechistenausbildung in Cannanore entlasten, damit Hebich selber wieder mehr Zeit für die von ihm bevorzugte Reisepredigt haben würde. Diese Wünsche blieben unerfüllt: Schon beim Abschied in Thalassery wurde Gundert von heftigen Fieberanfällen geschüttelt, die Reise nach Chirakkal unter diesen Bedingungen verschlimmerte das Fieber noch. Völlig entkräftet langte er im Missionshaus an und mußte die ersten Tage im Bett verbringen. Als er wieder aufstehen konnte, stellte sich heraus, daß seine Stimme und die Stimmbänder ernsthaft in Mitleidenschaft gezogen waren. Gundert konnte nur noch flüstern. Bis in den August hinein hielt er den Katechistenunterricht aufrecht, ans Predigen vor der Gemeinde war überhaupt nicht zu denken. Bei einem Ritt hinüber auf die Plantage Anjarakandy erkältete er sich aufs neue, schwere Hustenanfälle plagten ihn wochenlang. Seine Hoffnung, bald wieder predigen zu können, erfüllte sich nicht. Julie war außer sich vor Sorge um ihren Mann. Die Heiden begannen den „stummen Herrn" in Chirakkal zu verspotten. Sie meinten, das sei die Strafe ihrer Götter, die er so oft beschimpft habe. Jetzt müßten ihm all seine wortgewaltigen Predigten im Halse steckenbleiben. Wessen Gott sei nun eigentlich der Stärkere?

Mehr als je zuvor konnte Hermann Gundert sich in den

nun folgenden drei Jahren des Schweigens seinen literarischen Werken widmen. Mit leiser Selbstironie sah er in dieser lästigen chronischen Halsentzündung auch eine Meisterleistung der göttlichen Vorsehung. Wie leicht hätte Samuel Hebich auf ihn eifersüchtig werden können, wenn er alles das, was er sich zu tun vorgenommen hatte, in die Tat hätte umsetzen können. So aber konnten sie nebeneinander im besten Einvernehmen wirken.

Nach Stuttgart schreibt Hermann Gundert: *„Statt zu sprechen und zu handeln soll ich Geduld lernen und glauben, daß ich zu nichts nütze sei. Darum bin ich vorerst beiseite gelegt. Alles Sprechen ist mir untersagt, und ich lebe nun ein eingezogenes Leben, ohne Schmerz und Klage . . . Ich habe alle mögliche Hilfe an meiner lieben Frau, die wegen meines Schweigens oft meint, ich leide, und dann mit Luft und Flanell und Kochen und Sorgen jeder Art beispringt. Da lache ich sie denn aus und jetzt ist sie ganz ruhig geworden, wacht nur, daß ich mich recht ruhig verhalte. Friederle ist aber viel teilnehmender und freundlicher geworden, weil er mich nimmer sprechen hört, und Paul erfreut das ganze Haus mit seinem Jauchzen bei der kleinsten Veranlassung. Dem lieben Hebich bin ich aber jetzt statt Hilfe eher eine Last. Er sitzt immer zu mir her, spricht mir Mut ein und will alles Vorkommende erzählen. Ist sehr nett. Betet, daß Gottes Absicht ganz mit mir erreicht werde und ich nicht allzulange essen müsse, ohne zu arbeiten.“*

Das Mädcheninstitut platzte bald aus allen Nähten. Die hohen Anforderungen, die Julie an die Mädchen stellte, trugen nun ihre Früchte. Immer mehr Katechisten, die einst die ersten von Julie erzogenen Mädchen geheiratet hatten, schickten nun ihre Töchter in das Institut. So daß bald christliche und heidnische Mädchen miteinander lebten und erzogen wurden. Dies Nebeneinander führte aber nicht nur zu mehr Verständnis füreinander, sondern auch zu vielen

Spannungen, die Julie mit Geduld und Einfühlungsvermögen auszugleichen versuchte.

Eine der Weberfrauen des Dorfes hatte soviel Streit und Ärger mit ihrer Hausfrau, daß sie sich eines Tages keinen anderen Rat mehr wußte, als sich im Dorfbrunnen zu ertränken. Hier fand sie der Koch der Missionsstation und brachte sie zu Hermann Gundert, der sie aufnahm und tröstete. Aber schon am nächsten Tag kamen ihre Verwandten ans Tor, sie wollten zwar nicht die Frau zurückhaben, aber sie verlangten ihren Schmuck. Der gehörte angeblich nicht ihr, sondern sei ihr nur von der Familie geliehen worden. Je mehr sie schimpften und drängten, Gundert war eigentlich nicht bereit, den Schmuck herauszugeben. Aber als die Frau ihren jüngsten Bruder verschüchtert und verlegen inmitten der Ankläger stehen sah, nahm sie ihre Ketten und Ringe ab und gab sie ihm. Als Gundert sie daran hindern wollte, sagte sie: *„Ich habe soviel gemerkt, daß hier eine Hauptsache ist, nicht zu lügen; früher schwatzte ich viel, was mich gelüstete, aber seit ich hier bin, habe ich mich, wie mir scheint, der Lügen enthalten."*

Bald fiel den Ältesten des Dorfes auf, wie verfallen ihre eigenen Häuser neben den schmucken Missionsgebäuden aussahen. Faulheit, Streit und Palmweintrinken hatten Armut und Not über die Dorfbewohner gebracht. Die Ältesten verboten daraufhin das Palmweintrinken im Dorf, und Gundert meinte, nun die unmittelbaren Nachbarn, die ihm sonst morgens schon umnebelt entgegengekommen waren, nüchtern bei der Arbeit zu sehen.

Trotz der Bemühungen Samuel Hebichs waren die Häuslichkeiten noch immer nicht so, daß sie den einfachsten Bedürfnissen genügten. Oft verzweifelte Julie an den Unzulänglichkeiten ihrer Wohnung, die auch im Herbst nach dem Einzug immer noch keine Tür hatte. Nach Stuttgart schreibt sie leicht genervt: *„Ihr seid jetzt am Anfang des*

Winters und klagt vielleicht über die Kälte, wie wir über die Hitze. Wir empfinden sie hier mehr als in Thalassery, da unser Haus bis jetzt nicht davor geschützt ist; ja, es ist aus Mangel an einer Türe nicht einmal sicher vor Fröschen und Kröten, die es nicht verschmähen, sich in unseren Betten, auf unserem Sofa und auf unseren Stühlen niederzulassen. Man würde das noch hinnehmen, wenn sie nicht durch ihr Gequak nicht auch Schlangen herbeizögen. Ihr könnt euch denken, daß, wenn diese kleinen Amphibien freien Zutritt zu uns haben, auch Raben und Hühner ihr Spiel da treiben, von den Mäusen gar nicht zu sprechen. Aber was liegt daran? Wir sind glücklich und fröhlich, denn unser weiser, himmlischer Vater hat uns diesen Platz angewiesen und gibt uns hier eine mit jeder Woche wachsende Arbeit.«

Als Hermann Gundert diesen Brief an seine Eltern vor dem Abschicken durchlas, schrieb er an den Rand: *»Das sieht ja schrecklich aus! Es ist uns aber bisher erst eine Schlange ins Haus gekommen, in Thalassery im ersten Jahr etliche und dreißig in und ums Haus.«*

Im Jahre 1829 hatten die Briten die Witwenverbrennung in Indien verboten. Viele der Mädchen, die schon im Babyalter mit nicht viel älteren Knaben verheiratet worden waren, galten den Hindus nach dem Tod ihres Kind-Mannes als Witwen, die niemand wollte, auch die eigene Familie nicht. Sie lebten recht- und schutzlos, meistens obdachlos auf den Straßen.

Julie Gundert eröffnete bald nach der Übersiedlung ins ländliche Chirakkal eine Zuflucht für unverheiratete, verwitwete, geschiedene oder von ihren Männern getrennt lebende Frauen. Hebich hatte versucht, dieses Frauenhaus in Cannanore direkt einzurichten, aber die Gefahren der Stadt hatten zuviel Unruhe unter den Frauen ausgelöst, dies hoffte man in der ländlichen Stille ausschließen zu können. Trotzdem machte das Frauenhaus Julie erhebliche Schwierigkeiten, sie schreibt darüber: „ *Wir haben jetzt fünfzig Mädchen und neun Frauen, worunter vier mit Säuglingen, bei uns. Diese Weiber machen uns durch Streitlust, Neid und Eifersucht mehr Mühe als alle unsere Mädchen zusammen. Die neunte, die vor einigen Tagen mit zwei Mädchen kam, ist eine Witwe und hat einen mit Wunden bedeckten Kopf, da sie in einem epileptischen Anfall ins Feuer und auf Kieselsteine gefallen war. Die meisten der Frauen sind krank, oder sie haben sich vor ihren Männern geflüchtet. In den letzten Tagen hat uns die Mutter von einem unserer Mädchen entsetzlich viel Not gemacht. Sie hat hier eigentlich nichts zu tun, und wir wollen sie nicht behalten, allein sie will absolut nicht gehen. Wir haben den Amtmann gebeten, sie wegbringen zu lassen, da dieser uns aber nicht gewogen ist, eilt es ihm nicht, uns zu Hilfe zu kommen. Die Mädchen halten sich im ganzen gut; mehrere von ihnen dürfen wir für bekehrt halten, sie pflegen täglich mehrmals miteinander zu beten. "*

Am 9. Oktober 1850 wird Julies jüngster Sohn David in Chirakkal geboren. Wie schon bei Maries Geburt war auch diesmal die Missionsstation von aufgebrachten Hindus umstellt. Wenige Tage vorher hatte Samuel Hebich in Cannanore in einem eindrucksvollen Festakt mehr als fünfzig Menschen auf einmal getauft. Dieses christliche Fest, an dem auch der ranghöchste britische Beamte und der Raja Chirakkals teilnahmen, erregte die Heiden über die Maßen. Sie beschlossen nun, das ungeschützte Missionshaus in Chirakkal zu überfallen und dort die minderjährige, noch ungetaufte Tochter eines Brahmanen zu entführen. Fünf Stunden lang tobten und schrien die Hindus, verlangten die Herausgabe des Mädchens, endlich zogen sie unverrichteter Dinge ab.

Gesundheitlich ging es Julie in Chirakkal viel besser, auch die drei Buben gediehen trotz der Hitze, aber die Sorgen um ihren Mann verschlimmerten sich erheblich. Immer noch war er stimmlos, klagte er über Engegefühle im

Brustbereich. Mehrere hinzugezogene Ärzte kurierten an den Symptomen herum, verabfolgten Medikamente, die keine Linderung brachten. Schließlich nahm Gundert Zuflucht zu einer Roßkur: Mit Höllenstein brannte er täglich ein Stück der Schleimhaut weg – *„die eben etwas verdickt ist und mich nach kurzem Reden beengt; halte ich mich ruhig, so befinde ich mich ganz wohl."* Diese Höllensteinkur brachte ihm im Hals Linderung, aber die chronisch angegriffenen Lungenflügel erholten sich nicht.

Julie bestand darauf, daß er zusammen mit dem ebenfalls seit längerem kranken Herrmann Mögling einige Wochen Urlaub bei Weigles in Kotagiri machte. Warum sollte er dort, wo sie gesund geworden war, nicht auch genesen. Den kleinen Friedrich, der ihm nach dem Jahr, das er allein mit ihm in Thalassery verbracht hatte, besonders ans Herz gewachsen war, nahm der Vater mit auf die Blauen Berge.

Im gleichen Jahr – 1851 – kam Joseph Josenhans, der neue Inspektor der Basler Missionsgesellschaft, zu einer Visitationsreise an die indische Westküste. Josenhans war anders als sein Vorgänger Hoffmann ein Verfechter des unbedingten Gehorsams. Jeder Missionar, jeder Katechist und überhaupt jeder Mitarbeiter einer Missionsstation hatte sich dem Basler Komitee bis ins Kleinste unterzuordnen, mußten sich versetzen lassen, ohne nach den individuellen Eigenheiten des einzelnen oder der jeweiligen Gemeinde zu fragen. Unter dem bisherigen Inspektor Wilhelm Hoffmann hatte sich das Leben in den einzelnen Gemeinden frei entfalten können. Männer wie Gundert, Hebich, Mögling und Weigle hatten eigengeprägt das Evangelium verkündet und Stationen dort eröffnet, wo es ihnen sinnvoll und durchführbar erschien.

Jetzt sollten nicht mehr die Christen vor Ort entscheiden, sondern das Komitee in Basel. Diese enge Anbindung vernichtete die ersten Ansätze eines evangelischen Christentums indischer Ausprägung und machte alle Stationen auf die Dauer abhängig von der Muttergesellschaft in Basel. Der Konflikt zeichnete sich bereits beim ersten Zusammentreffen zwischen Mögling und Josenhans in Mangalore ab und eskalierte in der Folgezeit, als Herrmann Mögling ohne Zustimmung Basels ins Coorgland reiste und dort eine Missionsstation eröffnete.

Gundert versuchte zu vermitteln, obwohl er klarer als andere erkannte, daß es dem Missionskomitee in Basel darauf ankam, die älteren selbständigen Missionare heimzuholen und durch junge, leichter lenkbare, in Basel ausgebildete Kräfte zu ersetzen.

Nach dem Besuch des Inspektors wurden die Stationen von Basel aus wie Kolonien verwaltet und waren damit weit von Gunderts Ideal-Gemeinde, die eine von einem einheimischen Pfarrer geleitete indische Christengemeinde vorsah, entfernt.

Julie Gundert war sehr angetan von der Frömmigkeit des neuen Inspektors, ihr Mann wartete wie immer ab. Josenhans selber, aufgeschreckt von den Berichten über Gunderts schlechten Gesundheitszustand, berichtet nach Basel: *„Gundert ist immer noch in hohem Grade nervös – er studiert und schreibt mit Leichtigkeit, das Hören und Reden aber wirkt nachteilig auf seine Stimme und greift ihn sehr an. Es soll jetzt viel besser mit ihm stehen als vor einiger Zeit, sein Zustand ist aber immer noch sehr bedenklich. Er ist schwächer als früher und doch um vieles korpulenter. Wie er gegenwärtig lebt, kann man glauben, er ziehe nur hinter den anderen her, denn er sitzt meist schweigend da, aber mit wenigen bestimmten Worten übt er dann nur einen um so größeren Einfluß."*

Auf der sich an die Visitationsreise anschließenden General-Generalkonferenz in Mangalore wurde ein Kirchenbuch für die Missionen der Basler Gesellschaft an der Westküste festgelegt. Gundert atmete auf: Es hatte am Ende keinen Streit gegeben. Die wichtigsten und wohl auch umstrittensten Punkte wie Taufe und Abendmahl hatte Josenhans selbst entschieden. Der Sonntagsgottesdienst sollte wie in Württemberg gefeiert werden, nur etwas kürzer sollte er sein. Gundert hoffte darauf, daß er lebendiger sein würde als der englische Dienst am Altar.

Eine weitere, Julie und Hermann Gundert tiefbewegende Frage war die der Erziehung der Missionarskinder. Josenhans legte dar, daß das Basler Komitee strikt gegen eine Ausbildung der Kinder in Europa sei. Das Komitee sei dabei, Erziehungsanstalten auf den Nilgiris bei Kotagiri zu planen, eine für Knaben und eine für Mädchen. Eine Lösung, für die Julie viel übrig hatte. Ließ sie ihr doch die Möglichkeit, ihre Kinder wenigstens einmal im Jahr zu besuchen. Der Abschied von den älteren Kindern war ihr noch in so schrecklicher Erinnerung, und Friedrich und Paul, die im Augenblick noch wort- und stimmgewaltig „Missionar Hebich" spielten, waren schon in wenigen Jahren im schulpflichtigen Alter. Der Gedanke an eine Trennung war so quälend, daß sie kaum Luft bekam, wenn sie daran dachte.

Der Vater der beiden zukünftigen Missionare wandte sich entschieden gegen eine Schule auf den Nilgiris und schrieb nach Basel: *„Wegen der Kinderfrage kommt keinem Missionar ein Zweifel; wir wollen sie alle in der Heimat erzogen haben. Auch ist die württembergische Schule nicht teurer als die indische. Kinder unerzogen zu lassen, kommt freilich für den Augenblick wohlfeiler. Die Hauptsache ist uns nicht sowohl die Schulzeit, sondern der Übergang ins praktische Leben. Da ist in Indien ohne Geld nichts zu machen, und mit Geld bringt's einer eben zum Pflanzer. Lieber schicke ich die Kinder nach Amerika oder Neuseeland, als daß ich sie herunterkommen lasse."*

Ein ausführliches Gutachten Gunderts über die Zukunft der Kinder wies nach, wie unverantwortlich es wäre, die Kinder in Indien aufwachsen zu lassen. Obwohl das Komitee bereits einen anderen Entschluß gefaßt hatte, wurde die Angelegenheit noch einmal überprüft und dann das Kinderhaus der Basler Mission in Basel eingerichtet.

Im Januar 1855 war es soweit, der gefürchtete Augenblick war herangekommen, Julie mußte Friedrich und Paul hergeben. Von Calicut aus reisten die beiden Jungen zusammen mit einer ganzen „Missionskinderkarawane", die von einigen heimkehrenden Missionaren beaufsichtigt wurde, mit einem Dampfschiff rund ums Kap nach London und von dort weiter nach Basel. So sehr die Buben sich auch auf die Reise freuten, sie weinten immer wieder und wollten die Mutter kaum loslassen, Friedrich wich nicht von der Seite seines Vaters. Es war einer der furchtbarsten Tage, die Julie je erlebt hatte, das Weinen hing ihr in der Kehle, und doch mochte sie kein Wort sagen, wußte sie doch, wie sehr ihr Mann gerade an Friedrich hing. Erst abends, als sie sich allein glaubte, ließ sie ihren Tränen freien Lauf. Als sie am nächsten Morgen erwachte, saß der kleine David auf der Bettkante, klatschte vor Freude in die Hände und frug: „Na, bist du jetzt wieder ein liebes Büblein!"

In Briefen an seine älteren Söhne hatte Gundert immer wieder betont, daß die Wunde, die das Fortgehen der Kinder in den Herzen der Eltern hinterließ, niemals heilte. Und als sechs Wochen nach dem Abschied von den Söhnen Pauline Weigle mit ihren beiden Buben auf Besuch nach Chirakkal kam, schreibt Gundert an Samuel und Hermann: „Ihr wisset nicht, mit welcher Stimmung wir immer auf die Post warten. Während bei Euch die Trennung mit den Jahren immer leichter wird, wird sie für uns Eltern immer gleich hart bleiben, – und jetzt haben wir zwei weitere hergeben müssen. Da wird's dem Mutterherzen oft bang und schwer, *namentlich wenn eigenes Unwohlsein und anderes Trübe dazukommt. Nun, ich hoffe, Ihr tut Euer Möglichstes, und Gott wird die Stunde, die Ihr aufs Schreiben an uns verwendet, Euch reichlich hereinbringen. Mama spürt alles an den Nerven und hat dann schlechte Nächte, glaubt Vorahnungen zu erhalten und kann das nicht nur so abschütteln wie früher. Wenn einmal die Nachricht von der Ankunft des Schiffs in London da ist, wird's wohl besser werden. Am meisten hat sie der Besuch der lieben Pauline Weigle gestärkt und erfrischt. Die zwei Knaben hatte sie da einige Tage lang fast vergessen – eine höchst erfreuliche Erfahrung."*

Auch Hermann Gundert selber unterhielt sich gerne mit der klugen und geistreichen Pauline Weigle, eine Tatsache, die seiner Frau nicht entging. Wieder und wieder schalt sie sich dumm und einfältig, weil sie nichts wisse und nichts könne. Wieviel hätte sie um eine bessere Schulbildung gegeben!

Viel zu schnell gingen diese Tage der Freundschaft in Chirakkal zu Ende, bereits wenige Wochen später war Pauline Weigle Witwe, und Julie Gundert lag an einem Cholera-Anfall schwer krank darnieder. Im Fieber bat sie Gott immer wieder, sie doch endlich sterben zu lassen, damit ihr Mann Pauline Weigle heiraten könne. Eine Frau, die dank ihrer Bildung und ihres Herzenstaktes viel besser zu Hermann Gundert passe als sie, die ungebildete Weingärtnerstochter aus dem Schweizer Jura. Gundert selber betete inbrünstig für das Leben seiner Frau: „Du weißt ja, lieber Heiland, daß wir sie nötig haben, mache sie aus Gnaden gesund!"

Julie genas endlich, und ihre Überempfindlichkeit löste sich, als sie von Albrecht Ostertag aus Basel die glückliche Ankunft der beiden Buben gemeldet bekam. Die Ankunft der vielen Missionskinder auf dem Basler Bahnhof habe einem riesigen Fest geglichen, begleitet von ihren Betreuern waren sie in Zweierreihen zum Missionshaus gezogen. Dort hatte Joseph Josenhans die kleinen „Inder" begrüßt, die ihm zum Dank einige Lieder sangen. Nach dem gemeinsamen Mittagessen wurden sie dann hinübergeführt ins Kinderhaus. Dort stand die Hausmutter „Tante Culmann" schon bereit und wartete auf ihre Schutzbefohlenen.

Weigles Tod hatte die Mission an der Westküste empfindlich getroffen. Er hatte eine Lücke in Mangalore gerissen, die dort um so schwerer zu verkraften war, als die Gemeinde gerade eine schwere Krise durchmachte, die nur durch die Hilfe eines erfahrenen Seelsorgers bewältigt werden konnte.

So sehr Gundert sich auch wehrte, im Herbst 1855 stand endgültig fest, daß Julie und er ab sofort nach Mangalore versetzt seien. Samuel Hebich, Christian Irion, Christian und Friedrich Müller, sie alle intervenierten vergeblich. Alle ihre Argumente, daß es nicht gut sei, den Gründer der Mission an der Malabarküste, den anerkannten Kenner der Malayalam-Sprache in ein anderes Sprachgebiet zu versetzen, fruchteten nichts.

Auch Hermann Gundert legte in einem Schreiben an das Komitee seine Beweggründe gegen die Berufung nach Mangalore noch einmal dar. Besonders wichtig ist es ihm, auf die Belange seiner Frau hinzuweisen: *„Ich stehe zu Ihrer Verfügung und habe, wenn ich einmal Malabar verlassen soll, gegen die Stationierung in Mangalore am wenigsten Bedenken. Ihr Zutrauen in meine Tauglichkeit rührt mich um so mehr, je weniger ich bisher von den Eigenschaften, die zur Leitung einer Station gehören, gezeigt habe. Ich gestehe auch, daß mich dieser Kontrast zwischen Ihren Erwartungen und meinen Leistungen – im Punkt des Zusammenhaltens und Förderns von Brüdern – gerade jetzt nach der maßlosen Korrespondenz mit Mögling so betroffen hat, daß ich, um ruhig beraten zu können, vor allem ihm und*

Kaundinya abzubitten mich genötigt sah . . . Ihre Gedan-
ken in betreff des für die Schriftstellerei von mir zu erwar-
tenden Vorteils kann ich kaum teilen. Durch den Übergang
in ein anderes Sprachgebiet werde ich möglicherweise im
Malayalam schwächer, ohne daß ich im Kanaresischen mehr
als Homo novus sein und bleiben werde. Am meisten aber
drückt mich dieser Wechsel in Beziehung auf meine liebe
Frau, der ich keinen Zungenwechsel mehr zumuten kann.
Mit Seelen zu tun zu haben, ist ihr Leben; nach dem Ab-
schied der Knaben wäre sie wahrscheinlich zusammenge-
brochen, wenn sie nicht die tägliche Arbeit unter den Mäd-
chen hätte, bei denen sie einmal ihren Wirkungskreis gefun-
den hat. Wenn von unserer schwachen Arbeit einmal acta
abgefaßt werden, so zweifle ich nicht, daß darin unsere zwei
Namen nach dem Vorgang von Priscilla und Aquila aufein-
anderfolgen werden. Verglichen, was sie jetzt für achtzig ihr
anvertraute Seelen ist, finde ich für sie in Mangalore keinen
Ersatz, denn mit Besorgung des Hauswesens für die Jungen
(Katechistenschüler etc.) Aufgaben, denen sie allerdings ge-
wachsen ist, wird ihr Geist nicht beschäftigt genug. In der
ersten Betroffenheit fragte sie, ob wir nicht getrennt fortar-
beiten könnten, ich in Mangalore, sie in Chirakkal – ob
nicht die Mädchen mitzunehmen wären. Mein Wunsch wäre
also wirklich der gewesen, daß die Verwendung meiner Per-
son (ausnahmsweise) sich mehr nach der ihrigen richte, als
umgekehrt."

Aber die Entscheidung war gefallen: Julie und Hermann
Gundert mußten Chirakkal verlassen und den Posten in
Mangalore übernehmen. Für Julie war es eine harte Zeit, das
Sprachenlernen fiel ihr nun unendlich schwer, und das Tulu
wollte einfach nicht in ihren Kopf hinein. Als Hermann
Gundert bereits ein Jahr später von der Kolonialregierung
in Madras ausersehen wurde, das Amt des Regierungsin-
spektors für Schulen in den Provinzen Malabar und Kanara

zu übernehmen, sagte er nach reiflicher Überlegung zu. Eigentlich wollte die Regierung keinen Missionar, und wenn, dann nur einen, der unterschrieb, daß er sich nicht in religiöse Fragen einmischen werde. Das aber wollte Hermann Gundert nicht. Aber Regierungsdirektor A. J. Arbuthnot setzte sich schließlich durch: Gundert wurde gewählt, auch Samuel Hebich riet ihm zu, schon im Interesse der vielen schwarzen Kinder, wie er immer wieder betonte.

Da es für den Schulinspektor egal war, wo er wohnte, zogen Gunderts nach Calicut. Dort war gerade die Frau des Missionars Fritz gestorben und hatte nicht nur den Haushalt der Missionsstation verwaist hinterlassen, sondern auch ein großes Mädcheninstitut. Mit Feuereifer bereitete Julie wieder einen Umzug vor. Aber vorher mußte sie noch die Sachen ihres Jüngsten, ihres David packen, der Sechsjährige sollte zusammen mit vielen anderen Missionskindern nach Europa gebracht werden.

Bei jedem Abschied meinte Julie, dieser sei nun aber wirklich der schwerste von allen. Friedrich und Paul hatten wenigstens einander gehabt, und diesmal blieb kein Kind bei den Eltern zurück, niemand würde mehr morgens an ihrem Bett sitzen.

Regungslos, in sich selbst versunken stand Julie neben ihrem Mann. Eine ganze Menge Kinder warteten zusammen mit ihren Eltern an der Anlegestelle auf das große Dampfschiff „Seringpatam", mit dem sie nach Europa reisen sollten. Missionar Bührer und seine Frau würden die Kinder unterwegs betreuen. Als Julie ihren Sohn zu Frau Bührer brachte, wurde der gleich fuchsteufelswild und wollte mit den Fäusten auf sie losgehen. Er brauchte keinen Mutterersatz. Als das Schiff am Horizont auftauchte, begannen die anderen Kinder zu jubeln und sich zu freuen. David aber warf sich auf den Boden und schrie immer wieder: „Warum darf ich nicht bei euch bleiben? Warum muß ich mit diesem

Schiff fort? Bitte, bitte, laßt mich noch ein Jahr bei euch bleiben, nur ein einziges Jahr!" Julie biß die Zähne zusammen und versuchte David zu beruhigen, es gelang ihr nicht. Erst als sein Vater ihn hochhob, hörte er auf zu weinen und murmelte immer wieder: „Mama, warum bin ich nicht mit einem Seil mit dir verbunden auf die Welt gekommen, dann könnte uns jetzt keiner trennen!" Julie warf ihrem Mann einen langen Blick zu, dann wandte sie sich ab.

Stolz sah der traurige kleine David dann, daß es sein Vater war, der all den Eltern und ihren Kindern eine Ansprache hielt. Auch viele Eingeborene waren gekommen, sie konnten nicht glauben, daß Eltern Kinder, die sie doch angeblich liebten, so einfach mit einem Schiff davonschikken konnten. Gundert sprach darüber, wie sehr die Eltern durch das, was Gott an ihren Kindern täte, Glauben lernen könnten. Während er sprach, wurde Hermann Gundert das Gefühl nicht los, daß David ihn so durchdringend ansah, weil er einfach nicht glauben konnte, daß es seinen Eltern ernst sei mit dem Fortschicken.

Am nächsten Morgen wurde es dann tatsächlich ernst. Zusammen mit seinen Eltern fuhr David gleich im ersten Boot zum Schiff hinüber. Es herrschte ein steifer Westwind, die Gischt spritzte ganz gehörig. Julie war nie gern auf dem Wasser gewesen, sie hatte Angst, instinktiv klammerte sich David an seinen Vater. Mit ihnen im Boot saß noch John Müller, der seinen kleinen Sohn ebenfalls nach Europa schickte. Während David sich lebhaft nach den Daten des Schiffes erkundigte, weinte der kleine Müller still vor sich hin. Um ihn abzulenken, fragte ihn Hermann Gundert, warum er weine. David antwortete für ihn: „Weil er von seiner Mutter fort muß!" Es war Julie, als erlebe sie alle Abschiede in diesem einen noch einmal. Sie richtete das Bett und den Schrank in der Kajüte, wie oft hatte sie das schon getan, für Marie Monnard damals in Madras zum ersten

Mal. Jetzt begann das langsame Verrinnen der Zeit, es kamen die letzten Küsse, dann die allerletzten, dann das verstohlene Von-Bord-Schleichen, als wäre man auf der Flucht. Zusammen mit einem Vater, dem der Abschied von seinem kleinen Johnny fast den Atem nahm, fuhren sie an Land zurück. Später, als sie am Ufer standen und dem auslaufenden Schiff nachwinkten, hörte Julie es von den anderen: „David und Johnny haben am meisten geweint."

Der Umzug nach Calicut im Oktober 1857 lenkte die Eltern etwas von ihrem Kummer ab. Langsam arbeitete Gundert sich in sein neues Amt ein, während Julie voller Schwung und Tatkraft das Mädcheninstitut übernahm. Gundert bereitete seine Reisen vor und stöhnte über den Papierkrieg, den er nun führen mußte und von dem er nichts geahnt hatte. Von Basel aus gratulierte Inspektor Josenhans zum neuen Amt: *„Es mag sein, daß man durch Regierungsgewohnheit selbst eigensinniger wird, es ist aber gewiß nicht bloß das, sondern der Unverstand und die Rücksichtslosigkeit der jüngeren Leute ist es hauptsächlich, die einem zu schaffen macht. Wenn es in Indien ist wie in Europa, so wirst du bald erfahren, daß die gegenwärtige Generation eine oft haarsträubende Rücksichtslosigkeit und Unverschämtheit entwickelt. Ich flüchte mich einzig wieder in den Gedanken hinein: Hat der Herr Geduld mit mir, so will, so muß ich eben auch immer wieder Geduld haben."*

Die nun sechzehnjährige Marie galt als schwierig. Gundert bat, daß Marie zu den Eltern nach Indien geschickt werde, damit sie wieder eine Mutter habe und auch ihrerseits die Mutter im Mädcheninstitut unterstützen könne. Marie, die so lange in Corcelles in einer Lehrersfamilie die Kinder gehütet hatte, war begeistert von der Idee, in Indien bei den Eltern zu leben. Temperamentvoll, hübsch und unternehmungslustig, verliebte sie sich auf dem Schiff in einen nett aussehenden jungen Mann, der kaum in Indien angekommen, gleich um Maries Hand anhalten wollte. Die unsterblich verliebte Marie hatte aber doch ein wenig Angst vor dem Wiedersehen mit dem Vater, der zu ihrer Enttäuschung nicht an der Landestelle in Mangalore stand. Aber oben, bei der Missionsstation entdeckte sie ihn sofort: *„Unterwegs sah ich von weitem einen ziemlich großen, sehr beleibten Mann in höchst unvorteilhaftem, hellem Anzug, mit einem ungeheuren Hut und großen Stock daherschreiten. ,Mein Papa!' schreie ich laut, – ,still Marie, der Mensch kann unmöglich dein Papa sein', mahnte Frau Hauff. Allein, schon hatte ich zum Fensterlein hinaus meine Arme um ihn geschlungen und ihn so beinahe unter den zweirädrigen Wagen gebracht."*

Der von Marie so angehimmelte allererste Verehrer, Barns, bekommt die Hand von Hermann Gunderts Töchterchen nicht, entschied der Vater. Aber Marie hat ihn lange nicht vergessen können und er sie auch nicht.

Julie war glücklich, endlich hatte sie eines ihrer Kinder wieder. Sie konnte sich nicht satt sehen an dieser Tochter, die ihr in Aussehen und Temperament so ähnlich war. Allmählich beruhigte sich Maries verliebtes Herz wieder. Wenn sie doch wenigstens mit der Mutter hätte sprechen können, aber die schien auf diesem Ohr taub, verwies die Tochter an den Vater. Auch Hermann Gundert war vernarrt in seine einzige Tochter, die ihn – klein und zierlich, wach und intelligent – so sehr an seine Frau erinnerte. Marie hatte die dunklen Augen und die Spontaneität der Mutter geerbt, dazu aber das schriftstellerische und sprachliche Talent des Vaters. Sie lernte schnell und leicht Malayalam. Bereits nach wenigen Wochen wußte Hermann Gundert nicht, wie er jemals ohne die Tochter seine Reisen hatte organisieren können. Er hetzte von einer Schulbesichtigung zur nächsten, hier nahm er Examen ab, dort setzte er Lehrer ein, legte Lehrpläne vor und prüfte Schulbücher.

Gunderts Kinder, 1857
von links: Marie, Friedrich, Hermann, Samuel (stehend),
David, Paul

Die vielen Reisen kreuz und quer durch die Provinzen belasteten seine Gesundheit mehr, als er gedacht hatte. Dazu kam, daß er an der Arbeit keinen Gefallen fand, der zähe Bürokratismus, die Langsamkeit des Beamtenapparates strapazierte seine Nerven.

Gundert wurde ernsthaft krank, gelegentliche Ruhranfälle wandelten sich in eine hartnäckige Diarrhöe, gegen die kein Mittel half. Die vielen Arbeitsessen mit den örtlichen Beamten ließen die Krankheit immer wieder von neuem ausbrechen. Wochenlang pflegten ihn Frau und Tochter aufopfernd. Als immer noch keine Besserung eintrat, resignierte Gundert und reichte seinen Abschied ein. Diese Arbeit war nichts für ihn, er wollte Missionar sein. Die

Bezirksregierung in Madras bat ihn, so lange im Amt zu bleiben, bis ein Nachfolger gefunden worden sei. Das bedeutete weitere Monate Examen abnehmen, Schulen besuchen, Meldungen schreiben und Formulare ausfüllen.

Julie war außer sich vor Sorge um ihren Mann, der in der Hitze Calicuts kaum Luft bekam und dessen Dysenterie nicht besser werden wollte. Schließlich plädierten die behandelnden Ärzte dringend für einen Europaaufenthalt. Gundert, der sich immer gegen einen erneuten Aufenthalt in der Heimat gewandt hatte, wußte, daß er in Lebensgefahr schwebte, und stimmte schließlich zu.

Am 12. April 1859, auf den Tag genau zwanzig Jahre nach seiner Ankunft in Thalassery, verließ Hermann Gundert Indien zu einem, wie er meinte, einjährigen Europaaufenthalt. Gedankenverloren sah Julie dem Schiff nach, sie hatte den Arm um Marie gelegt. Was würde die Zukunft bringen? Einen Moment lang war sie versucht, Marie in ihre Befürchtungen einzuweihen, unterließ es dann aber doch. Dafür war später noch Zeit. Erst wollte sie sich selber im Gebet mehr Klarheit verschaffen. Aber die siebzig Mädchen im Institut ließen ihr kaum Zeit zum Nachdenken. Sie vermied es, die schweren Gedanken an sich herankommen zu lassen, sondern schob sie weit von sich. Energisch wandte sie sich ihrer Arbeit zu.

Wie selbständig und eigengeprägt Julie Gundert das Institut führte und wie selbstbewußt sie diese Arbeit auch in Basel vertrat, das zeigt ihr Bericht an das Komitee aus dem Jahre 1858: *„Als ich im November 1857 hierher nach Calicut kam, traf ich einundfünfzig Mädchen in der Schule an, von denen uns im Laufe dieses Jahres zehn verlassen haben. Lydia, Maria und Assuba sind an junge Leute aus unserer hiesigen Gemeinde verheiratet, im Dezember 1857. – Eunika, Martha und Chloë, welche zu alt waren, um noch länger in der Schule zu bleiben, kehrten im Mai 1858 zu ihren*

Eltern nach Kodakal zurück, wo sie nun Feldarbeit verrichteten."

Mit akribischer Genauigkeit beschreibt Julie in ihrem Bericht die Neuaufnahmen, die von ihr vorgenommen wurden: „*Cugni Cutti oder Eliza, eine Waise von Kodakal von der Tiyer-Kaste, etwa zwölf Jahre alt, Tirumala oder Abigail, deren Eltern (Heiden) in Kodakal sind, von der Tiyer-Kaste. Sie ist etwa dreizehn bis vierzehn Jahre alt. Diese zwei Mädchen kamen im Juli 1858. Eine englische Dame zahlt monatlich zwei Rupien für sie. Chiru, deren Mutter (Heidin) in Kodakal ist, kam im August, etwa dreizehn Jahre alt, von der Tiyer-Kaste. Jael von Thalassery, etwa vier Jahre alt, von der Tiyer-Kaste, Tabitha, Schwester der Lydia, kam im September 1858, vielleicht acht Jahre alt, Tiyer-Kaste. Martha von Ketti, etwa elf bis zwölf Jahre alt, ein Tamil-Mädchen, kam im Oktober 1858, Lydia, das kleine Albino-Mädchen, welches wir von Mangalore mitbrachten, etwa sechs Jahre alt. Für diese letztere stehen die Ausgaben bis jetzt nicht auf der Schulrechnung.*"

Julie sah hinaus auf die Schule und das angrenzende Gärtchen mit den kleinen, gepflegten Beeten der Schülerinnen. Marie winkte ihr zu. Wie sehr sie David glich, ihrem Jüngsten! Lebhaft war die Tochter zu ihr getreten. Schon seit einiger Zeit sprach sie lieber Malayalam als Französisch mit der Mutter, sie fühlte sich in Indien zu Hause. In Korntal, in Basel und in Corcelles war sie immer nur an die engen Grenzen der Konventionen gestoßen, hier konnte sie sich frei entfalten. Die indischen Mädchen hatten schnell ihre anfängliche Scheu der jugendlichen Lehrerin gegenüber abgelegt und hingen sehr an ihr. Julie war glücklich, zum ersten Mal eine Vertraute zu haben.

Marie hatte sich endlich ein Herz gefaßt und mit ihrer Mutter über die „große Liebe ihres Lebens" gesprochen. Julie hatte schweigend zugehört, liebevoll hatte sie die

Tochter in den Arm genommen: „Vertrau deinem Vater, welchen Mann du auch einmal heiraten wirst, so einen Mann wie deinen Vater findest du sowieso auf der ganzen Welt nicht noch einmal!" Julie war aufgestanden und ging ruhelos im Zimmer hin und her: „Aber er macht mir Sorgen, der Papa! Er wird nicht wiederkommen. Die Ärzte werden es nicht erlauben und das Komitee schon gar nicht. Was aber werde ich dann tun, was soll ich in Deutschland?" Marie sah die Mutter mit vor Entsetzen weit aufgerissenen Augen an: Nur nicht zurück nach Deutschland, hier war es so schön. Nur der Frühling mit seinen zarten Farben, der fehlte ihr, aber was war das gegen die Schönheit der Landschaft und das Rauschen des Meeres. Wie sehr liebte sie das Brausen des Monsunregens, das schon eine ganze Weile, bevor der Regen wirklich einsetzte, die Luft erfüllte. Die donnernden Gewitter, mit denen sich der Monsun ankündigte, die gewaltigen Entladungen, das Prickeln der Luft, bevor sie sich wieder mit Hitze auflud.

„Aber dem Papa geht es doch gut, schon auf dem Schiff wurde es besser, und in Basel und Stuttgart wird er schnell gesund!" Julie schüttelte den Kopf: „Es geht ihm nicht so gut, wie er in seinen Briefen schreibt, Samuel und Hermann sind da ehrlicher. Er wird Angst haben, die Wahrheit zu schreiben – meinetwegen. Was soll ich in diesem kalten Deutschland! Damals, als er mir versprach, nicht nach Deutschland zurückzugehen, waren wir jung und konnten uns nicht vorstellen, daß etwas nicht gelingen könne, jetzt geht die Zeit hier für mich zu Ende . . ."

Sie dachte an ihre erste gemeinsame Reise, wie hatte sie die Mädcheninstitute der verschiedenen Missionsstationen bewundert, wie begierig hatte sie Gutes und Schlechtes wahrgenommen und in ihre eigene Arbeit eingebracht. Jetzt zog ihr gutgeführtes Institut Besucher von weither an. Sie war stolz auf das Erreichte, und dieses Hochgefühl schlug sich auch in ihrem Bericht für Basel nieder: „*Die Mädchen lernen, wie früher, außer Lesen und Schreiben auch noch Arithmetik und Geographie, bei dem Katechisten Samuel dreimal in der Woche. Einige der älteren Mädchen lernen Englisch bei Marie Gundert. Sie lernen dieses beinahe lieber als ihre eigene Muttersprache, aber es wird nur als Belohnung für die Fleißigen gelehrt. Die Handarbeiten sind wie gewöhnlich Nähen, Stricken, Häkeln und Filetsticken. Singen, welches Frau Fritz so schön lehrte, wird fortgesetzt, die Mädchen sind große Liebhaberinnen davon und singen während der Arbeit, dem Spielen, ja, oft noch bis spät in die Nacht hinein. Von Zeit zu Zeit wird den Kindern ein Vakanztag gegeben, ein wahres Fest für sie. Sie bekommen dann Kaffee, den ein Missionsfreund zu diesem Zweck gegeben hat, sie haben natürlich eine große, laute Freude daran, ein neues Essen zu bekommen, auch dürfen sie an solchen Tagen in ihren kleinen Gärten arbeiten, aus denen sie uns manchmal ein wenig Gemüse geben.*"

Kapitel 14
Abschied von Indien

Wie hatte sich Hermann Gundert in Basel auf seine Söhne gefreut, zum ersten Mal sah er alle fünf gemeinsam an einem Ort. Ernst und gereift die beiden ältesten, die im Missionshaus waren und sich darauf vorbereiteten, als Missionare in die Welt hinaus zu ziehen. Die drei Jüngsten waren im Kinderhaus, vergnügte, selbständige Buben, die Köpfe voller Flausen und Dummheiten.

Nach anfänglicher Besserung hatte sich Gunderts Gesundheitszustand wieder verschlechtert. Er fühlte sich unbehaglich im heimatlichen Deutschland, ruhelos verbrachte er einige Wochen in Stuttgart bei der Mutter, fuhr nach Corcelles und Basel, reiste zu Missionsfesten und Vorträgen, stöhnte aber abgrundtief: „Mit einem Bauch wie dem meinen bleibt man am besten im Haus!" Den Winter verbrachte er im Missionshaus in Basel, er arbeitete an seiner Bibelübersetzung und dem Malayalam-Wörterbuch, besuchte seine Buben. In diesen Tagen erkannte er immer mehr, daß an eine Rückkehr nach Indien nicht zu denken war.

Im November 1859 erhielt Gundert eine Anfrage von Christian Gottlob Barth, dem Leiter des Calwer Verlagsvereins, ob er nicht als sein Nachfolger zu ihm nach Calw kommen wolle.

Barth, der Mission seit Jugendtagen verbunden, wünschte sich als Nachfolger einen Mann, der in der Mission genauso zu Hause war wie im Verlagswesen. Bei Hermann Gundert, meinte er, würden alle Voraussetzungen für eine kontinuierliche Weiterentwicklung des Verlagshauses gegeben sein. Gundert, der lieber heute als morgen nach Indien zurückgekehrt wäre, machte sich aber auch keine Illusionen über seinen Gesundheitszustand. Nach langem Überlegen trug er dem Komitee die Bitte Barths vor, schrieb aber gleichzeitig: *„Ich wünsche im Dienst der Mission zu bleiben, solange ich dafür zu brauchen bin. Dieser Wunsch schließt den Dienst in der Heimat nicht aus, doch gestehe ich, daß er hauptsächlich auf Arbeit in Indien absieht. Ich fürchte nicht, daß meine Gesundheit die Rückkehr dorthin verbietet, wenn sie mich auch nach einiger Zeit von der Malabarküste etwas weiter ins Binnenland drängen sollte. Daß in Indien meine Frau entschieden an ihrem Platz ist, während sie in Deutschland sich wohl lange fremd und nutzlos fühlen würde, brauche ich kaum beizufügen."*

Gundert machte seine endgültige Zusage von der Zustimmung seiner Frau, die nicht vor Mitte März eintreffen könne, abhängig, willigte aber, in Anbetracht des sehr angegriffenen Gesundheitszustandes Christian Gottlob Barths, ein, bedingt zuzusagen. Falls das Komitee seinen Überlegungen zustimmte, würde er Anfang Januar für einige Tage nach Calw fahren, um sich dort umzusehen und seinen zukünftigen Arbeitsplatz in Augenschein zu nehmen. In Calw angekommen, fühlte er sich in dem engen Nagoldtal „wie in einer Mausfalle", er überlegte nüchtern, daß er „hier nicht mehr herauskommen werde". Schnell entschlossen ging er sofort daran, eine Wohnung zu mieten und entschied sich für die größere, „über einer Bierstube, gegenüber vom Turnplatz und dritter Brücke, gelegene".

Am Nachmittag desselben Tages wohnte Gundert zum ersten Mal einer Sitzung des Calwer Verlagsvereins unter dem Vorsitz Christian Gottlob Barths bei, bei der auch gleich die Modalitäten seines Anstellungsvertrages festgelegt wurden. Zukünftig sollte Gundert zwei Drittel seiner Zeit den Belangen des Calwer Verlagsvereins widmen, die restliche Zeit blieben den Malayalam-Werken im Auftrag der Basler Missionsgesellschaft vorbehalten.

Der 1799 in Stuttgart als Sohn eines Handwerkers und frommen Stundenmannes geborene Barth hatte seine erste Unterweisung bei dem Lehrer Johann Christian Gundert, dem Großvater Hermann Gunderts, erhalten. Während seiner Zeit im evangelischen Stift in Tübingen hatte Barth enge Freundschaft mit dem russischen Grafen Felician Zaremba geschlossen, der sein Leben dem Dienst in der Mission verschrieben hatte. Als Pfarrer in Möttlingen erwarb er sich einen großen Bekanntheitsgrad, weit über die Grenzen seiner Pfarrei hinaus, seine Predigten und vor allem seine selbstgedichteten Lieder machten großen Eindruck auf die Gemeinde. Seine Liebe zur Mission ließ ihn regelmäßig nach Basel zum Missionsfest reisen. Auch hier gehörten seine Lieder zum festen Ablauf der Feste. Von 1828 an gab er das „Calwer Missionsblatt" heraus. Zu seinen schönsten, immer wieder gesungenen Liedern gehören „Gold'ne Abendsonne, wie bist du so schön" und „Der Pilger aus der Ferne".

Seit 1836 hatte er in dem von ihm gegründeten und auch geleiteten „Calwer Verlagsverein" die „Jugendblätter" herausgegeben, eine außerordentlich beliebte und bekannte Jugendzeitschrift. Als sein erfolgreichstes Buch galten die „Zweimal zweiundfünfzig biblischen Geschichten", die bereits 1854 die hundertste Auflage erreichten. Barths großer Fleiß und seine unerschütterliche Geduld hatten den „Calwer Verlagsverein" auf eine solide materielle und verlegerische Grundlage gestellt. Diese Stellung galt es zu sichern und zu erhalten. Bei der Auswahl seines Nachfolgers war er getreulich seinem Lieblingsspruch gefolgt: „*Wir streuen jahrelang den Samen aus und wissen, daß wir guten Samen gehabt und nicht vom Samenhändler uns haben betrügen lassen, und doch will nichts aufgehen, und die Leute sind einmal wie das andere Mal. Aber es ist nichts verloren; nur braucht's eine gute Weile, bis etwas herauskommt."*

Die drei in Calw verbrachten Tage hatten Gunderts Gesundheit sehr gutgetan, zum ersten Male konnte er normal essen, ohne gleich wieder dafür büßen zu müssen. Doch kaum war er nach Basel zurückgekehrt, setzte die Krankheit mit aller Macht wieder ein, seinem Tagebuch vertraut Gundert an: *„Die gute Wirkung des Calwer Aufenthalts begleitete mich noch eine Woche hindurch, hier ist es bald wieder wie früher geworden: Der Schnupfen ist fort, die alte Geschichte aber wieder da. Merkwürdig war mir, daß meine Frau, von meinen Söhnen etwas unterrichtet über meine Zustände, schon den Gedanken gefaßt zu haben scheint, daß mir die Rückkehr nach Indien verwehrt werden könnte."*

Julie legte den Brief beiseite. Ja, sie würde nach Deutschland zurückgehen. Wie oft hatte sie sich in den letzten Jahren mit Vorwürfen geplagt, daß ihr Mann ohne sie sein Leben in der Heimat viel einfacher neu einrichten könne. Sie hatte es immer als ein großes Glück empfunden, daß er, anders als sie selber, nicht von Gefühlen bestimmt wurde, sondern nüchtern und überlegt alle Seiten eines Problems betrachten konnte, bevor er eine Entscheidung fällte. Wenn sie ihn nicht gehabt hätte, wie fern der Wirklichkeit wäre ihr Leben verlaufen. Wie schwer war es ihr immer wieder gefallen, ihren Willen einem anderen, höheren Willen unterzuordnen. Dabei hatte sie endlich doch ihren Seelenfrieden gefunden. Wenn sie aber fort mußte aus Indien, dann wollte sie keine Zeit verlieren, sondern so bald als möglich aufbrechen.

Bereits am 11. April 1860 reisten Julie und Marie Gundert mit dem ersten erreichbaren Schiff nach Europa. Für Marie war die Reise eine einzige Tortur, oft war die Mutter am Rande eines Zusammenbruchs, mehr als einmal hatte Julie das Gefühl zu ersticken. Die Enge auf dem Schiff machte ihr Angst, immer wieder mußte sie sich zwingen, aufzustehen und zu essen, sich morgens anzuziehen. Die Zukunft in Deutschland trieb ihr den Angstschweiß auf die Stirn. Einmal wurde sie von Weinkrämpfen förmlich geschüttelt, während sie wenig später sehr froh war, in Calw endlich wieder ein Zuhause zu finden.

Als Julie im Mai im Missionshaus in Basel ihren beiden Ältesten gegenüberstand, stockte ihr der Atem. Diese beiden ernsthaften jungen Männer, das sollten der kleine Hermann und sein Bruder Samuel sein? Sie konnte es nicht fassen, immer wieder fiel sie vom vertrauten „Du" in das förmliche „Sie", konnte es nicht über sich bringen, die beiden in die Arme zu nehmen. Vierzehn Jahre hatte sie die Söhne nicht gesehen! Mit einem Mal begriff sie, auf was sie in Indien hatte verzichten müssen, Julies Herz raste – das waren die Buben, denen sie Monat für Monat Briefe geschrieben hatte. Was wußte sie von diesen baumlangen, stabilen jungen Männern? Sie begriff, daß sie ihr fremder waren als jedes Waisenkind in Indien. Plötzlich hatte sie eine unbändige Sehnsucht nach ihrem Mann und den drei „Kleinen", die schon beim Vater in Calw auf sie warteten.

In Wilferdingen endete die Eisenbahn, bis hierher war Hermann Gundert Frau und Tochter entgegengereist. Nur mit Mühe hatte er seinen Jüngsten dazu bringen können, zu Hause zu bleiben. Seit Tagen schon war der fast Zehnjährige außer Rand und Band, fragte von morgens bis abends: „Wann kommt sie denn endlich, die Mama?" Und seit Tagen erwiderte der genervte Vater stereotyp: „Wart's ab, Kerle, du wirst es erleben!"

Von Wilferdingen aus ging es in der Postkutsche über Pforzheim nach Calw. Gundert spürte Julies Spannung und scherzte gutmütig: „Seht, wie schön ich alles zu eurem Empfang bekränzt habe." Lächelnd wies er auf die blühenden Kirschbäume, die die Landstraße säumten. Bei Einbruch der Dunkelheit erreichten die Reisenden Calw und stiegen bei der Post ab. Dort warteten schon die Stuttgarter Verwandten zusammen mit den drei Söhnen. Friedrich bekam vor Aufregung einen Schluckauf, Paul sagte gar nichts, und David, Julies Liebling, warf sich platt auf den Boden und schrie immer wieder: „Es ist erlebt, es ist erlebt!" Es war ein unbeschreiblicher Trubel, Hermann Gundert notiert in sein Tagebuch: *„Auf der Post großer Wirrwarr der Begegnung, am Souper bei Barth einige Klärung. Friedrich konnte nicht essen, dagegen hieben die zwei andern ein. David klammerte sich an Mama, als ob sie gestern fort sei und er das besonderste Recht auf sie habe."*

Spät erst ging die Gesellschaft auseinander, machten sich Gunderts vom Haus des Verlagsvereins am Ostufer der Nagold auf den Weg zu ihrer Wohnung. Noch immer ließ David die Hand der Mutter nicht los. „Mamasuckele", spottete Friedrich und puffte den Kleinen in den Rücken, David ließ sich nicht lumpen und ging mit den Fäusten auf den drei Jahre Älteren los. Nur mit Mühe konnte Marie die kleinen Brüder davon abhalten, mitten in der Nacht eine Prügelei zu beginnen: „Hört doch auf, die Leute rennen ja schon an die Fenster, wollt ihr gleich am ersten Tag in Verruf geraten!" Hermann Gundert packte seinen Jüngsten und hielt ihm den Mund zu: „Psst, keinen Lärm um Mitternacht – das nehmen die Bürger hier übel!" Er lachte und hielt den zappelnden Buben liebevoll fest.

Jetzt standen sie vor dem Haus, bedächtig zog der Vater den Schlüsselbund aus der Tasche, öffnete umständlich die Haustür und ließ ein Familienmitglied nach dem anderen eintreten. Julie sah sich um. Freunde und Bekannte hatten das Gepäck aus der Kutsche schon hierhergebracht und sorgfältig im Vorraum gestapelt. Die Stuttgarter Mutter und ihre Schwester Emma Mohl, die geliebte Tante der Kinder, hatten die Wohnung behaglich hergerichtet. An den Fenstern bauschten sich die Gardinen, und selbst einige Blumentöpfe fehlten nicht. Aufatmend ließ sich Julie auf einen Stuhl fallen und sah sich um, Marie hatte sich hinter sie gestellt. Die drei Buben standen neben ihrem Vater und betrachteten Mutter und Schwester. Julie mußte lachen und scheuchte die Buben mit den Worten „Heute tun wir nix mehr!" in die Betten. Hermann Gundert murmelte: „Das ist nun wirklich etwas Neues" und zeigte Marie ihr Zimmer.

Die nächsten Tage verbrachten Julie und Marie damit, all die Dinge, die in der Wohnung noch fehlten, anzuschaffen und zu besorgen. Für Julie, deren Deutsch nur aus wenigen Worten bestand, war das eine Tortur. Überhaupt war sie der Meinung, daß die meisten Gegenstände, denen sie nachjagten, sowieso *„nicht nötig seien, denn der Herr kommt, er kommt bald"!* Und wenn die anderen auf der Anschaffung bestanden, dann murmelte sie: *„Ihr seid alle Welt"*, ein Ausdruck, der die ganze Verachtung, die sie weltlichen Dingen beimaß, einzuschließen schien.

Julie bewunderte an dem schönen, rechteckigen Calwer Marktplatz besonders die beiden Brunnen, sie weckten in ihr die Erinnerung an den Dorfbrunnen auf dem Marktplatz von Corcelles, der ihr von frühester Kindheit an vertraut war. Überhaupt erinnerte sie viel in dem kleinen Calw an die Städte und Dörfer ihrer Jugend. Die alte steinerne Brücke, die die Nagold überspannte und die Innenstadt mit der Vorstadt verband, das Rathaus mit den schönen geschwungenen Arkadenbögen, die stattlichen Häuser der Bürger an der Bischofstraße und die spitzen Giebel der Häuser, die sich in den engen Straßen einander zuneigten –

das alles strahlte soviel bürgerliche Wohlhabenheit aus, daß es Julie, die gewohnt war, mit Wenigem hauszuhalten und dennoch eine Vielzahl hungriger Mäuler zu stopfen, manchmal ganz angst wurde, wie sie hier bestehen sollte.

Manchmal blieb sie bei der Kapelle auf der Nikolausbrücke mit den drei Bögen stehen und sah hinunter in das grünlich schimmernde Wasser der Nagold. Sie wußte selbst nicht, woher es kam, aber immer fiel ihr hier der majestätische Wasserfall von Kotagiri ein. Wenn nur die Stadt nicht wie eingeschlossen in dem engen Tal läge, dann ließe es sich hier schon aushalten! Julie seufzte. Wie sehr sehnte sie sich nach dem weiten, offenen Land, nach dem Blick vom Hügel Illikunnu in Thalassery hinunter auf den Fluß und auf das weite Meer! Wie schön war der sanfte Wind gewesen, besonders in den Abendstunden, wenn sie auf der Veranda vor dem Haus gesessen hatten, umgeben von einer Schar brauner Kinder, die mit den ihren spielten. Dort hatte sie sich mit vielen Teilen der Welt verbunden gefühlt. Wie kam es nur, daß sie sich hier wie abgeschnitten vorkam?

Julie hatte eine Weile gebraucht, bis sie Zutrauen zu dem alten Christian Gottlob Barth gefaßt hatte. Außer ihm und seinen beiden Mägden Hannele Rost und Katherine Stoll wohnte in dem Haus noch Barths Bruder, der – geistig zurückgeblieben – Buchbindearbeiten erledigte und zum Entsetzen des musikalischen Hermann Gundert regelmäßig furchtbar falsch auf seiner Flöte blies. Das Leben im Verlagshaus hatte seinen eingefahrenen und seit Jahren festgelegten Ablauf, an dem auch Hermann Gundert zum Leidwesen seiner Frau so schnell nichts ändern konnte. Gleich nach seiner Ankunft hatte er einen großen Teil der anfallenden Arbeit übernommen, aber dadurch schien sie kaum weniger zu werden. Einige Wochen später beklagte sich Barth: „Gundert arbeitet den ganzen Tag und ich auch, und kann doch nirgends fertig werden."

Es gab aber auch keine Zusammenkunft, kein Missionsfest in der näheren und weiteren Umgebung, bei der Gundert nicht eingeladen wurde, zu predigen oder einen Vortrag zu halten. Nein sagen mochte er nicht, aber die auf den Festen verbrachte Zeit fehlte ihm dann bei seiner Verlagsarbeit. So war er nur wenige Tage vor der Ankunft seiner Frau zusammen mit seiner Mutter und seiner Schwester nach Böblingen gefahren, um auf dem dortigen Missionsfest einen Vortrag über „Die Heiden" zu halten. Gundert reiste besonders gern in das kleine Oberamtsstädtchen, lebte hier doch der nun schon achtundsiebzigjährige Johann Jonathan Metzger, ein enger Freund und Weggefährte seines Vaters.

Der 1782 in Schönaich geborene Metzger hatte 1811 nach langen Wanderjahren als Kaufmann in Böblingen neben einer Materialienhandlung ein chemisches Geschäft gegründet, diese Firmen betrieb er zusammen mit einem Neffen. Nur sieben Jahre später verkaufte Metzger die expandierende Fabrik an die Familie Bonz. In dem bald darauf als Teilhaber bei Bonz eintretenden Gottlob Klaiber fand er einen gleichgesinnten Freund, mit dem er einen Missionsverein gründete und auch die Böblinger Missionsfeste ausrichtete. Metzger hatte zu den Gründern der Gemeinde Korntal gehört. Nach dem Tod Israel Kaufmanns hatte man ihn dort zum Vorsteher gewählt, Metzger hatte jedoch mit dem Hinweis, daß er Böblingen für den ihm von Gott zugewiesenen Platz hielte, abgelehnt. Die alten Freunde, unter ihnen auch Dekan Baur, wollten Gundert und seine Mutter gar nicht wieder fortlassen, so vieles gab es zu bereden und zu erzählen.

Julie gewöhnte sich an, ein Neues Testament in deutscher Sprache bei sich zu tragen, um so Deutsch zu lernen und auch mit einfachen Leuten eine Unterhaltung über die Bibel führen zu können. So konnte sie viel eher über biblische

Themen reden, als auf dem Markt ein „Göckele" kaufen. Am Himmelfahrtstag hatte sie zum ersten Mal einem Gottesdienst in der Calwer Stadtkirche beigewohnt. Ein wenig unwirklich war es ihr nach so vielen Jahren in Indien vorgekommen, nun zusammen mit dreien ihrer Söhne und ihrem Mann einer deutschen Predigt zu lauschen. Suchend sah sie sich nach der Tochter um, die einige Reihen hinter ihnen Platz genommen hatte.

Es war für die Achtzehnjährige, die Indien als ihre Heimat betrachtete, nicht leicht, sich in einer deutschen Kleinstadt zurechtzufinden. Mit großer Freude half sie ihrem Vater im Verlag bei Übersetzungen aus dem Englischen und beim Korrekturlesen, fühlte sich dabei aber mißtrauisch beobachtet von Christian Gottlob Barth. Der alte Junggeselle konnte sich nicht vorstellen, daß eine Frau zur Mitarbeit im Verlag taugen könne. Marie hatte es schwer: Vielseitig begabt, suchte sie nach Möglichkeiten, sich zu entfalten. Ihr Vater liebte seine einzige Tochter über alles, zweimal schon hatte er Bewerber um ihre Hand abgewiesen. Dem aus Ostfriesland stammenden Indienmissionar Ferdinand Kittel, der 1859 um Maries Hand angehalten hatte, war es nicht besser gegangen als Maries „großer Liebe" John Barns, der sie auch fünf Jahre nach seiner erfolglosen Werbung noch nicht vergessen hatte. Keinem von beiden hatte Gundert die Tochter geben mögen. Es war aber nicht zu übersehen, daß sich Marie in Calw langweilte, so viel schickte sich hier für ein Mädchen nicht, was sie in Indien hatte tun dürfen, ohne viel darüber nachzudenken.

Die gutbürgerlichen Calwer wunderten sich über die liberale Erziehung der drei Buben, die ein als fromm gepriesener Mann wie Hermann Gundert seinen Söhnen angedeihen ließ. Sie konnten nur die Köpfe schütteln über einen Vater, der noch als „Graubart" mit dem Nachwuchs in der Nagold schwamm. Friedrich, Paul und David steckten vol-

251

ler Lausbübereien. Jahrelang hatten sie ein richtiges Familienleben entbehren müssen, und nun versuchten sie, alles bisher Versäumte auf einmal nachzuholen. Nach dem für sie so schmerzhaften Erlebnis mit dem ersten Friedrich hatten Julie und Hermann Gundert versucht, in der Erziehung der ihnen anvertrauten Menschen nicht durch Strenge, sondern durch das Vorbild, das sie geben, zu wirken. Über diese Form des Miteinanders schüttelten die Calwer nur die Köpfe, und ein Lehrer ärgerte sich: *„Die Gundertle sind die wildesten Buben in der Stadt, und da geht ihr Vater wieder Arm in Arm mit ihnen spazieren!"* Schnell hatten die drei Buben ein freundschaftliches Verhältnis zum Vater gefunden, bei der spröderen Mutter dauerte es länger. Besonders David, der Jüngste, der anders als die anderen seine Mutter eine Zeitlang ganz für sich alleine gehabt hatte, versuchte diese Sonderstellung auch in Calw wieder einzunehmen. Friedrich und Paul hänselten ihn dann mit seiner „Schürzenzipfelhängerei", was nicht selten zu Zank und Prügeleien führte.

Bereits wenige Wochen nach ihrem Eintreffen in Calw lud Julie interessierte Frauen zu einer wöchentlichen Betstunde ein. Diese Stunde wurde von Anfang an gut besucht. Julie betete auf Englisch, und ihre Tochter übersetzte das Gesagte ins Deutsche. Beim gemeinsamen Gebet aber blieben die Frauen stumm. Für Julie, die an das inbrünstige Miteinander der indischen Gemeinden gewöhnt war, hatte die schweigende Frömmigkeit der Schwäbinnen etwas Unheimliches. Sie wunderte sich über diese offensichtliche Angst, auf religiösem Gebiet etwas falsch zu machen, sich im Gebet vor anderen eine Blöße zu geben. Erst als die Frauen ganz allmählich verstanden, daß es dieser merkwürdigen Frau Gundert ein Anliegen war, das Gebet als geistige Anregung zu sehen, lernten sie das Miteinander.

Noch im Jahr ihrer Ankunft in Calw gründete Julie einen

Kindermissionsverein und einen Missionsfrauenverein. Sie half, wie sie es aus Indien gewöhnt war, überall dort, wo Hilfe not tat. Ungezählt waren ihre Nachtwachen an den Krankenbetten der Ärmsten, sie half bei Entbindungen, pflegte Kinder, infizierte sich sogar einmal mit Pocken an einem Krankenbett. Aber gerade diese dienende Nächstenliebe wurde bei der eingesessenen Calwer Geistlichkeit nicht gerne gesehen. Hermann Gundert notiert in seinem Tagebuch: *„Gegen Müller und meine Frau die Klage, daß die ungeordnete Tätigkeit die geordnete zu verdrängen drohe, – Dekan muß sehr gedruckst haben (ob Frau genug Deutsch könne – ob richtig zu Männern – Unklugheit mit dem zuviel komme) . . . Ich soll Frau darauf aufmerksam machen, daß a) gefragt werden müsse, wer der Beichtvater sei und ob man ihn brauche, b) zu sagen sei, wenn er nicht komme, komme sie auch nicht, c) nicht zu oft, denn bei Amalie Heinzmann habe er gespürt, daß sie ihn nicht mehr gebraucht habe, seit Frau zu oft kam, bei der Degenhardt sei Frau augenscheinlich zu oft gewesen, wodurch sie bestärkt worden sei in ihrem bösen Leben.“* Hermann Gundert sollte seiner Frau unter allen Umständen das verbieten, worin sie aufging: die Wahrheit zu verkünden, denn *„in der Seelsorge gäbe es keine Gewerbefreiheit“.* Gundert, der sich immer über diese „Missionstätigkeit“ seiner Frau gefreut hatte, antwortete scharf: *„Die Rechtsfrage und die brüderliche sind mir hier zu eng verschmolzen. Hat dies schon Mißtrauen erregt, wird eine Befolgung auch nicht allen Argwohn wegräumen: Ich kann mich wohl soweit dareinmischen, im allgemeinen Nein zu sagen zu Besuchen, aber nicht meiner Frau Tätigkeit regulieren!“*

Mitte Juli 1860 kamen Hermann und Samuel aus dem Basler Missionshaus für die Dauer der Sommerferien nach Calw, zum ersten Mal hatten die Eltern alle sechs Kinder um sich versammelt. Gemeinsam machten sie Ausflüge auf den Zavelstein, hinüber nach Teinach und ins Wildbad. Julie genoß diesen Sommer auf ihre Weise. Sie ahnte, daß diesen kurzen Wochen ein ganz eigenes Glück innewohnte, daß es so viele Jahre nicht geben würde, in denen sie alle zusammen waren. Zu Julies großer Erleichterung besserte sich die Gesundheit ihres Mannes auffallend. Einmal rief er auf dem Weg zum Zavelstein zum Vergnügen seiner Kinder aus: *„Ich meine, jetzt hat es wieder einen Ruck getan, jetzt bin ich wieder gesund."* Mit sichtlichem Vergnügen verspeiste er die frisch gepflückten Heidelbeeren. Wenn Julie jemals an der Richtigkeit der Übersiedlung nach Calw gezweifelt hatte, so wußte sie jetzt, daß der Weg, den sie beschritten, richtig war. *„Wie ein Sterben"*, war Julie die Reise nach Calw vorgekommen, immer noch litt sie unter der Kälte, dem Eingeschlossensein, besonders Herbst und Winter machten ihr zu schaffen.

Nach dem Tode Christian Gottlob Barths zog die Familie hinüber in die Bischof-Vorstadt in das Haus des Verlagsvereins. Für Julie war das düstere Haus, das sich mit der Rückseite eng an die Felsen schmiegte, mit seinen vielen engen Räumlichkeiten wie eine dunkle, feuchte Höhle. Frischer Wind und Licht taten not, Hermann Gundert dachte ähnlich: *„Noch nirgends meine ich mit solchem Druck eingezogen zu sein wie in dieses Haus und in die ganze Stellung – so daß ich fast dachte, kehrt zu machen. Wie eine Falle kam mir's vor, aber nicht wie eine Mausefalle, die wird geködert, das bin ich nicht, sondern komme mit offenen Augen herein, wie in einen Tiegel."*

Hermann Gunderts bei aller Gläubigkeit weltoffenes Wesen gab mehr als einmal Anlaß zu Argwohn auch bei den Ausschußmitgliedern des Calwer Verlagsvereins. Nur schwer kam er mit einem der engsten Vertrauten Christian Gottlob Barths, dem Notar Louis Widmann, zurecht. Gundert hatte, um allen Kommilitonen des Maulbronner Jahrgangs 1827 seine Rückkehr aus Indien mitzuteilen, unter seinem Kneipnamen „Der Kirgise" im „Schwäbischen Merkur" eine Anzeige mit einer Einladung in ein Stuttgarter Gasthaus veröffentlicht. Widmann, der auch Leiter der „Hahnischen Stunde" war, wies ihn nun empört darauf hin, daß er noch niemals ein Calwer Gasthaus betreten hätte und es auch in Zukunft nicht zu tun gedächte.

Kapitel 15
„Hoch lebe die gemischte Ehe"

Am 23. Juli 1863 feierten Julie und Hermann Gundert in aller Stille ihre silberne Hochzeit. Weit waren sie zusammen gegangen seit der stillen Hochzeitsfeier damals im Haus des Richters Lascelles in Chittoor. Marie überraschte die Eltern mit einem Festgedicht:

„Gar manches ließe sich erzählen
Von dieses Paars Verschiedenheiten,
Von Tugenden auf beiden Seiten.
Genug: daß sie so mußten wählen,
Daß Gott sie so zusammenbrachte
In eine reine Harmonie,
Uns Kinder durch sie glücklich machte,
Das danken wir ihm genugsam nie.
Von ganzem Herzen drum ich flehe:
Gott segne die gemischte Ehe!
Der Odem Gottes um sie wehe!
Hoch lebe die gemischte Ehe!"

Seit er die Leitung im Calwer Verlagsverein übernommen hatte, versuchte Gundert, das Gesicht des Verlages zu modernisieren. Barth hatte Satz, Druck und Papier fast ausschließlich aus Spenden finanziert, die Bücher und Zeitschriften zum Selbstkostenpreis abgegeben. Gundert erhöhte die Preise, wachte aber auch mit ungeheurer Liebe und viel Sachverstand über Ausstattung und inhaltliche Qualität der von ihm herausgegebenen Druckerzeugnisse.

So konnte der Verlag auch ohne die lästige Spendenbettelei weiterbestehen und sich vor allem selbständig weiterentwickeln.

Mit wahrer Leidenschaft und ungeheurem Fleiß schrieb Hermann Gundert Biographien der Missionspioniere Herrmann Mögling, Samuel Hebich und Gottfried Weigle. Hier erfuhren die Leser aus erster Hand vom Alltagsleben in der Mission. Sie lernten das Leben fremder Völker kennen, denn Gundert setzte auch eingeborenen Christen, deren Leben ihm exemplarisch vorkam, literarische Denkmäler. So entstanden „Der Elefantenführer Govinda" und „Philipp Tschandren". Diese Bände, die jahrzehntelang immer neue Auflagen erfuhren, erschienen bereits innerhalb der „Calwer Familienbibliothek", die Gundert für die ganze Familie konzipiert hatte. Obwohl Hermann Gundert der Meinung war, daß *„es viele gibt, die meine Stelle hier vertreten könnten, aber soviel ich weiß keinen, der einen Lexikon für Malabar schreiben könnte"*, ist er selbstbewußt genug, als neues Verlagssignet das Wort „Veritas Persuadet" zu wählen: „Wahrheit überzeugt".

Mit David und Friedrich traten im Lauf der Zeit zwei seiner Söhne als Geschäftsführer in den Verlag ein, sie entlasteten ihn geschäftlich. Die Zahl seiner Veröffentlichungen ist ungeheuer. Dazu besuchte er, meistens zusammen mit seiner Frau, jedes Jahr zwischen fünfzehn und achtzehn Missionsfeste, monatlich hielt er in der näheren Umgebung wenigstens eine Sonntagspredigt, er bereitete lange Jahre Sonntagsschullehrerinnen auf ihre Aufgabe vor und gründete schließlich den Calwer Jünglingsverein, den er mehr als zwanzig Jahre lang betreute. Daneben unterhielt er privat und auch geschäftlich eine breite Korrespondenz. Daß endlich auch die der Basler Missionsgesellschaft versprochenen Malayalam-Werke fertig wurden, kam einem Wunder gleich. Gundert konnte diese riesige Arbeitsbelastung nur tragen, weil seine Frau ihm alle Widrigkeiten des großen, durch Pensionäre, Familienangehörige, durchreisende Missionare und alte Freunde oftmals einem Hotel gleichenden Haushaltes fernhielt. Als die britisch-indische Regierung der Missionsgesellschaft in Basel für das 1873 fertiggestellte Malayalam-Wörterbuch 100 Pfund Sterling überweisen ließ, bat Inspektor Josenhans Hermann Gundert, diese Summe brüderlich mit der Mission zu teilen: *„Das Komitee weiß, daß Dir eigentlich das Ganze gehört; da es Dich aber als einen Mann kennt, dem man nicht geben darf, soviel als er verdient, und man ihm gern geben möchte, so rechnet es darauf, Du werdest uns nicht durch Zurückweisung einer Hälfte wenigstens beschämen."*

Seit einigen Jahren schon hatte sich der Familienkreis erweitert, der „kleine" Hermann hatte als Pfarrer in Mount Clemens in Michigan längst geheiratet, Julie hieß die allererste, schon 1864 in den USA geborene Enkelin. Samuel arbeitete bereits einige Jahre als Missionar an der Malabarküste. In seinem Schreibtisch wäre fast einmal ein Teil des Manuskriptes des Malayalam-Wörterbuchs von Ratten zernagt worden. Gerade noch rechtzeitig war die Schandtat entdeckt und das Manuskript wieder „zusammengepappt" worden.

Mit dem jungen Missionar Charles Isenberg schien endlich auch ein dem Vater genehmer Freier um Marie angehalten zu haben. Gundert wußte, daß er die Tochter nicht mehr lange in Calw halten konnte. Wie einst ihre Mutter, träumte sie davon, Lehrerin zu werden. Oder vielleicht sogar Ärztin, denn in der Schweiz studierten bereits die ersten Mädchen Medizin. Diese Idee aber verschlug selbst dem liberalen Hermann Gundert die Sprache. Dann lieber die Tochter in die bewährten Hände eines Missionars geben!

Schüchtern und aufgeregt stürzte Charles Isenberg kurz vor der offiziellen Verlobung mit Marie in das Verlagshaus.

Auf der Treppe begegnete ihm Julie, die den von der Reise total Ermatteten in ihrer spontanen Art mitleidig in die Arme nahm und küßte. Zwei Minuten später schon konnte sie sich nicht mehr verstehen, wie konnte sie nur, den Fast-Verlobten ihrer Tochter umarmen! Außer sich riß sie die Tür von Maries Zimmer auf und rief immer wieder: *„Oh, Marie, ich dumme Frau habe so eine große Fehler getan! Oh, ich dumme Frau! Solches Fehler!"* Marie riß Mund und Augen auf: *„Was ist los? Was gibt's?"* – *„Oh, ich habe ihn geküßt! Wie er kam, habe ich ihn geküßt. Ich dumme Frau! Aber er ist so lieb und hat so einen wüsten Hut auf und ist so einfach! Und ich habe ihn so wie einen Sohn lieb und hab ihn geküßt. Aber das war dumme Fehler!"*

Bevor Marie und Charles nach dem Abendessen miteinander allein sein durften, lud Hermann Gundert den Schwiegersohn in spe zu einem langen Spaziergang ein. Zu Maries grenzenloser Verwunderung schloß sich dem auch ihre Mutter an, Marie notiert in ihren Erinnerungen: *„Auf selbigem Gang aber hat der alte Missionar dem jungen heiß gemacht und ein strenges Examen in allen Stücken mit ihm vorgenommen..."* Kein Wunder, daß der arme Charles Isenberg recht bleich und einsilbig zu seiner Braut zurückkam, um nun endlich mit ihr allein zu sein. Einmal noch sahen sich Marie und ihr Bräutigam, bevor er als Missionar ins indische Haiderabad reiste.

Im Herbst 1865 folgte ihm Marie, zusammen mit einigen anderen Missionsbräuten. In Mangalore trafen sich die Brautleute wieder, Marie erinnert sich später: *„Am 6. November reiste das Brautpaar in einem Ochsenwagen nach Thalassery auf den schönen Nettur-Hügel, wo die treue Frau Müller-Lämmlin sie mit offenen Armen, wie ein Mütterlein, empfing. Ja, im Hause, wo vor dreiundzwanzig Jahren Marie das Licht dieser Welt erblickt, wo ihr Vater sie in unruhigen Nächten herumgetragen und ihr in allerlei Spra-*

chen vorgesungen hatte, in diesem Hause verursachte sie nun wieder durch ihr Erscheinen große Aufregung, denn hier sollte ja die Hochzeit stattfinden, und Papa Gunderts alter Knecht, den die Tochter von anno 1859 her ja wohl kannte, leitete die Vorbereitungen zum Festmahl mit der wichtigsten Miene der Welt! . . . Am 10. November war der Hochzeitstag, Samuel, Maries Bruder, predigte im Missionskirchlein über den gewählten Text und segnete das Paar ein. Die Seminaristen sangen den prächtigen ‚Halleluja-Chor‘ von Händel recht schön; das Kirchlein war voller teilnehmender weißer und brauner Freunde. Die Mädchen freuten sich am Kranz und Schleier der Braut, und die Augen der Waisenknaben leuchteten schon hell und lüstern auf in Erwartung des verheißungsvollen Festschmauses. Dem jungen Paar selbst aber war zumute, als stünden sie vor Gottes Thron . . . Zwei alte Katechisten (Abraham Mulil und Paul Tschandren) waren zu Fuß weit hergelaufen, um sich mitzufreuen; sie weinten helle Tränen der Rührung und segneten die jungen Leute. Zu jedem Fenster, zu jeder Türspalte guckten fröhliche, teilnehmende braune Gesichter herein. Mama Müller und der alte Knecht Rama hatten sich gewaltig angestrengt; es gab ein feines Essen, und sogar ein Goliath von einem Truthahn machte seine willkommene Erscheinung. Rama, im nagelneuen rauschenden Gewand mit goldverbrämtem Turban, spielte seine Rolle meisterlich. Drüben im Waisenhaus frohlockten auch die Kinder beim Schmause, die wurden besucht, und sofort erscholl aus allen Kehlen lautes Jauchzen. Man sang, man saß in der Abendkühle im Garten und war fröhlich, – Charles hatte von Bombay Feuerwerk und magnetischen Feuerdraht mitgebracht, was nun losgelassen wurde zum endlosen Jubel aller Kinder und wohl auch der Alten weithinaus, denn das Missionshaus steht frei auf dem Hügel, und der Garten drumher. Wundersam leuchtete der Widerschein der Lichter un-

Marie Gundert mit Charles Isenberg

ten im Fluß; die lauen balsamischen Lüfte waren belebt von
Leuchtkäfern und sumsendem Insektenvolk."

Julie war zufrieden mit den Briefen und Berichten ihrer
fernen Kinder, sie führten die von ihren Eltern begonnene
Arbeit fort. Wie einst ihre Mutter in Mangalore, begann
Marie gleich nach ihrer Ankunft in Haiderabad mit dem
Aufbau eines Mädcheninstituts. Auch Friedrich wollte in
den Missionsdienst gehen. Julie seufzte. Und sie saß hier in
Calw, alt und nutzlos geworden, in einem Haus voller Gäste, in dem sich die Besucher die Klinke in die Hand gaben
wie einst in Thalassery. Oft, wenn alle Gästezimmer belegt
waren, wurde ein überraschend eintreffender Besuch noch
in dieser oder jener abgelegenen Kammer untergebracht.
Manchmal drohte der Haushalt Julie über den Kopf zu
wachsen, dazu ihr fehlerhaftes Deutsch. Oh, wie sie den
deutschen Haushalt haßte! Mehr als einmal jammerte sie:
„Ach, gottlob, in die Himmel man koch nich mehr, man
wasch nich mehr, man putz nich mehr!" Ein Satz, den sich
alle ihre Kinder merkten!

An ganz besonders schlimmen Tagen, wenn der Besu-
cherstrom überhaupt nicht abreißen wollte, wenn die Zahl
der Mittagsgäste ins Unerträgliche stieg und die Ausgaben
für Küche und Keller wieder einmal die Einnahmen zu
übersteigen drohten, rannte Julie in das Arbeitszimmer ihres Mannes und beschwerte sich bei ihm über diese „bösen
Zumutungen". Aber Hermann Gundert, der zwischen seinen Büchern und Manuskripten, Briefen und Übersetzungen kaum noch einen Platz zum Sitzen fand, nahm ihr oftmals mit einem einzigen Blick den Wind aus den Segeln.
Dann schüttelte Julie den Kopf und versuchte, einen Stuhl
freizuräumen, um sich setzen zu können.

In den ersten Jahren hatte sie noch neben ihrem Mann
auf dem Sofa sitzen können, das ging schon lange nicht
mehr, dort lagen Bücher. Hermann Gundert selbst saß zwi-

schen seinen aufgehäuften Schätzen, den Andenken, Bildern und Kunstwerken, wie ein Bär in seiner Höhle, bekleidet mit seinem geliebten indischen Schlafrock aus Kamelhaar, der die Brust freiließ. Nach indischer Sitte ging er im Sommer barfuß, im Winter versteckte er seine Füße in riesigen grönländischen Pelzstiefeln. Für Julie kam es beim Zusehen immer wieder einem Wunder gleich, daß ihr Mann zwischen all seinen Papierhaufen und Stößen überhaupt noch etwas finden konnte. Aber bei all der scheinbaren Unordnung war Gundert von einer peniblen Ordnungsliebe, wenn es um Druckwerke, um Termine und um Sonntagspredigten ging.

Aufatmend hatte Julie endlich einen Platz gefunden, streckte die Beine aus und empörte sich: „Missionarin wollt' ich werden, und was bin ich hier? Köchin – Putzin – Wascherin!" An den Fingern zählte sie die Gäste auf, die sie in den letzten Tagen schon beherbergt hatte und vergaß auch die nicht, die sich für den Rest der Woche schon angesagt hatten. Gundert legte seine Kielfeder beiseite und lehnte sich zurück: „Dabei fällt mir gerade im Augenblick eine Geschichte ein, die mir neulich ein Bruder beim Missionsfest in Böblingen erzählt hat. Eine Kaufmannstochter von dort hatte ein solches Verlangen nach dem Dienst in der Mission, daß sie ihrem Vater immer wieder zusetzte, ihr doch zu erlauben, in die Mission zu gehen. Aber der Vater brauchte die Tochter ja im Geschäft. Nach einer Weile hatte er genug von den Diskussionen und sagte bestimmt: ‚Weißt du was: Du wirst eben Missionarin hinterm Ladentisch!'"

Julie wollte auffahren. Dann besann sie sich. Aber traf die Geschichte nicht auch für sie zu? Da, wo man hingestellt war, dort konnte man auch Missionarin sein. Hatte sie ihre Zeit in Indien genützt? Und nützte sie die Zeit, die ihr jetzt gegeben war? Manchmal, wenn ihr alle Besuche, das Lärmen und Treiben zuviel wurden, hätte sie am liebsten ihre

Tür geschlossen. Aber als wirklich einmal weniger Besucher kamen, nahm sie das gleich als ein Zeichen des Himmels und rief aus: „Oh, ich böse Frau, ich bin nicht wert, die Füße von Heilige zu waschen!" Wieder einmal nahm sie sich vor, sich von nun an nicht mehr aufzulehnen gegen das, worauf sie keinen Einfluß hatte.

Hermann Gundert sah ihren Kampf und verstand ihn. Kurz bevor Samuel nach Indien abgereist war, hatte er ihm geschrieben: „*Mit dem plage Dich nicht, als ob Du's schwer hättest, nach mir in Indien zu sein. Die Sache steht ganz anders. Wie wenn ich mich schämte, Dich hinter mir her in Indien zu wissen? Was wirst Du nicht da und dort von Deinem Vater hören, das ihm zur Schande gereicht; wieviel fester bleiben den Menschen Mißgriffe im Gedächtnis, als das was Gott an einem gewirkt hat. Ich versichere Dich beim Rückblick auf meine Laufbahn: als Christ schäme ich mich fast nur des indischen Lebens. In Tübingen war ich noch gehoben durch die erste Liebe, in England gedemütigt durch die neue große Aufgabe. Tirunelveli und Chittoor gehen noch an. Ich war Lehrling. Aber in Thalassery, dann die erste Zeit, die völlige Freiheit, der unbeschränkte Spielraum, die Aussicht auf lange Jahre von Wirksamkeit, ach da ist viel Zeit verläppert worden und für Christi Ehre wenig Rechtes getan. Besser ist mir's zu Mut beim Rückblick auf Chirakkal unter Hebich und mehrjährigem Krankheitsdruck ... Darüber wurde mir die Versetzung nach Calw zu einem Gericht. Ich wäre so gerne zurückgegangen, um recht demütig und klein von vorn anzufangen und endlich ein Missionar der Tat zu sein. Es wurde mir nicht mehr erlaubt. So muß ich alles, was mich drückt, Begehungs- und Unterlassungssünden ohne Zahl, allein auf den treuen Herrn werfen, der auch für mich gelitten hat.*"

Schweren Herzens hatte Julie ihre Kinder scheiden sehen. Jetzt konnte sie ermessen, was es einst für ihre Eltern bedeutet hatte, ein Kind nach dem andern dorthin reisen zu lassen, wo es seine Zukunft zu erkennen glaubte. „Zum Zusammenhocken sind wir nicht auf dieser Welt." Immer wiederholte sich Julie diesen Satz ihres Mannes. Erst in Calw hatte sie erkannt, wie schön es war, mit der Familie zusammenzuleben. Obwohl ihr Spielen, Singen und lange Unterhaltungen am Tisch immer noch wie Faulheit vorkamen.

Wie gerne hätte sie Maries erstes Kind, den kleinen Theodor Isenberg, in die Arme genommen, wie gerne die Tochter getröstet, als der zweite Sohn, ein kleiner Hermann, schon im Säuglingsalter starb. Dann kamen beunruhigende Briefe über den schlechten Gesundheitszustand ihres Schwiegersohnes, und fast gleichzeitig mit der Geburtsanzeige von Maries drittem Kind auch die Nachricht, daß die kleine Familie ans Heimkommen dächte. Schon seit einigen Monaten hatte Charles Isenberg Blut gehustet, aber so recht ernstgenommen hatte niemand die Krankheit. Der nach einem Blutsturz hinzugezogene Arzt erkannte sofort, daß die Tuberkulose des jungen, noch nicht dreißigjährigen Missionars im letzten Stadium war, und plädierte für die sofortige Heimreise.

Bereits im August 1869 trafen Marie und Charles mit ihren beiden kleinen Söhnen Theodor und Karl in Stuttgart ein und reisten sofort nach Calw weiter. Hier verschlimmerte sich der Husten. Als alles nichts half, ließen die beiden den kleinen Theodor bei Julie und reisten zur Traubenkur nach Untertürkheim. Aber die Krankheit war zu weit fortgeschritten, Marie ahnte längst, was der Hausarzt der Familie, der alte Dr. Sick, im November bei ihrer Rückkehr nach Stuttgart zu Charles sagte: „Helfen kann ich Ihnen nimmer, und überhaupt kein Arzt. Aber mit Gottes Hilfe können wir's noch ein Weilchen hinausziehen und lindern!" Am 19. Februar 1870 starb Charles Isenberg und wurde wenige Tage später in Korntal beerdigt. Seine Witwe kehrte mit ihren beiden Söhnen ins Elternhaus nach Calw zurück.

Mit Sorge betrachtete Julie die Tochter, die nach dem Tode des Ehemannes zu Depressionen neigte und sich in ihrem Zimmer verkroch. Sie glaubte, sich bei dem Todkranken angesteckt zu haben, den Keim der tödlichen Krankheit ebenfalls in sich zu haben. Nahezu hysterisch konnte sie bei dem Gedanken werden, daß auch ihre Kinder bereits infiziert seien. Nachts erschien ihr Charles im Traum, und sie meinte, ihm in Todessehnsucht nachfolgen zu müssen. Tagsüber versetzte sie der Gedanke an die ungesicherte Zukunft ihrer Kinder in Angst und Schrecken. Wie früher half sie ihrem Vater im Verlag und besserte ihre Finanzen mit Englischunterricht auf. Julie kümmerte sich um die beiden kleinen Buben, die wieder Leben ins Haus brachten.

Wie stolz war Julie auf ihre Tochter, als Marie am 16. Juni 1871 als erste Realschullehrerin an der Oberklasse der Knabenrealschule in Calw unterrichten durfte. Als feststand, daß an der Realschule der Englischunterricht in Frage gestellt war, wagte Pfarrer Julius Grill im Schulausschuß, die Witwe Isenberg vorzuschlagen. Grill war ein Freund der Gundertschen Familie und hatte mit Sorge beobachtet, wie sich Marie in ihren Schmerz hineinsteigerte. So ungeheuerlich der Vorschlag des Pfarrers war, es blieb dem Schulausschuß fast keine andere Wahl, als ihm zuzustimmen. Die erst wenige Monate zuvor eingerichtete Oberrealklasse wäre ohne das Pflichtfach Englisch als zweite Fremdsprache ernsthaft gefährdet gewesen.

Nach einigem Hin und Her erklärte sich der Schulausschuß bereit, es mit der „Witwe Isenberg" zu versuchen. Einzig und allein ihrem Witwenstand verdankte Marie die Berufung zur ersten Realschullehrerin an einer Knabenschule Württembergs. Ein Fräulein Gundert hätte genau wie eine glücklich verheiratete Frau Isenberg den Posten

Julie Gundert, um 1883

niemals bekleiden dürfen. Da hätte ihr auch der Hinweis, daß Englisch ihre zweite Muttersprache sei und ihre Tätigkeit an mehreren Missionsschulen in Indien, kaum etwas genützt.

Hermann Gundert amüsierte sich königlich über all die Untersuchungen des Schulausschusses: *„Zugleich . . . erschien Herr Professor Bronnen mit Frau, der Marie einen Staatsbesuch abstattete und ihr meldete, der Herr Stadtschultheiß werde noch in größerem Staat anrücken und Marie einladen, das englische Lehrfach an der oberen Realschule in drei wöchentlichen Stunden zu übernehmen; das Honorar werde befriedigend ausfallen."*

Julie war die erste, die von den in der Stadt die Runde machenden Gerüchten von der schandbaren Berufung einer Frau zur Lehrerin an einer Knabenschule hörte. So ein Aufruhr um ein paar Englischstunden! Julie mußte lachen. Was für ein Glück hatte sie gehabt, als sie damals die Mission gewählt hatte, um dem allen zu entgehen! Wie seltsam das Leben war! Jetzt wiederholte sich so vieles im Leben der Tochter. Die aber blieb trotz des Wirbels, der um ihre Person entstanden war, gelassen: *„Weißt auch, daß ich jetzt vor dem Kultministerium herumgezogen werde? Hier kam's zuerst aufs Oberamt, dann aufs Stadtschultheißenamt, und nun ist's höheren Orts vorgelegt. Die Herren wollen eine Garantie, daß die Disziplin nicht Not leide unter weiblicher Instruktion. Helfer Grill beruhigte sie mit meiner ganzen energischen Persönlichkeit."*

Aber die Gegner der Berufung ließen nicht locker, so daß der Leiter des württembergischen Realschulwesens, Otto von Fischer, selber die Wogen glätten mußte. Er hatte nichts gegen eine Lehrerin einzuwenden: *„Es wird ein Erlaß der Kultministerialabteilung vom 20. Mai mitgeteilt, wonach der englische Sprachunterricht probeweise der Frau Missionar Isenberg, Witwe, übertragen wird, mit der Bestimmung,* *daß die Oberschulbehörde vom Gang des Unterrichts sich vergewissere.*"

Jetzt endlich konnte Marie Isenberg ihre Tätigkeit als Realschullehrerin für Knaben aufnehmen, *„für sie eher eine Erholung als eine Aufgabe"*, wie der stolze Vater meint, und auch Marie selber vermerkt das Ergebnis nur knapp: *„Am 16. Juni gab ich meine erste Stunde in der Oberrealschule, habe dort elf Schüler, wöchentlich drei Stunden zu geben und habe im ganzen Freude daran."*

Während Maries Leben langsam in geordnete, ruhige Bahnen zurückfand, hatte Julie schmerzlich erfahren müssen, wie weh es tat, einen geliebten und begabten Sohn aus dem Leben gehen zu sehen. Paul, ihr Zweitjüngster, hatte 1863 das Maulbronner Seminar bezogen und wollte danach die gleiche Laufbahn einschlagen wie sein Vater. Kaum ein Jahr später aber war aus dem vergnügten, heiteren Dreizehnjährigen ein arroganter, dem Elternhaus entfremdeter Seminarist geworden, der dem Glauben noch ablehnender gegenüberstand als einst sein Vater. Hermann Gundert, der nicht vergessen hatte, wie unglücklich er einmal selber in Maulbronn gewesen war, versuchte, dem Sohn zusammen mit seiner Frau bei Besuchen und Ausflügen Hilfestellung zu geben.

Als der Sohn – auch darin seinem Vater ähnlich – bat, aus dem Seminar genommen zu werden, antwortete ihm Hermann Gundert: *„Ich nehme Dich nicht weg. Denn wo sollte ich Dich hintun? Für einen rappelköpfigen Menschen, der sich nicht ducken mag, sind überall die Stellen rar. Friedrich hatte sich ganz anders fügen müssen und hat's gelernt. Von Dir wird auch nicht mehr verlangt, als Du merkest, Du seist noch jung und müssest Dir allerhand – möglicherweise auch Ungerechtigkeit, scharfe Worte, die über das Ziel hinausgehen, und dergleichen gefallen lassen. Ich habe mich bemüht, Dich in das Seminar zu bringen – ich kann nun die Sache* *nicht ungeschehen machen, bloß weil es Dir nicht mehr gefällt. Denn daß Dir eine Lehrzeit woanders gefiele, mit Du angeredet, auch mit Ohrfeigen bedient zu werden, für jedes Aufbrausen eine Maulschelle zu bekommen, kann ich doch nicht annehmen. Nun aber drohst Du: nimm mich fort oder ich tue etwas! Auch darein versetze ich mich. Der Teufel kann Dir eingeben (lach nicht, Du bist wie ein Spielball in des Teufels Hand, weil Du Dich ihm mit dem Vorsatz übergeben hast, durch Ungehorsam gegen Gottes Stimme) also der Teufel kann Dir etwas eingeben: Bring Dich ums Leben! Damit kannst Du denn alle am tiefsten betrüben, die sich um Dich bekümmern, und das ist auch ein Triumph, freilich ein höllischer!"*

Wenig später, nach einer Unterredung mit dem Vater, schrieb Paul, daß er sein ihm gegebenes Versprechen, auf dem Seminar zu bleiben, nun doch nicht halten könne und fügte an die Mutter gerichtet hinzu: *„Liebe Mutter, weine nicht mehr um mich, denke daran, daß, wenn Du um mich Dir soviel Kummer machst, mir das noch schwereren Fluch und Verantwortung aufladet, als wenn Du mich zu vergessen suchst."* Julie antwortete ihm: *„Ich soll Dich vergessen. Das ist mir unmöglich, Du bist bei mir Tag und Nacht; und bis Du Dich ganz hast finden lassen von meinem Herrn und Heiland, will ich mit Dir ihm nachfolgen. Du kannst nicht verlorengehen, obgleich Du Dich – es ist wahr – sehr verhärtet hast, aber wir können es und wir wissen, daß dem Heiland alle Gewalt und Macht auf Erden und im Himmel gegeben ist!"*

Endlich, nach vielen Kämpfen, erklärte Paul sich bereit, das Seminar weiterhin zu besuchen. Für Julie war die Abwendung Pauls vom Glauben und von allem, was seinen Eltern lieb und teuer ist, eine ungeheure Belastung. Ihre durch die in Indien verbrachten Jahre geschwächte Gesundheit und vor allem ihre stärkeren Belastungen kaum noch gewachsenen Nerven wehrten sich gegen jede Form der Überbeanspruchung. Julie erlitt einen Hörsturz, der sie fast sechs Wochen völlig taub sein ließ.

Für Paul schien es nach dem Abschluß Maulbronns und der Übersiedlung ins evangelische Stift nach Tübingen nichts anderes mehr als die Bibel zu geben. Hermann Gundert fiel als erstem eine merkwürdige geistige Abwesenheit des Sohnes auf, von einem Tag zum andern verlor er Lust und Freude am Studium. Schon begann sich ein längeres, qualvolles Leiden anzukündigen. Paul brach sein Studium ab und kehrte nach Calw zurück. Auf seinen Wunsch begann er eine Schreinerlehre bei einem befreundeten Handwerksmeister, aber schon nach wenigen Monaten erkannte er, *„daß die angestrebte Handarbeit das innere Leben so wenig förderte wie das wissenschaftliche Studium"*. Noch einmal kehrte er auf die Universität zurück, ahnungsvoll sagte er am Grabe seines Schwagers Isenberg in Korntal: *„Oh, wie gerne hätte ich mich in dieses Grab hineinlegen lassen statt seiner; ihn hätte man so gut brauchen können, ich aber bin zu nichts mehr nutz."* Nur wenige Monate später erkrankte Paul Gundert an einer heftigen Ohrenentzündung, das Ohr wurde operiert, aber die Wunde heilte nicht, Knochenfraß stellte sich ein. Im Diakonissenhaus in Stuttgart wurde er versorgt, die letzten sechs Wochen wich Julie nicht von der Seite ihres Sohnes. Auf den Tag genau ein Jahr nach seinem Schwager Charles Isenberg starb Paul Gundert in Stuttgart an Krebs. Julie machte sich bittere Vorwürfe, daß sie den Sohn nicht hatte halten können, dieses starke und gesunde, fröhliche Kind, das ihr geschenkt worden war nach jenem Jahr auf den Nilgiris und das sie immer wie ein Stück geschenkten Lebens geliebt hatte.

Für Julie war es ein großer Trost, als ihre Schwester Uranie nach Calw kam. Es tat ihr gut, wieder „la petite" zu sein und französisch zu sprechen mit jemandem, der sie von klein auf kannte. Wie lange war die Kinderzeit in Corcelles jetzt schon her, merkwürdig, wie viele Einzelheiten sie sich zusammen mit Uranie wieder ins Gedächtnis rufen konnte. Zusammen mit Uranie verbrachte sie einige Wochen in Wildbad. Hierher kam auch Frédéric, ihr Bruder, den Julie schon seit seiner Auswanderung nach New York nicht mehr gesehen hatte, mit seiner Familie. Ruhiger und fast frei von Depressionen kehrte Julie mit Uranie aus der Kur ins Verlagshaus zurück, sehnlichst erwartet von ihrer Familie.

Im April 1873 verlobte sich Julies Sohn Friedrich mit Emma Heermann, der Erbin des stattlichen Steinhauses in der Bischofstraße. Friedrichs Schwiegermutter, Luise Schill, stammte aus einer der bekanntesten Calwer Familien, jahrhundertelang hatte sie eine große Rolle gespielt in der „Calwer Zeughandelskompanie". Emma war eine Nachfahrin des bedeutenden Theologen und Präzeptors Johann Martin Schill, der im Volksmund der „Geisterseher" genannt wurde. Sein Bild, von dem ein unheimlicher Zauber ausging, hing immer noch im Steinhaus. Johann Martin Schill war einer der engsten Freunde Friedrich Christoph Oetingers, der von seiner ersten Pfarrstelle in Hirsau aus oft ins Calwer Steinhaus kam und dem Präzeptor Schill in seiner Selbstbiographie einige ehrende Worte widmete: *Da traf ich in dem Schulrektor Schill einen seltenen Mann. Dieser ging immer mit Gott um, war sehr innerlich und merkte auf die Wirkungen des Geistes.*" Für die Familie Gundert war diese Verlobung wie ein Eintrittsbillett in die gute Calwer Gesellschaft.

Marie Isenberg schreibt darüber an einen Freund: „*Wir haben in diesen Tagen nicht sehr viel von Friedrich gehabt, da er mit seiner Braut viele Besuche zu machen hatte und sonst die meiste Zeit im Steinhaus war; desto gemütlicher waren dann die Abende dort oder bei uns zusammen. Die ganze Familie Heermann ist überaus lieb und herzlich; es ist für uns etwas ganz Neues, mit einer echten und gerechten Calwer Familie so innig zu verkehren. Das Haus an und für sich mit seinen seltsamen Gewölben, geheimen Gängen, Kellern und Höhlen ist überaus interessant und könnte einen tagelang unterhalten. Wenn ich da als Kind gewohnt hätte, ich wäre gewiß die meiste Zeit in den gruseligen Winkeln herumgestöbert und hätte nach Räubern, Geistern und dergleichen gefahndet und mir ganze Romane von Ahnen, die dort hausten, in den Kopf gesetzt."*

„Wir unternahmen mit Frieder eine recht abenteuerliche Untersuchungsreise in die unteren gewölbten Räume, und in einem dunklen Loch, halb Keller, halb Felsenhöhle, krebselte Friedrich mit dem Licht verwegen herum und suchte verborgene Schätze! Darüber hätte er schier seinen allerneuesten Schatz – den feinen Hochzeitsanzug, den er zum Besuche machen angezogen hatte – beschädigt, denn überall tropft das Wasser von den Felsen."

Friedrich war das musikalischste von Julies Kindern, er spielte, obwohl er keinen Musikunterricht bekommen hatte, Klavier und Harmonium. Er liebte Bach und Händel, organisierte Konzerte und Aufführungen in Calw, seine Schwester nannte ihn liebevoll den „Musikus". Seine Hochzeit im Sommer 1873 wurde ein rauschendes Fest mit vielen Gästen, selbst sein ältester Bruder Hermann reiste mit seiner Familie aus Mount Clemens an.

Allmählich drohte Hermann Gundert die Arbeit im Verlag über den Kopf zu wachsen. Schon mehrmals hatte er in Basel um einen Mitarbeiter gebeten, der später vielleicht auch einmal seine Arbeit übernehmen könnte. Lange Zeit fand sich kein geeigneter Kandidat, denn es war Inspektor Joseph Josenhans klar, daß er Hermann Gundert, „der drei oder vier Professoren verschiedener Fakultäten in die Tasche stecken konnte", nicht jeden Mitarbeiter andienen konnte. Erst als der im Jahr 1847 in Weißenstein/Estland als

Sohn eines deutsch-baltischen Arztes geborene Johannes Hesse krank aus dem Missionsdienst in Indien zurückkehrte, glaubte Josenhans den Richtigen gefunden zu haben.

Johannes Hesse war bereits als achtzehnjähriger Abiturient in den Dienst der Basler Missionsgesellschaft getreten. Es war sein dringender Wunsch, nicht nur Theologie zu studieren, sondern dem Herrn praktisch zu dienen. Vier Jahre lebte Hesse im Basler Missionshaus, zuerst als Zögling, später als Privatsekretär des Inspektors Joseph Josenhans. Dann endlich erfüllte sich sein Traum, wurde er als Missionar nach Indien entsandt. Aber diese Zeit war schon nach drei Jahren beendet. Seine Gesundheit hielt dem indischen Klima nicht stand. Schmächtig von Statur und zart im Gemüt, bekam er in der Hitze anfallartige Kopfschmerzen und starke Ruhr. Lange Zeit war nicht sicher, ob der angeschlagene Hesse überhaupt jemals wieder arbeiten könne. Seine umfassende Bildung und seine Hinwendung zu Literatur und Sprachen ließen ihn Josenhans wie geschaffen erscheinen für die Calwer Stellung. Johannes Frohnmeyer, ein enger Mitarbeiter des Inspektors, einst Schüler und Freund Marie Isenbergs, schrieb an sie: *„Er ist sehr begabt und geistlich, ungemein anziehend im Umgang, glaube auch, daß Du große Freude an ihm hättest: ich hab' noch kein übereiltes, dummes Wort von ihm gehört, deshalb kann ihm niemand leicht beikommen ... Daß er gerade Sprachen so gern treibt und ethymologische Studien macht, ist nett wegen der Unterhaltung mit Deinem Vater."*

Auch Marie war angetan von diesem neuen Mitarbeiter ihres Vaters, der so angenehm im Umgang war und auch mit ihren Kindern gut zurechtkam. Mehr beschäftigte sie allerdings zu dieser Zeit eine Anfrage aus Haiderabad: Ob sie nicht in der Schweiz Medizin studieren und dann als Ärztin für die Frauengemächer, die kein männlicher Arzt betreten darf, nach Indien zurückkommen wolle. Nächte-

Uranie Dubois und Julie Gundert

lang überlegte sie, gerne würde sie zusagen. Schließlich sagte sie ihren beiden Söhnen zuliebe ab. Julie war für das Studium der Tochter gewesen, Theodor und Karl Isenberg hätten bei den Großeltern aufwachsen können.

Maries Vater, der sehr gerne mit seiner Tochter zusammenarbeitete, konnte sich allerdings nicht mit dem Gedanken anfreunden. So war er diesmal nicht von vornherein gegen eine neue Ehe Maries mit Johannes Hesse, *„war doch jetzt wenigstens von Indien keine Rede mehr"*. Bald darauf kam die Stiefmutter Hesses aus Weißenstein auf Besuch und fühlte sich im Gundertschen Familienkreis sehr wohl. Nach einer Weile fragte sie vorsichtig, wie es denn mit einer Verlobung sei. Der Stiefsohn schüttelte nur den Kopf: *„Johannes Hesse und ein Hausvater – unmöglich."* Aber die impulsive Marie erreichte doch ihr Ziel, obwohl der offiziellen Verlobung mancherlei Hindernisse gegenüberstanden. Das Komitee in Basel wollte erst in dem Moment der Ehe zustimmen, wenn sicher war, daß Johannes Hesse auch kontinuierlich arbeiten könne. Hermann Gundert setzte sich für die beiden Verlobten ein – endlich konnte die Hochzeit ins Auge gefaßt werden. Sehr zur Freude von Hermann Gunderts enger Mitarbeiterin und frommer Cousine Jettle Ensslin, die die Anwesenheit zweier Verlobter unter einem Dach nur schwer ertragen konnte. Hannele Rost, Barths alte Magd, freute sich mit der frischgebackenen Braut, wußte aber auch, daß viele Mädchen Marie den hübschen, galanten und immer so seltsam traurig aussehenden Bräutigam neideten.

So groß die Verblüffung über die Verbindung bei Freunden und Verwandten war, bei Theodor und Karl Isenberg herrschte eitel Wonne. Der Ältere rief tief befriedigt aus: *„Au, jetzt habe ich drei Väter: den Herrn Isenberg, den Herrn Hesse und den Herrn Zebaoth."* Marie schreibt nach ihrer Hochzeit: *„So bin ich denn wieder eine glückliche*

Gattin, an der Seite eines treuen Mannes, der mir helfen will auf dem Weg zur obern Heimat und mir besonders eine große Stütze ist in der Erziehung meiner Knaben."

Im Steinhaus wurde eine kleine Julie geboren, die erste Tochter von Friedrich und Emma Gundert; bei Hesses am Marktplatz, in einer der schönsten Wohnungen, die Calw zu bieten hatte, wurde nach der ersten Tochter Adele am 2. Juli 1877 Hermann Hesse geboren, nach den Worten seiner Mutter *„ein sehr großes, schweres, schönes Kind, das gleich Hunger hat, die hellen blauen Augen nach der Helle dreht und den Kopf selbständig dem Licht zuwendet, ein Prachtexemplar von einem gesunden, kräftigen Burschen"*.

Wenige Tage nach der Geburt des kleinen Enkels fuhren Julie und Uranie, begleitet von Johannes Hesse, der außer sich vor Freude war über diesen ersten Sohn, zur Kur nach Wildbad. Hermann Gundert, der von einem Missionsfest heimkehrte, erfuhr auf dem Calwer Bahnhof von Cousine Jettle Ensslin von dem ungeheuer prachtvollen Familienzuwachs.

Leicht amüsiert berichtet der stolze Großvater nach Mount Clemens: *„Maries Junge ist wieder eines jener außergewöhnlichen Babys. Jettle könnte euch stundenlang von der Schönheit und den besonderen Eigenschaften erzählen, die dieser Junge in allem in höchst bemerkenswerten Maße haben soll."* Hermann Gundert übernahm selbst die Taufe des schreienden kleinen Enkels: *„Am 3. August taufte ich Hermann Hesse, der aber schrie, weil man ihn zuvor nicht gefuttert hatte, das mußte mit Zuckerwasser während des Lesens nachgeholt werden. Er sauft irgendwas, nur voll muß er werden."*

So viele Enkel – soviel Freude. Es verging kaum ein Tag, an dem nicht der eine oder andere im Verlagshaus zu Gast war. Julie genoß diese Tage voll ungetrübter Freude. Wie schön war es, wenn drüben im Steinhaus die kleinen Mädchen mit ihrer von der Mutter geerbten Puppenstube spielten. Stundenlang räumten sie die kleinen Zinngeschirre in die winzigen Schränke, zogen die kleinen Biedermeierdamen und -herren, die die Stuben bevölkerten, an und aus. Julchen hatte besondere Freude an einer Porzellanpuppe, deren Haare man richtig frisieren konnte. Schade nur, daß ganze Büschel der Haarpracht – es sollten die der Großmutter Schill sein – dem Kamm in den zerrenden Kinderhänden zum Opfer fielen. Umsorgte kleine Bürgerkinder wuchsen da heran, kleine Persönlichkeiten, auf deren Charaktere sorgfältig eingegangen wurde. Wie anders hatten Uranie und sie ihre Kindheit erlebt: da gab es keine Puppen, kein Spielzeug, nur Arbeit und Gehorsam. Julie mußte lachen, wenn der kleine Karl Isenberg voll zärtlicher Liebe zu seinem Brüderchen verkündete: *„Man könnte über den Hermännle ebensogut ein Lied singen als übers Vöglein im hohen Baum, denn er ist doch noch viel reizender."*

Gar so reizend war das Hermännle aber nicht immer, seine Mutter beklagt sich über ihren kaum 18 Monate alten Sohn: *„Hermann hat die Mägde nach Kräften tyrannisiert und in allem seinen Willen durchgesetzt. Ich habe ihn nun in spezielle Zucht genommen und werde mich nicht tyrannisieren lassen. Vor der Rute hat er nun doch heilsamen Respekt bekommen. Nie hätte ich es für möglich gehalten, daß ein eineinhalbjähriges Bürschlein schon so ungeheure Kraft, Energie, Waghalsigkeit und doch zugleich soviel Liebenswürdigkeit entwickeln könnte! Er ist ein origineller Kauz, aber ohne Strenge und Schläge geht's nicht. Denn er versteht je nach Notdurft zu kommandieren und zu schmeicheln."*

Auch Julie konnte diesen energiegeladenen kleinen Enkel nur staunend betrachten. Wenn er nicht so hell und blond wäre, so ganz verschieden von ihr und seiner eigenen

Hermann und Julie Gundert, um 1883

Mutter, sie hätte sich in die Küche ihres Elternhauses in Corcelles zurückversetzt gefühlt, in der ein kleines Mädchen mit aller Macht gegen die Gebote und Verbote der Großmutter ankämpft und einen Finger in eine Kerzenflamme hält, um ihre Kraft zu erproben. Dieser bärenstarke kleine Kerl, der seine Kusinen im Steinhaus triezt, bei einem Spaziergang in den Springbrunnen am Georgenäum springt, ist schon bald kein Hermännle mehr, sondern ein ausgewachsener Hermann. Zwei nach ihm geborene Geschwister, Paul und Gertrud, sterben früh, die kleine Marie, im November 1880 geboren, Marulla genannt, hat von Anfang an viel übrig für den Schwerenöter unter ihren Geschwistern. Hermann Gundert, der Menschenkenner, charakterisiert den erstaunlichen Enkel: *„Er ist manchmal überaus gereizt und kann wie seine Aufgabe darin finden, jedermann weh zu tun."* Daneben kann er seine Großmutter als Pfarrer erfreuen, wenn er, auf einem Stuhl stehend, eine seiner im Familienkreis sehr beliebten Predigten hält: *„Ich bin selber ein Soldat, ich will uns selig machen. Ihr seid böse Leute, ein großer böser Mensch liegt und betet und ist selig."*

Als im Frühjahr des Jahres 1881 Johannes Hesse als Herausgeber des Basler Missionsmagazins nach Basel gerufen wurde, zog die Familie in ein Haus, nicht weit entfernt von Maries Kinderheimat Gundeldingen. An die Eltern in Calw schreibt sie: *„Die Hitze ist jetzt nicht mehr drückend und Hermann kann auch bei Tag im Freien sein. Ein Berg von Kieselsteinen hinterm Haus ist jetzt sein besonderes Gebiet, wo er sich austobt. Sehr drollig rief er gestern abend strahlend vor Glück: ‚So, jetzt weiß ich doch, was ich bin. Ich bin euer Bisamochs!' Und dann wütete er toll herum. Heute aber betete er morgens angelegentlich ums Liebsein und war dann unser ‚Murmeltierle'. Es ist ein merkwürdiges Schaffen und Kämpfen in dem Buben. Vorgestern mußte ich zweimal im Lauf des Tags auf seine Bitte hin extra mit ihm beten,* daß der liebe Heiland ihn doch ‚arg lieb‘ mache. Gleich darauf schlug und biß er sein geduldiges Adelchen, und als ich mit ihm darüber redete, sagte er: ‚Ha, so soll mich doch der liebe Gott arg lieb machen. Mir kommt's halt net!‘ Zwar erinnere ich mich aus meiner Kinderzeit ähnlicher Gefühle. Er sieht doch jetzt das Gebet als einen Zauber an, der ohne sein Zutun wirken sollte.“

Als Hermann mit Steinen schmiß und dabei fast sein neugeborenes Brüderchen Hans traf, schalt ihn die Mutter und stellte ihm alle Steinewerfer als ziemlich ungezogene Burschen dar, worauf der listige Sohn meinte: „Aber gelt, Mama, der David ist doch lieb gewesen, wie er den Stein geworfen hat.“ Kein Wunder, daß die Eltern, denen die Erziehung dieses Kindes am meisten zu schaffen machte, die Großeltern in Calw an allem teilhaben lassen wollten. So schreibt Johannes Hesse: „Hermann, der im Knabenhaus fast für ein Tugendmuster gilt, ist zuweilen kaum zu haben. So demütigend es für uns wäre, ich besinne mich doch ernstlich, ob wir ihn nicht in eine Anstalt oder ein fremdes Haus geben sollten. Wir sind zu nervös, zu schwach für ihn, das ganze Hauswesen nicht genug diszipliniert und regelmäßig. Gaben hat er scheint's zu allem: Er beobachtet den Mond und die Wolken, phantasiert lang auf dem Harmonium, malt mit Bleistift oder Feder ganz wunderbare Zeichnungen, singt, wenn er will, ganz ordentlich, und an Reimen fehlt es ihm nie.“

Kapitel 16
Das Leben rundet sich.
Ausklang in Calw

Siebzehn Jahre lang hatte Samuel Gundert als Missionar Dienst in Indien getan, nicht einmal hatte er sich in dieser Zeit zum Heimaturlaub entschließen können. Stumm nahm Julie die Nachricht von seinem plötzlichen Tod in Mangalore auf. Schon zwei Monate später traf Samuels Witwe Elisabeth, eine Schwester Charles Isenbergs, mit ihren beiden Kindern Hermann und Agnes in Calw ein. Besonders Hermann konnte sich nur schwer dort einleben, sah er Bilder vom Meer, begann er zu weinen, und nicht selten übermannte ihn das Heimweh nach Indien. Wieder einmal galt es zu trösten, eine Wohnung zu besorgen und einzurichten, wieder einmal konnte Julie ihre Gefühle hinter geschäftigem Treiben verstecken. Es war gut, daß Uranie jetzt ganz bei ihnen in Calw blieb.

Julies Deutsch ließ trotz der vielen Jahre, die sie nun schon in Calw zugebracht hatte, immer noch zu wünschen übrig. Ihre Wortschöpfungen amüsierten längst nicht mehr nur ihre Kinder, auch die Enkel beteiligten sich am Sammeln großmütterlicher Verballhornungen, dazu gehörte die „Scheintaufe" für Taufscheine und der „kranke Rieke" ihres Schwiegersohnes Johannes Hesse, aber auch die von ihr tief bedauerte „Schuß-Hexe", die immer mal wieder einen in der Familie als Hexenschuß überfiel. Gerne erzählte man sich im Familienkreis, wie sie einmal, als sie Jettle Ensslins Geburtstag vergessen hatte, voller Gewissensbisse auf sie zueilte und im Brustton der Überzeugung sagte: „Ich verzeihe dir!"

Mehr als sie selbst wahrhaben wollte, beschäftigte sie der kleine Enkel in Basel, der seit einem Besuch der Großeltern seine Mutter mit dem Titel „gewöhnliche Mama" belegte, im Gegensatz zu der ihm fern und wunderbar erscheinenden „Großmama". Hatte dieser außergewöhnliche Enkel, der ohne Zweifel die sprachliche Begabung seines Großvaters geerbt hatte, nicht alle Welt in Erstaunen versetzt, als er, wegen einer im Verlagshaus begangenen Missetat gerügt, zu seiner Mutter, die ihm vorhielt, das sei in ihren Augen eine Schande, kundtat: *„Ja, aber bloß Schand' in die Augen. Ja, in die Augen e Schand', und das ist's Gegenteil von einem Adler!"*

Für den Sommer des Jahres 1885 war in Calw ein großes Familientreffen geplant worden. Wie hatte sich Julie darauf gefreut. Nachdem am 15. Januar nach langem Leiden ihre Schwester Uranie an ihrem 80. Geburtstag gestorben war, galt es das Leben wieder in den Vordergrund zu rücken. Wieder war ein Stück ihrer Kindheit und Jugend unwiederbringlich dahin. Julie spürte, dieser Sommer, der jetzt kam, das würde ihr letzter sein. Schon lange überfielen sie nachts Herzkrämpfe, wachte sie von Alpträumen gepeinigt mit rasendem Herzklopfen auf. Ende Mai traf Marie mit den drei Kindern Adele, Hermann und Marulla in Calw ein. Einige Tage später kam Johannes Hesse nach und brachte seinen Jüngsten, den kleinen Hans mit. Wenig später konnte die ganze Familie auf dem Calwer Bahnhof die 21jährige Julie Gundert aus Mount Clemens in Empfang nehmen.

Am 10. Juli erlitt Großmutter Julie in der Nacht einen weiteren schweren Herzkrampf, sie fuhr auf und schrie: „Der Tod hat mich am Herzen gepackt." Aber sie erholte sich bemerkenswert schnell und konnte die Vorbereitungen für das Familientreffen fortsetzen. Die Älteste ihres Sohnes

Hermann hatte die dunklen Augen der Großmutter geerbt. Voller Stolz betrachtete Julie diese Enkelin, die es geschafft hatte, Lehrerin zu werden.

Als besondere Überraschung für die Großeltern hatten sich die Enkel ein „Enkelkonzert" ausgedacht, das am 5. August im Steinhaus stattfand. Julie von Mount Clemens, so genannt zur Unterscheidung von der Steinhaus-Julie, die man nur Julie II nannte, hatte ihr Talent als Pädagogin unter Beweis gestellt und mit den Kleinen ein ganzes Programm einstudiert.

Julie II, die älteste Tochter aus dem Steinhaus, spielte zu Beginn des Konzertes das Klavierstück „Thine Ocon", danach schmetterten alle anwesenden Enkel im Chor „Lobet den Herren". Dann waren die beiden ältesten Töchter von Friedrich und Emma Gundert, Julie II (Klavier) und Elise (Violine) an der Reihe, sie spielten eine konzertante Fassung der Arie „Sonst spielt ich . . ." aus der Oper „Zar und Zimmermann" von Albert Lortzing. Julie II und ihre Cousine Adele Hesse trugen anschließend im Duett das Lied „Wie mit geringem Unverstand" vor. Julie von Mount Clemens brachte mit dem Lied „Daheim: Der schönste Ort" eine Schöpfung ihres Vaters Hermann Gundert zu Gehör. Der Beifall hätte nicht größer sein können, als wiederum Julie II und Adele Hesse ein Stück vierhändig auf dem Klavier vortrugen. Alle Enkel waren danach wieder gemeinsam zu hören mit dem Chor „Wie lieblich schallt". Auch Julie von Mount Clemens sang noch einmal, die Arie „Er ward verachtet" aus Händels „Messias". Aber selbst die Kleinsten ließen sich an so einem Tag nicht lange bitten, gemeinsam sangen Elise und Emma Gundert im Quartett mit Marulla und Hansle Hesse das Lied „Vöglein im hohen Baum". Als einziger der Kinder-Generation durfte dann Friedrich Gundert seine Tochter Elise auf dem Harmonium begleiten. Am Schluß erhob sich Julie von Mount Clemens und forderte

Familie Hesse, um 1899 in Calw
Die Kinder von links: Manella, Hans, Hermann , Adele

alle, alt und jung, groß und klein, auf, in den Choral „Nun danket alle Gott" einzustimmen.

Freunde und Bekannte hatten auf Stühlen vor der improvisierten kleinen Bühne Platz genommen. In der ersten Reihe saßen Julie und Hermann Gundert nebeneinander und lauschten den frischen Stimmen der Enkel und Enkelinnen. Als Zugabe wünschte sich der kleine, nun achtjährige Hermann Hesse das Lied „Wie lieblich schallt durch Busch und Wald", das dann von allen gemeinsam gesungen wurde.

Keine fünf Minuten nach diesem wundervollen Erlebnis schluchzten die jüngeren der Steinhaus-Mädchen hemmungslos, bearbeiteten Elise und Julie II, die eben noch so wohlerzogen musiziert hatten, ihren unmöglichen Vetter Hermann Hesse mit den Fäusten. Während des Konzerts war dieser anerkannte Familienbösewicht hinauf ins Kinderzimmer geschlichen und hatte in der feinen Biedermeier-Puppenstube eine Schnur gespannt und fein säuberlich all die hübschen Porzellanpüppchen an ihren Porzellanhälsen aufgehängt. Marie schüttelte nur den Kopf, keiner von allen Enkeln Gunderts konnte so unschuldig gucken wie ihr Sohn. Und es schien fast, als würden ihm die sonst so strengen Großeltern seine heutige Schandtat nicht einmal übelnehmen.

Bereits zwei Tage nach diesem sommerlichen Fest reiste Marie Hesse mit ihren Kindern zurück nach Basel. Julie war zufrieden, es ist schön, so viele glückliche Familienmitglieder um sich versammelt zu sehen, da ist es dann auch nicht schwer, wenn man fortgehen muß. Besorgt betrachtete Hermann Gundert seine Frau. Ihre Ruhe und Ausgeglichenheit beunruhigten ihn.

Am Sonntag, 16. August, schrie sie plötzlich auf: „Meine Füße sind tot, der Tod hat meine Füße gepackt." Zwar gelang es, mit Massagen und Umschlägen das Gefühl in einem Fuß wiederzubeleben, der andere aber blieb taub. Hermann Gundert wurde von seinem Sohn Friedrich von dem Schlaganfall seiner Frau unterrichtet. Johannes Hesse, der am Morgen des Unglückstages nach Basel zurückreiste, riet seiner Frau, sofort nach Calw zu fahren, um die Mutter zu pflegen.

Das gelähmte Bein entzündete sich, Julie hatte sich kurz vor dem Schlaganfall beim Stachelbeerpflücken an einem Dorn verletzt. Marie wich kaum vom Bett der Mutter, die auf ein schnelles Ende hoffte und sich trotz der Schmerzen immer wieder auflehnte gegen den Willen Gottes, der ihr so oft unbegreiflich vorgekommen war und in den sie sich doch immer wieder, bis hin zur schmerzlichen Selbstaufgabe, gefügt hatte. Jetzt, im Angesicht des Todes war sie hellsichtig genug, um zu erkennen: *Ich bin eine böse, böse Frau! Alles was mich genierte, habe ich beiseite geschoben, so war ich mein Leben lang. Jetzt hat Gott den Fuß für mich gefunden, den kann ich durchaus nicht wegtun, wie ich auch probiere!"* Solange sie noch die Kraft hatte, zu kämpfen, ging sie gegen das Leiden an: *„Eine abscheuliche Krankheit! Mein Wunsch ist: Gott bewahre Vieh und Mensch vor dieser schrecklichen Krankheit!"* Sie hoffte so sehr, schnell zu sterben, nicht lange leiden zu müssen, aber dieser Wunsch ging nicht in Erfüllung.

Nach einem fast sechswöchigen schweren Krankenlager stirbt Julie Gundert am 18. September 1885 und wird auf dem Calwer Friedhof beigesetzt. In ihrer schlichten Strenge und spröden Liebe hat sie, die erste Frau in der Basler Mission, ihr Leben als Vorbild gelebt für das, was ihr wichtig war.

Hermann Gundert, dessen linguistische und literarische Werke nicht möglich gewesen wären ohne die selbstverständliche Zuarbeit seiner Frau, sagte an ihrem Grabe:

„Sich aufs Nötigste zu konzentrieren, die Aufgabe jeder Stunde mit ganzer Seele zu verrichten und sich selbst nicht zu schonen, war ihr zur anderen Natur geworden. Welche Hilfe ich an ihr hatte in all den schwierigen Fällen, die eine einsame Missionsfamilie treffen können, läßt sich nur andeuten. Zur Steuer der Wahrheit sei's gesagt, daß sie nicht bloß in der Arbeit, sondern auch im innern Leben mir mehr zur Stütze ward als ich ihr. Ich war damals noch ein junger Christ, während sie eine ungewöhnliche Reihe von Erfahrungen und Kämpfen hinter sich hatte. Den Ernst des Lebens, die Hohlheit der Welt, die Listen des Feindes, die Notwendigkeit, sich zusammenzuraffen zum Streit, die stete Zufluchtnahme zu Gebet und Glauben, die Seligkeit, allein zu stehen mit Gott, das alles hatte sie gründlicher erkannt, hatte sie regelmäßiger geübt als der arme, von mancherlei Interessen umgetriebene Kandidat; so ist ihr auch vielleicht bleibendere Frucht geschenkt worden als mir. Andrerseits hat sie doch auch Nutzen gezogen aus unserer deutschen

Art, wie sie denn ihr Leben lang fortgelernt hat: Sie ist in Trübsal getröstet worden aus Luther und hat sich namentlich an Steinhövel erbaut, hat endlich auch Scherze verstanden. Gepredigt hat sie mir nie, aber auch nichts Sündliches ungerügt gelassen; und so wünschte sie auch immer, daß man's mit ihr halte. Als sie Indien verlassen und hieher nach Calw übersiedeln mußte, hat sie wohl die liebgewordene Arbeit schmerzlich vermißt, aber doch auch gefühlt, daß nach vierundzwanzigjähriger Arbeit in indischer Hitze ihre Kräfte, namentlich die der Augen, ziemlich erschöpft wären. Sich zur Ruhe zu setzen, hatte aber wenig Reiz für sie; daher bemühte sie sich, Dienst zu suchen, wo der Herr ihr einen solchen anzuweisen beliebte. Sie durfte erleben, daß ihre Kinder alle in Christo ihren Frieden fanden; die vier vorangegangenen hat sie mit Freuden dem Herrn zurückgegeben, der sie uns geliehen hatte. Nach dem Tod ihrer Schwester im Januar dieses Jahres sah sie ihr Tagwerk für beendigt an; daß sie ihre Schwester nicht auch in den Nächten gepflegt hatte, blieb ihr eine schmerzliche Demütigung. Doch konnte sie freudig rühmen, wie gut sie es in ihrem ganzen Leben gehabt habe. Es gefiel dem Herrn, der sie nie verzärtelt hatte, sie noch zuletzt durch eine heiße Leidenszeit auszureifen ... Ihm aber sage ich Dank für mich, meine Kinder und Enkel, daß er die einfältige treue Seele, die er für sich selbst zubereitet hat, damit sie sein sei auf ewig, auch uns geschenkt, so lange erhalten, und – gegenwärtig oder abwesend – zum Segen gesetzt hat."

Literaturverzeichnis

Ball, Hugo: Hermann Hesse, sein Leben und Werk, Suhrkamp Tabu 385

Bühler, Marianne: Julie Gundert, geb. Dubois, Missionarin in Indien. Akzeßarbeit, Bern 1989

Eppler, Paul: Geschichte der Basler Mission 1815–1899, Basel 1900

Fleisch, Paul: Hundert Jahre lutherischer Mission, Leipzig 1936

Frenz, Albrecht: Hermann Gundert. Missionar und Sprachforscher, 1979

Germann, W.: Die Kirche der Thomaschristen, Gütersloh 1877

Glasenapp, H. v.: Das Indienbild deutscher Denker, Stuttgart o. J.

Görgens/Krubeck: Das tropische Südindien

Greiner, Siegfried: Hermann Hesse. Jugend in Calw, Sigmaringen 1981

Gundert, Adele: Marie Hesse. Ein Lebensbild in Briefen und Tagebüchern, Stuttgart 1934 - Inseltabu 261

Gundert, Hermann: Gowinda, der Elefantenführer, 6. Auflage, Basel 1913

Gundert, Hermann: Calwer Tagebuch 1859–1893, hg. Albrecht Frenz, Stuttgart 1986

Gundert, Hermann: Die evangelische Mission, ihre Länder, Völker und Arbeiten, Calw und Stuttgart 1881

Gundert, Hermann: Quellen zu seinem Leben und Werk, hg. Albrecht Frenz, Ulm 1991 – HGS 3.1.

Gundert, Hermann: Schriften und Berichte aus Malabar, hg. Albrecht Frenz, Ulm 1983

Gundert, Hermann: Tagebuch aus Malabar 1837–1859, hg. Albrecht Frenz, Ulm 1983

Gundert, Hermann: Herrmann Mögling. Ein Missionsleben, Calw 1882

Guntisberg, M. (d. i. Marie Hesse, geb. Gundert, verw. Isenberg): Eine Deutsche im Osten, Stuttgart 1872

Haubold, Petra/Heil, Günter: Süd-Indien, Reise-Handbuch, Köln 1990

Hebich, Samuel: Ein Beitrag zur Geschichte der indischen Mission. Von H. Gundert und H. Mögling, Basel 1872

Hesse, Hermann: Sein Leben in Bildern und Texten, herausgegeben von Volker Michels, Frankfurt/M. 1979

Hesse, Johannes: Die Heiden und wir, Calw u. Stuttgart 1901

Hesse, Johannes: Dr. Hermann Gunderts Leben, Calw und Stuttgart 1894

Hesse, Marie: Julie Gundert, geb. Dubois. In: Heinrich Merz: Christliche Frauenbilder, Stuttgart 1898

Irion, Christian: Malabar und die Missionsstation Talatscheri, Basel 1864

Jaus, J. J.: Samuel Hebich. Ein Zeuge Jesu Christi aus der Heidenwelt, Stuttgart 1922

Jörn: Samuel Hebich, der große Seelengewinner, Lahr 1987

Kühnle, K.: Die Arbeitsstätten der Basler Mission in Indien, China, Goldküste und Kamerun, Basel 1895

Leifer, Walter: Indien und die Deutschen. 500 Jahre Begegnung und Partnerschaft, Tübingen, Basel o. J.

Mögling, H./Weitbrecht, Th.: Das Kurgland, Basel 1866

Oepke, Albrecht: Moderne Indienfahrer und Weltreligionen, Leipzig 1921

Richter, J.: Indische Missionsgeschichte, Gütersloh 1906

Rieple, Max: Der Jura. Entdeckungsfahrten zwischen Rhein und Rhône, Bern, o. J.

Roessle, Julius: Von Bengel bis Blumhardt, 5. Auflage, Metzingen 1975

Vorderindien, in: Lesebuch der Erdkunde. Illustrierter Hausschatz der Länder- und Völkerkunde, Stuttgart 1884

Weitbrecht, J. J.: Die protestantischen Missionen in Indien, Heidelberg 1844

Werner, K.: Christian Gottlob Barth. Nach seinem Leben und Wirken, 3 Bände, Calw 1865–1869

Württembergische Väter, IV. Band: Buch, Aus den Gemeinschaften, Calw 1905

Zeller, Bernhard: Hermann Hesse, Rowohlt-Monographien, Reinbek 1963

Unveröffentlichte Quellen:

Erinnerungen aus der letzten Zeit unserer lieben Mama, verfaßt von Marie Hesse, geschrieben von Marie Gundert-Hoch, Notizheft aus dem Nachlaß David Gunderts. Privatbesitz

Marie Monnard: Erinnerungen an Mama (d. i. Julie Gundert-Dubois), Rolle verm. 1885, Privatbesitz

Hermann Gundert: Briefe ab 1833 bis 1846, Gundertdepot im Deutschen Literaturarchiv Marbach (Transkription Dr. Albrecht Frenz, Stuttgart)

Julie Gundert: Briefe 1839–1858, Gundertdepot im Deutschen Literaturarchiv, Marbach (Transkription Dr. Albrecht Frenz, Stuttgart)

Zur Erinnerung an Großmama Julie Gundert-Dubois (1809–1885). Handgeschriebenes Manuskript. 216 Seiten. Privatbesitz

Zeittafel

1783 Am 13. August wird Julie Gunderts Schwiegervater Ludwig Gundert in Stuttgart als Sohn des Schullehrers Johann Christian Gundert (1747–1811) geboren.

1784 Der englische Premierminister William Pitt d. J. (1759–1806) erläßt das Ostindiengesetz, in dem die englische Ostindien-Kompanie der staatlichen Aufsicht unterstellt wird.

1794 Julies Eltern, François Dubois und Judith Dubois, geb. Dubois, heiraten in Corcelles.

1809 1. Oktober. Julie Dubois wird in Corcelles, einem Jura-Dorf im Kanton Neuenburg, als fünftes von sechs Kindern des Weingärtners François Dubois und seiner Frau Judith geboren.
Clemens Fürst Metternich wird österreichischer Außenminister (bis 1848).

1810 Oktober. Ludwig Gundert, Hermann Gunderts Vater, heiratet Christiane Ensslin.

1813 Deutsche Befreiungskriege gegen Napoleon I.
16.–19. Oktober Völkerschlacht bei Leipzig. Rußland, Österreich und Preußen siegen entscheidend, Ende des Rheinbundes.

1814 Wiener Kongreß der Verbündeten zur politischen Neuordnung Europas. Bayern gibt Tirol, Vorarlberg, Salzburg u. Innviertel gegen die Rheinpfalz an Österreich zurück. Preußen erhält Posen, Nordsachsen,

Rheinland-Westfalen. Venetien, Dalmatien und die Lombardei fallen an Österreich. Ein neuer Bundesvertrag der 22 Schweizer Kantone löst die französisch beeinflußte „Helvetische Republik" ab. Die „ewige Neutralität" der Schweiz wird vom Wiener Kongreß anerkannt.

Gründung der preußischen Bibelanstalt in Berlin und der sächsischen Hauptbibelgesellschaft in Dresden.

4. Februar. Hermann Gundert in Stuttgart als zweiter Sohn Ludwig Gunderts und seiner Frau Christiane geboren.

1815 In Basel wird die evangelische „Basler Missionsgesellschaft" gegründet.

1816 Franz Bopp (1791–1867), Professor an der Berliner Universität, begründet die vergleichende Grammatik der indogermanischen (indoeuropäischen) Sprachen.

1818 August Wilhelm Schlegel wird Professor für indische Sprache in Bonn.

1820 Oktober. Ludwig Gundert wird Sekretär bei der Württembergischen Bibelanstalt. Seine Söhne Ludwig und Hermann werden gemeinsam auf die Stuttgarter Lateinschule geschickt.

1822 In Indien beginnt der vom Mutterland in die Kolonie eingeführte englische Maschinenzwirn das traditionelle Handwerk zu ruinieren. Der Zerstörung des Handwerks steht kein industrieller Aufbau gegenüber.

Ludwig Gundert (Vater) besucht zusammen mit Gottlieb Blumhardt (1779–1838) das zweite Jahresfest der Basler Mission.

1827 Herbst. Hermann Gundert wird in das Seminar in Maulbronn aufgenommen.

Julies Bruder Henri begeht Selbstmord. Die Achtzehnjährige entdeckt die Leiche in der Scheune. Starke seelische Erschütterung.

1828 Die evangelische „Rheinische Missionsgesellschaft" wird gegründet.

1829 Die Briten verbieten die Witwenverbrennung in Indien.

1830 August Wilhelm Schlegel gibt zusammen mit der „Bhagavad-Gita" die „Indische Bibliothek" heraus (3 Bände), dies erweist sich als bahnbrechend für die wissenschaftliche deutsche Indologie.

1831 24. Oktober. Hermann Gundert beginnt sein Theologiestudium an der Tübinger Universität. Er wohnt im Evangelischen Stift und schließt sich eng an David Friedrich Strauß (1808–1874) an, den er schon aus Maulbronn kennt und dessen wenige Jahre später erschienenes Hauptwerk „Das Leben Jesu" (1835) durch seine Bibelkritik den Verfasser auf einen Schlag weithin bekannt machen wird. Durch die Straußschen Lehren wurden viele Studenten am Glauben irre und gerieten in tiefe Glaubenszweifel.

1833 20. Januar. Christiane Gundert, Julies Schwiegermutter, stirbt.

Februar. Julie wird von May de Blonay zur Pflege ihrer kranken Tochter, der Gräfin Pourtalés, an den Genfer See gerufen.

August. Bei der Rettung eines Freundes vor dem Selbstmord hat Hermann Gundert ein starkes Bekehrungserlebnis. Erste Gedanken daran, Missionar in Indien zu werden.

Ende des Jahres. Gräfin Pourtalés erliegt ihrer schweren Krankheit.

1834 22. Juni. Ludwig Gundert heiratet in zweiter Ehe Emilie Luise Mohl.

Julie zieht mit May de Blonay nach Rolle am Genfer

See, äußert aber den Wunsch, in die Mission zu gehen. Julie und ihre Freundin Marie Monnard vertrauen ihren Missionswunsch Pfarrer August Rochat an.

1835 März. Gundert wird gefragt, ob er mit dem englischen Freimissionar Groves als Hauslehrer nach Kalkutta gehen will.

September. Gundert besteht das Examen in Tübingen als Zehnter von fünfzig. Promotion zum Dr. phil.

2. Oktober. Abreise Gunderts nach England.

1836 17. Januar. Julie Dubois und Marie Monnard werden von Pfarrer August Rochat in der Gemeinde Rolle verabschiedet und in den Missionsdienst entsandt.

24. März. Die „Perfect" sticht von Milfordhaven aus in See.

7. Juli. Die „Perfect" erreicht Madras. Julie Dubois und Hermann Gundert gehen zusammen mit der „Missionskarawane" des englischen Freimissionars Anton Norris Groves an Land.

Im August beginnt Hermann Gundert seine erste Informationsreise in den Süden zu Carl Rhenius, er besichtigt die Tempel von Madurai („. . . Am Anfang glaube ich, war es auch ein geistvolles System . . .").

Am 21. August kam Gundert „mit Sonnenaufgang vor Rh.s Haus" an.

Dezember. Gundert erwägt die Möglichkeit, in Tirunelveli zu bleiben, gleichzeitig erste Kontaktaufnahme zur Basler Mission. Erster Brief von Herrmann Mögling.

1837 Mai. Hermann Gundert geht nach Chittoor und lernt den Richter Lascelles und seine Frau kennen. Zusammen mit Henry Groves und William Baynes beginnt Gundert eine Missionsstation aufzubauen.

8. Juli. Julie Dubois trifft mit dem Haushalt Anton Norris Groves' in Chittoor ein und beginnt mit dem

Aufbau einer Schule. Starke Spannungen innerhalb der Missionsfamilie.

1838 Rege Missionstätigkeit Gunderts.

Mai. Der Missionar Kaelberer bittet Gundert, für ihn um Julie Dubois zu werben. Aber „Julie scheint entschlossen zu sein . . . nicht nach Nordindia zu gehen".

Juni. Carl Rhenius stirbt in Tirunelveli.

Juli. Die Brüder schreiben Gundert: „Komm denn lieber Bruder ohne Verzug und hilf uns das Netz ziehen . . . zu derselben Zeit wir Dich bitten . . . eine Schwester als Lebensgefährtin mitzubringen."

23. Juli. Morgens um 8 Uhr werden Julie Dubois und Hermann Gundert in Chittoor „nach englischer Kirchenform getraut".

29. Juli. Gundert hält seine Abschiedspredigt über Phil. 2.

30. Juli. Julie und Hermann Gundert verlassen Cittoor im Ochsenwagen und reisen Tirunelveli entgegen.

Ende August. Ankunft in Tirunelveli. Julie ist erschöpft, erste Anzeichen einer Schwangerschaft.

2. September. Erleichterung bei Julie und Hermann Gundert über die Einladung der Basler Mission, nach Mangalore in Canara zu kommen.

8. September. Gundert nimmt den Ruf an.

1. Oktober. („meines Weibleins Geburtstag") Julie und Hermann Gundert treten die Reise nach Mangalore an.

2. November. Ankunft in Mangalore.

1839 Wilhelm Hoffmann wird Inspektor der Basler Missionsgesellschaft (bis 1850)

30. Januar. Während einer Missionsreise besucht Hermann Gundert auch Thalassery und ist von dem

ruhigen Ort, an dem viele Zivilbeamte wohnen, sehr angetan, würde am liebsten sofort eine Missionsstation eröffnen.

10. Februar. „Meine Frau und ich hätten beide Lust und Muth uns ins Malayalam detachiren zu lassen."

27. Februar. Richter Stranges schenkt der Basler Mission sein Haus in Thalassery.

30. März. Beschluß, eine Missionsstation in Thalassery einzurichten.

12. April. Gunderts langen zusammen mit dem Missionar Dehlinger und allem Gepäck in Thalassery ein.

18. April. Julies erster Sohn Hermann wird im Haus auf dem Hügel Illikunnu (Nettur) geboren.

Mitte Mai. Julie beginnt mit der Schule auf der Veranda des Missionshauses.

Mitte Juni. Gundert beginnt mit der Arbeit an seiner Malayalam-Grammatik, erste Gottesdienste werden in Malayalam abgehalten.

1840 4. August. Julies Sohn Samuel geboren.

1841 14. September. Julies Sohn Ludwig Friedrich (I.) geboren.

1842 18. Oktober. Julies Tochter Marie geboren.

1843 Hermann Gunderts „Kerala Utpatti" (Ursprung Keralas) erscheint in Mangalore.

1844 7. Januar. Ludwig Friedrich (I.) stirbt und wird auf dem Begräbnisplatz auf dem Hügel Illikunnu begraben.

26. Dezember. Julies Tochter Christiane geboren.

1845 Julie erholt sich nur langsam von der Entbindung. Nervenzusammenbrüche und Erkrankungen sind die Folge der Überarbeitung. Reise nach Europa wird erstmals in Erwägung gezogen.

1846 3. Januar. Julie und Hermann Gundert treten mit den Kindern Hermann, Samuel, Marie und Christiane, sowie Herrmann Mögling und dem getauften Brahmanen Herrmann Kaundinya den ersten Heimaturlaub an. Abfahrt von Bombay aus.

Ende Februar. Ankunft in Stuttgart.

März. Scharlacherkrankung der Kinder verhindert die Weiterreise Julies nach Corcelles.

Ende April. Julie verbringt zwei Wochen bei Pfarrer Blumhardt in Möttlingen. Hier legt sich ihre Nervosität, und sie scheint so erholt „wie seit Jahren nicht".

Ende Mai. Hermann Gundert bringt Julie mit den beiden Töchtern nach Corcelles.

8. Oktober. Obwohl Julie erneut schwanger ist, wird die Rückreise nach Indien ins Auge gefaßt. Marie wird im Ostertagschen Institut in Gundeldingen bei Basel untergebracht. Die Söhne und die kleine Tochter Christiane bleiben bei den Großeltern in Stuttgart.

Dezember. Antritt der Rückreise mit der Lehrerin Victoria Kegel und drei Missionsbräuten.

1847 14. Februar. Ankunft in Bombay.

28. Februar. Ankunft in Thalassery („fuhren wir um das Inselein von Dharmapatnam herum, sahen das Haus auf Nettur").

7. März. Abends um zehn Uhr wird Ludwig Friedrich (II.), Julies 6. Kind, geboren.

26. April. Hermann Gundert bringt seine Frau zur Erholung nach Kotagiri auf die Nilgiris. Bei Gottfried Weigle und seiner Frau soll sie sich erholen. Schwere Depressionen und Selbstmordgedanken.

1848 5. März. Julies Tochter Christiane stirbt dreijährig in Stuttgart.

1849 29. Januar. Julies Sohn Paul geboren.

Mai. Julie Gundert übersiedelt mit ihrer Familie und dem gesamten Mädcheninstitut in die Missionsstation Chirakkal. Bedingt durch die dreijährige Stimmlosigkeit ihres Mannes, während der er sich ganz aus der Schule zurückzog, ging die Leitung des Mädcheninstituts völlig an Julie über.

Juli. Julie gründet ein Frauenhaus für verwitwete, unverheiratete und verlassene Frauen in Chirakkal.

1850 Joseph Josenhans wird Inspektor der Basler Missionsgesellschaft (bis 1879).

6. Oktober. Hebich tauft in Cannanore über fünfzig Christen. Sturm auf die Missionsstation in Chirakkal.

9. Oktober. Julies Sohn David geboren.

1851 Hermann Gunderts Malayalam-Grammatik erscheint in Thalassery.

1852 Hermann Gunderts Malayalam-Übersetzung des „Neuen Testamentes" erscheint in Thalassery.

1854 5. März. Ludwig Gundert, Julies Schwiegervater, stirbt in Stuttgart.

1855 Januar. Julies Söhne Friedrich und Paul reisen mit einer ganzen „Missionskinderkarawane" nach Basel, um im neugegründeten Kinderhaus der Missionsgesellschaft erzogen zu werden.

7. Juni. Gottfried Weigle stirbt.

1856 Februar. Versetzung gegen den Willen Gunderts nach Mangalore, um die nach Weigles Tod verwaiste Missionsstation zu übernehmen.

1857 6. April. Hermann Gundert wird Regierungsschulinspektor für die Provinzen Malabar und Kanara.

Sommer. Julies Sohn David reist nach Basel, um im Kinderhaus der Missionsgesellschaft erzogen zu werden.

November. Umzug nach Calicut. Julie übernimmt nach dem Tode der Frau des Missionars Fritz das dortige Mädcheninsitut.

1858 Aufhebung der Ostindischen Kompanie und Übernahme der Regentschaft durch einen britischen Vizekönig.

10. Januar. Marie Gundert trifft in Mangalore ein. Weiterreise mit dem Vater nach Calicut.

1859 12. April. Hermann Gundert verläßt Indien zu einem zweiten Europaaufenthalt.

20. Mai. Gundert trifft in Basel ein. Sieht im Missionshaus zum ersten Male alle fünf Söhne beeinander.

30. November. Christian Gottlob Barth bittet Gundert, sein Nachfolger als Leiter des Calwer Verlagsvereins zu werden.

1860 Januar. Gundert fährt nach Calw und nimmt die Stelle, vorbehaltlich der Zustimmung seiner Frau, an.

11. April. Julie und Marie Gundert treten von Bombay aus die Heimreise an.

15. Mai. Julie trifft zusammen mit Marie in Calw ein. Wiedersehen mit den drei jüngeren Söhnen.

Juli. Erster gemeinsamer Sommer Julies mit ihrem Mann und allen sechs Kindern.

1862 12. November. Christian Gottlob Barth stirbt in Calw. Hermann Gundert wird zu seinem Nachfolger als Leiter des Calwer Verlagsvereins ernannt.

1863 23. Juli. Julie und Hermann Gundert feiern Silberhochzeit in Calw.

1865 10. November. Marie Gundert wird von ihrem Bruder Samuel in Thalassery mit dem Missionar Charles Isenberg getraut.

1868 „Die Geschichte Keralas" (Kerala pazhama) Hermann Gunderts erscheint.

1870 19. Februar. Charles Isenberg stirbt in Stuttgart kurz nach seiner Rückkehr aus Indien. Marie Isenberg-Gundert kehrt mit ihren Söhnen Theodor und Karl ins Elternhaus nach Calw zurück.

1871 23. Februar. Julies Sohn Paul stirbt in Stuttgart.

1872 Julie erkrankt an den Pocken, nachdem sie sich bei der Krankenpflege angesteckt hat.
Hermann Gunderts „Malayalam and English Dictionary" erscheint in Mangalore.

1873 5. Juli. Julies Sohn Friedrich heiratet Emma Heermann, Tochter einer alteingesessenen Calwer Familie, die das imposante Steinhaus von 1698 in der Bischofstraße besitzt.

1874 22. November. Marie Isenberg-Gundert heiratet in zweiter Ehe den Deutsch-Balten Johannes Hesse.

1877 2. Juli. Julies Enkel Hermann Hesse wird in Calw als zweites Kind von Marie und Johannes Hesse geboren.

1880 8. Mai. Julies Sohn Samuel stirbt als Missionar in Mangalore. Seine Witwe Elisabeth, geb. Isenberg, kehrt mit den Kindern Hermann und Agnes ins Verlagshaus nach Calw zurück.

1881 10. Mai. Herrmann Mögling stirbt in Esslingen.

1885 15. Januar. Julies Schwester Uranie stirbt an ihrem 80. Geburtstag in Calw.
18. September. Julie Gundert stirbt am Greisenbrand nach einem Schlaganfall und wird am 20. September im Heermannschen Familiengrab auf dem Calwer Friedhof beigesetzt.

1893 25. April. Hermann Gundert stirbt in Calw und wird am 27. April im Heermannschen Familiengrab auf dem Calwer Friedhof beigesetzt.

Worterklärungen

Ayer	Missionarstitel
Backwaters	„rückwärtige Wasser", in denen sich das Salzwasser des Meeres mit dem Süßwasser der Flüsse mischt
Badaga	„Nördlinger", Bergstamm auf den Nilgiris
Book of Common Prayer	allgemeines Gebetbuch der anglikanischen Kirche
Brahma	Gott Brahma
Brahmane	Kaste, Oberschichte
Bullockbandi	Ochsenwagen
Coorg (Kurg)	eigentlich Codugu, Bergland um die Stadt Merkara
Curry	„Fleisch oder Früchte in schmackhafter, sehr hitziger Pflanzensauce verkocht"
Dissenter	religiös Andersdenkender
Konkani	Volksbezeichnung an der Westküste Indiens
Manji, Manju	großes Boot
Mappilas, Moplas	Bezeichnung für Fremde: in Malabar die Moslems, in Travankor die syrischen Christen
Munschi	(Sprach-)Lehrer

Nayadis	Kaste, Bettler
Nayer	„Führer", Sudra-Kaste, Oberschicht in Kerala
Nazarani,	
Nasrani	Bezeichnung der syrischen Christen, z. B. Nestorianer und Thomaschristen
Nilagiri, Nilgiris	Blaue Berge
Palankin	Tragsessel, Sänfte
Parsi	Volks- und Religionsbezeichnung
Pattimar	Küstenschiff der Eingeborenen
Raja	König
Repetent	„Wiederholer", Mittelsperson in kirchlichen Lehreinrichtungen
Retti	Kaste, Kaufmann
Rupie	indische Währung
Saheb, Sahib	Herr
Sakti	Sanskrit *Shakti*, Gottesmacht
Sanyasi	Weltentsager
Sastra	Sanskrit *Shastra*, Lehrbuch
Sikhs	Religionsgemeinschaft
Sipahi, Sepoy	indischer Kolonialsoldat
Sudra	Kaste
Swami	Herr
Travellors'	
Bungalow	Gästehaus für Reisende an größeren Orten
Veda	„Wissen", Heilige Schriften
Vettuver	Kaste, Salzmacher, Tagelöhner

Entnommen (gekürzt) aus:

Hermann Gundert. Quellen zu seinem Leben und Werk; hrsg. von Albrecht Frenz, Süddeutsche Verlagsgesellschaft, Ulm 1991

Verzeichnis der Abbildungen

Titelbild: Julie Gundert, 1846
Sammlung Frenz

Kokospalmenhain mit Gehöft
an der Malabarküste bei Kannur (Cannanore)

Vorsatz: Landkarte von Süd-Indien

Seite 27: Das Missionshaus in Basel
Basel Mission Archive

Seite 41: Marie Monnard
Steinhaus Calw

Seite 139: Typisches Missionshaus der Basler Mission in Malabar
Basel Mission Archive

Seite 203: Hermann und Julie Gundert
Ende 1846 in Lyon
Sammlung Frenz

Seite 215: Katein-Wasserfall mit Missionshaus in den Nilgiris
1846 durch die Basler Mission gegründet
Steinhaus Calw

Seite 237: Gunderts Kinder, 1857
von links: Marie, Friedrich, Hermann, Samuel (stehend),
David, Paul
Sammlung Frenz

Seite 261: Marie Gundert mit Charles Isenberg, um 1864
Steinhaus Calw

Seite 267: Julie Gundert, um 1883
Steinhaus Calw

Seite 275: Uranie Dubois und Julie Gundert-Dubois, um 1880
Steinhaus Calw

Seite 279: Hermann und Julie Gundert, um 1883
Steinhaus Calw

Seite 285: Familie Hesse, um 1899 in Calw
Die Kinder von links: Manella, Hans, Hermann,
Adele
H. Michel